民族民间体育进校园

关槐秀　主编

北京体育大学出版社

策划编辑　吴海燕　文冰成
责任编辑　秦德斌
审稿编辑　苏丽敏
责任校对　吴海燕
版式设计　联众恒创

图书在版编目（CIP）数据

民族民间体育进校园/关槐秀主编. -- 北京：北
京体育大学出版社, 2017.4
　ISBN 978-7-5644-2558-6

　Ⅰ.①民… Ⅱ.①关… Ⅲ.①民族形式体育—中国—
中小学—教材 Ⅳ.①G634.961

　中国版本图书馆CIP数据核字(2017)第091991号

民族民间体育进校园　　　　　　　　　　　　　　　　　　　　　关槐秀　主编

出　　版　北京体育大学出版社
地　　址　北京海淀区信息路 48 号
邮　　编　100084
邮 购 部　北京体育大学出版社读者服务部 010-62989432
发 行 部　010-62989320
网　　址　http://cbs.bsu.edu.cn
印　　刷　北京瑞禾彩色印刷有限公司
开　　本　889×1194　1/16
成品尺寸　210×285
印　　张　17
字　　数　357 千字

2017年9月第1版第1次印刷　　印数4000册
定价：120.00元
（本书因印制装订质量不合格本社发行部负责调换）

主 编 简 介

关槐秀，女，1934年出生，满族，体育大专毕业，中共党员，特级教师，曾就职于北京教育学院朝阳分院，中国教育家协会理事，中国老教授协会会员、首都体育学院教育系客座教授，国际杰出专家委员会客座教授，北京市第六、七届政协委员，中国工会十大代表。1959年，获北京市劳动模范称号，获首都劳动奖章。1987年，获全国总工会授予的"五一劳动奖章"，并获得全国"优秀教育工作者"荣誉称号。1991年，获"国家民族体育先进个人"荣誉称号。1987—1994年，由国家体育运动委员会派出援外讲学，创编大型团体操，获毛里求斯、突尼斯、索马里、孟加拉等国家最高荣誉奖章。1999年，在建国50周年筹备庆典组织工作中荣立一等功。

关槐秀所获得党和政府授予的荣誉称号（奖励）共计：国际级：7项；国家级：44项；市级：54项；区级：72项；本单位：7项。其先进事迹被国内外近300家媒体报导过近800次。

编 委 会

总 策 划：牛　颂

策　　划：赵　书　韩书进　王玉玺　杨　华

主　　编：关槐秀

美术设计：荣景甡

摄　　影：王子堉　关　欣

发展民族教育
提高民族素质

原北京市副市长、全国人大常委副委员长何鲁丽题词

关槐秀（左）与何鲁丽（右）在一起

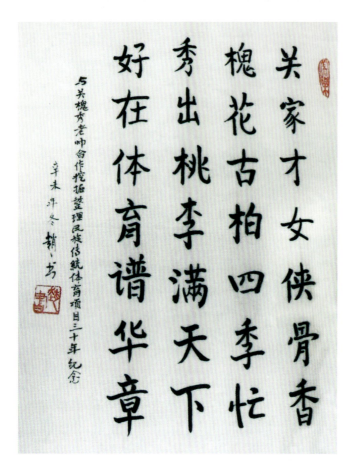

关家才女侠骨香
槐花古柏四季忙
秀出桃李满天下
好在体育谱华章

与关槐方老师合作挖掘整理民族传统体育项目三十年纪念

辛未年冬 赖书

北京市文联副主席赵书题词

传承民族文化，
弘扬民族精神，
振兴民族教育，
培育民族英才。

——北京市民族事务委员会主任
牛　颂

传承民族文化，
弘扬民族精神，
展示民族体育独特魅力！

——朝阳区教育委员会主任　肖　汶

写给关槐秀老师

教坛耕耘六十年
民族体育滋且繁
拳震九霄晨星动
足踏千里月野寒
桃李芬芳京华内
道法卓著四海传
槐树成荫不自语
秀气朗润在人间

——原朝阳区教育委员会副主任
姜继为

序　一

多年来，我曾给多位体育教师的专著做过序。主要是赞许这些作者的钻研精神，鼓励体育教师既做强身健体的积极执行者，又做发扬体育科学精神的倡导者。关槐秀同志已是一位八十多岁高龄的老教师，但至今仍孜孜不倦地为我国学校体育事业默默耕耘着，我深受感动，要虚心地向她学习和致意。她要求我写序，我实在心有不敢承受之力，而又不得不作为。论辈份和资历，她是我的师姐。

从二十世纪五十年代初期，我曾听说苏联专家凯里舍夫多次看过她的课，对她上课的评价很高，充分体现了故事化、形象化、少儿化的特色，甚至与苏联优秀的体育教师相比有过之而无不及。我还听说国家主管体育教育部门多次推荐她去援外指导亚洲和非洲国家教学，把中国的体育教学理论传播到这些国家。我也一直希望她把几十年的体育教学经验提升到理论高度，这本书实现了我对她的期望。

最近她邀请我到她连续五年实验指导教改的海淀区香山小学参观民族民间体育进校园的展示活动。校长指挥，全校师生在音乐的伴奏下分别表演着不同的民族的体育项目，笑声、喊声充满校园，彰显着"健康第一"的指导思想，令学校体育教育换了新貌。我很激动，她作为一名学校体育教育工作的老兵，已光荣退役，但作为一名老教研员，仍肩负着培训教师的责任和使命，她还要面对未来的各种挑战，为现代化教育的发展挺身而上，并同在职的青年教师一起不辞辛苦地在实践中探索少年儿童体育教育的规律，为我国中小学体育教育科学持续作出贡献。至此，我只有一句老体育工作者自励的话："向关槐秀老师学习！"

是为序。

首都体育学院教授

中国学校体育研究会顾问　曲宗湖

原国家教委体卫艺司副司长

2017 年 8 月 17 日

序　二

　　《民族民间体育进校园》出版了，这是关槐秀老师主编的第 110 本有关民族体育方面的著作，可喜可贺！因为 1983 年后关老师和我一同参与了北京市民族传统体育项目的挖掘、整理和推广工作，她要求我为本书的出版写几句话，恭敬不如从命，我就把当时立志搞民族传统体育的初衷讲一下，以期引起大家对行为文化的重视。

　　1978 年，面对着中国优秀传统文化在"文革"中所受到的浩劫，大家痛心不已。当时由中国人民政治协商会议北京市委员会廖沫沙副主席挂帅，一批德高望重的老专家组织了北京历史文物的考察工作，我当时是科学教育界委员，有幸参加了这次活动。因每次活动均是集体乘车前往，在无拘无束的聊天中，我从廖沫沙、张开济、常任侠、曾竹韶等老师的谈话中领悟了一些道理。第一，传统文化包括哪些内容？器物文化、制度文化、观念文化、行为文化。第二，怎样认识和保护传统文化？历史是根，哲学是魂，文艺是脸，民俗是基因。第三，行为文化包括口头文学、形体艺术、造型艺术和民俗生活。

　　1983 年，我被调入北京市民族事务委员会工作后，正值中国文联开展民族民间文艺十套集成的大规模搜集、整理和编撰工作，我担任了《中国民歌集成（北京卷）》主编和《中国舞蹈集成（北京卷）》副主编，利用工作便利走访专家并在十八个区县进行田野调查。1984 年，接到国家民族事务委员会和国家体育运动委员会关于 1986 年乌鲁木齐举办第三届全国民族传统体育运动会的通知，根据封明为副市长的指示，北京不以在当界运动会上拿多少金牌为目标，而是要把北京的传统民族体育文化展现出来，推广出去，使其成为全国各族人民永久享用的共同财富。在当时北京市体育运动委员会副主任马贵田（回族）的支持下，北京挖掘整理的珍珠球、蹴球成为了全国民族运动会的正式比赛项目，踢冰核儿（冰蹴球）被西城区列为区级非物质文化遗产保护项目。第四届、第五届全国民族体育运动会分别在广西南宁市、云南昆明市召开。

由北京市副市长何鲁丽任北京代表团团长、教练员。每次训练、排练，团长都准时到场观看，给予热情的鼓励，运动员精神振奋。运动会上，无论是运动员入场、竞赛项目，还是表演项目，北京队均有获奖。而更让大家念念不忘的是，各地各民族运动员在赛场上奋勇争光的拼搏精神，在欢快和谐的联欢会上，各族运动员一家亲地相互交流。56个民族，56支花，盛开在祖国的大地上，预示着繁荣昌盛的中华民族将迎来新的辉煌。

北京市民族传统体育运动蓬勃发展，应感谢两位功臣。一位是原北京市人民代表大会常务委员会主任赵鹏飞（满族），他亲自担任北京市民族传统体育协会顾问会长，提出民族体育要"场地易建、规则易懂、老少咸宜、安全有趣"的原则。还有一位就是我们的全国劳动模范关槐秀老师。没有赵鹏飞同志的支持就无法顶住当时"十亿人民九亿商"对民族体育文化发展的干扰；没有关槐秀老师的亲自梳理、编排、实践，也就没有珍珠球、蹴球的推广和《京华民族传统体育50例》等书的诞生。

我写这些文字的目的，是希望大家像关槐秀老师那样关注中华行为文化。体育是行为文化的重要组成部分，体育历史、体育观念、体育美学、体育民俗均是我们需要认真研究的内容。我希望行为文化能成为一个大学科，而关槐秀老师就是一位行为文化的开拓者、实践者。

北京市文联副主席　赵　书

关槐秀（左一）与赵书（右一）在第三届全国民族运动会上

写在前面的话

　　民族民间体育是我国民族文化的重要组成部分，它根植于民族生产方式、生活方式、风格习惯和民族意识，几乎每一项民族民间体育都有一个引人入胜的传说，都是一首绚丽的民族诗篇。其活动项目形式鲜活多样，在浓郁的趣味性中蕴涵着各种体育知识、技能、技巧，张扬着民族的个性和精神；它是各族少年儿童强身健体、陶冶情操、接受社会化教育的重要方式；它伴随着一代代各民族少年儿童健康成长，也受到当代少年儿童的喜爱。民族民间体育项目是一个巨大的少年儿童教育资源库。

　　教育部2011年版《体育与健康课程标准》明确了体育教学的五大目标：运动参与、运动技能、身体健康、心理健康、社会适应，为我们开发民族民间体育项目鼓足了信心，并提供了理论依据。我们本着尊重少年儿童爱运动的天性和寓教于乐的精神，对我国蕴藏的丰富的民族民间体育资源进行开发、继承和发扬，使其回归少年儿童的生活，并走进学校体育课堂，使少年儿童在快乐的学习中潜移默化地认同民族文化，继承和发扬优秀民族文化，振奋民族自信心和自豪感，增强民族和国家的凝聚力，在快乐的学练中，学会锻炼身体的知识、技能、技巧，并获得健壮的体魄、积极进取的生活态度，树立高尚的生活理想，提高发现美、创造美、展现美的能力。

　　民族民间体育是我国民族文化的瑰宝，对其深入开发，使其教材化，回归少年儿童生活，走进学校、走进课堂，仍然任重道远。今日这一抛砖引玉之作若有不足之处欢迎同行朋友指正。本书文字图片量较大，因此原定收录于本书的体能素质练习、体育与健康知识问答、体育教学案例等，就留给中小学体育教师朋友们，让我们共同研讨，共同编写，以育人为本、健康第一的理念，共建和谐育园。让我们为使学校体育教育走创新之路，促进民族团结，实现中国梦而奉献吧！

　　本书和《全国学校体育联盟（教学改革）民族传统体育展示汇编》的出版，得益于北京民族事务委员会的支持与资助，笔者在此深表感谢！

目 录

第一章　民族民间体育项目

走类／跑类／跳类／投类／球类／技巧类／
舞蹈类／对抗类／武术类／摔跤类

第一节 走 类

走是人体的基本活动形式之一，也是重要的有氧锻炼方式。各种不同形式的走，共同的锻炼价值是提高走的技巧，增强腿部力量和心肺功能，发展速度、灵敏和协调性。不同项目的走又都附加了各自的身体的、心理的和社会的教育价值。

例如"顶罐走"，清晨，朝鲜族妇女结伴走出家门，把盛水的罐子顶在头上到河边去取水。这是一项日常生活劳作。取水归来，虽然头顶重的水罐，但婀娜的身姿，轻盈飘逸的步伐，俏皮的谈吐和争先恐后的心态，描绘出一幅生机盎然的民族生活画卷。"顶罐走"不仅能提高走的技巧，增强腿部力量和心肺功能，发展速度、灵敏和协调性，还增强了颈部、腰部肌群的力量，锻炼了平衡能力，同时也培养了热爱劳动的观念，积极进取的态度和社会交往能力。

一、顶罐走（朝鲜族）

【口诀】

小小罐，头上顶，手扶罐，保平衡。眼平视，要走稳，奋勇争先你真行。

【来源与传承】

据传，顶罐走是朝鲜族生活中的一种习俗，逐渐演变成体育活动。每到节假日，朝鲜族妇女、儿童常以顶水罐竞走作为体育比赛项目。

【提示与建议】

按规定的路线（直线、曲线）走，比赛距离因人而异。行走途中用手扶或不用手扶均可，但罐落地为失误。头顶物体可多种多样。

顶罐走

二、雪地走（满族）

【口诀】

穿高鞋雪地走，眼平视不低头，向前走不回头，保平衡平稳走，看谁走在最前头。

【来源与传承】

在白山黑水的东北寒冷地区，古代满族妇女每逢大雪铺地之时，为了踩在雪地上不沾湿鞋，把鞋底垫高5~10厘米，俗称"穿花盆鞋"。她们还举行别有风味的雪地走比赛，逐渐形成一种体育项目。

雪地走

【提示与建议】

上体保持正直，收腹，重心稳定。腿向前迈时尽量伸直，落地时脚跟先着地并快速向脚尖过渡。两臂自然摆动，沿直线行走。走或慢步跑均可，距离长短因人而异。

三、赛走（塔塔尔族）

【口诀】

手持勺，托圆蛋，眼平视，保平衡。

快走绕旗往回返，看谁先到终点站。

【来源与传承】

塔塔尔族主要散居在新疆各地。塔塔尔族同胞喜欢唱歌、跳舞和各种体育活动。每到春天，一年一度的"撒班节"（犁头节）是迎接春耕的盛会，会上除赛马、摔跤、拔河等项目外，还有赛走。赛走至今仍是当地少年儿童喜爱的一项体育活动。

赛走

【提示与建议】

手持象征性的汤匙，将一个鸡蛋放在汤匙中，按规定路线（直线、曲线、阻碍）走，以鸡蛋不落地且先到达终点为胜。也可用小球、卵石或其他物体代替鸡蛋。

四、走矮子（民间）

【口诀】

蹲着走路练腿功，挺胸抬头不弯腰。比比谁能走得稳，走的花样还要多。

走矮子 a　　　　　　　　　　　　走矮子 b

【来源与传承】

蹲着走路叫"走矮子"，这是戏班里武丑常表演的动作。大家可以用游戏的方式"走矮子"，比谁蹲得低，看谁走得远。还可以自创动作，如边走边两手前举、上举、胸前抱肘、扶胯或背手等。

【提示与建议】

先练习各种走矮子的动作，在行走中找到平衡感后，再进行比赛。

五、踩绳走（民间）

【口诀】

踩绳走，花样多，看你会走不会走。踩绳准，走得稳，坚持练习才会走。

【来源与传承】

踩绳走是港台儿童喜欢的一种花样走的练习项目。可以沿着绳走直线、横着向侧走、两脚交叉走、仿蜗牛行走，或两手扶地走。走时两臂随着自然摆动或侧平举，走得又稳又有节奏。

【提示与建议】

走绳前先了解体验踩绳法，保持平衡。

踩绳走

六、踩高跷走（民间）

【口诀】

走呀走呀走高跷，高跷再高没人高，你扶我来我帮你，走的技巧逐步高。

【来源与传承】

踩高跷是我国流传已久、难度较高的民间体育项目，类似杂技。每逢春节庙会都有成人表演。儿童效仿学踩罐子练高跷，动作熟练后逐渐提升跷的高度，在锣鼓等乐器的伴奏下，时而进退，时而跳起，时而旋转，还可以进行各种谐趣的技巧表演。

【提示与建议】

强调动作的规范，初学者可先学习单脚踩高跷，逐步适应平衡，再学双脚踩高跷。

踩高跷走

七、蜈蚣竞走（港台）

【口诀】

小伙伴，排成行，抱紧腰，不松手，一步步往前走。

配合好，走得齐，上体直，精神好，人人夸奖技术好。

蜈蚣竞走 a

蜈蚣竞走 b

蜈蚣竞走 c

【来源与传承】

港台儿童喜爱模拟蜈蚣走路，8 个人排纵队，抱着腰平地走，上下楼梯走或体侧握竹棍蹲着走，练体力，练合作。

【提示与建议】

1. 从个人练、2 人练、多人练，逐渐增加难度。

2. 逐步加长走的距离。

八、布袋走（民间）

【口诀】

穿布袋，走布袋，向前走，侧着行，左边摇右边晃，动态平衡最重要。

穿布袋，走布袋，心要细，胆要壮，走得好真叫棒，走到终点是榜样。

【来源与传承】

生活中随手可取并能变废为宝的物品是儿童最好趣的游戏玩具，如用一个布袋、一个麻袋，可以玩出多种走的、跳的、对抗性的身体练习游戏，对开发儿童智能，锻炼体能大有益处。

【提示与建议】

要注意动作的协调性，注意安全。

布袋走

九、拉磨走（民间）

【口诀】

拉磨走，不着慌，你蹲着，我拉着，二人配合转着走。

先练走，后练跑，蹲得稳，跑得快，最后比赛拉磨走。

【来源与传承】

孩子们除了仿效大人生产劳动时的情景快乐地游戏，还能动脑自创玩法。用一把锹，拉着蹲在锹上的小伙伴，转着走或拉着跑。有时还比赛看谁拉得稳跑得快。

拉磨走

【提示与建议】

1. 二人一蹲一拉配合好，先原地练习，再练拉着走。

2. 也可用木板制作器械代替锹。

十、走板鞋（壮族）

【口诀】

壮族儿童走板鞋，两脚套在布袋中。

站成纵队平搭肩，一步一步往前行。

走得稳来步子齐，先到终点才算赢。

【来源与传承】

走板鞋是壮族广为流传的一项健身性体育活动，大人小孩都非常喜欢。参与者排成纵队，平搭肩，步调一致有节奏，速度快，不散架，不摔跤，先到终点为胜。

【提示与建议】

1. 场地平坦，板带牢固。

2. 参与人数不限，可逐渐增多。

走板鞋

十一、走石过河（满族）

【口诀】

小石块搭成桥，一个一个踏石走。

踩石准，走得稳，齐心合力真叫好。

【来源与传承】

生活中的小河流给儿童创造了嬉戏的环境，将几块砖头、石块搬放在河中做桥，孩子们仿效大人踩石过河。这项游戏可以练胆量，练平衡。小心翼翼踏准石块走，这是儿童喜欢的一种障碍走。

【提示与建议】

1. 在平地上模拟过河，距离自定。

2. 石块也可用积木、板凳代替。

走石过河

十二、猴抬轿子（港台）

【口诀】

二人挑担往前走，担子沉来压肩痛，东倒西歪前后摇。

挑担绕旗走回来，担中物品没缺少，二人拍手合作好。

【来源与传承】

此游戏是港台儿童模拟猴子抬轿子的一种趣味性负重走。二人抬着竹棍，棍下用绳吊着一个装着球的盆，两个人动作要一致，走得既要协调，又要统一。

【提示与建议】

1. 可以直线走、曲线走、绕旗往返走、通过障碍走，应逐步增加走的难度。

2. 抬的物品及其重量自定，走的距离要逐步增加。

猴抬轿子

第二节 跑 类

奔跑是人体的基本活动形式之一，短距离的快跑是重要的无氧锻炼方式之一，长距离的慢跑则是锻炼耐力的好方法。奔跑项目共同的锻炼价值是提高跑的技巧，增强腿部力量和心肺功能，发展速度、耐力和灵敏性。不同的跑有不同的身体的、心理的、社会的教育价值。

例如"赛威呼"，这是满族人下河捕鱼的百舸竞发的场景演化为陆地象征性赛船的项目。每5人一组站在2根竹竿中间，其中4人为水手面向前方，另一人为舵手面向后方。每人都用两手分别握着竹竿（象征船）。组与组之间展开竞赛。发令后向终点跑去，先到达终点者为优胜。比赛中正向跑者照顾到倒向跑者，组员需要步调一致，步幅相当才能保持竹竿不落地和队伍不散架。"赛威呼"在锻炼身体的同时，培养了同舟共济、团结协作的集体主义精神。

一、双飞舞跑（满族）

【口诀】

两人配合要协调，步调一致往前跑，相互抱肩互关照，团结互助要记牢，协作精神不忘掉。

【来源与传承】

由古代军事训练中在冰天雪地滑冰、滑雪行走演变而来，是每年农历十月清代八旗子弟兵滑冰技术军事检阅项目之一，后逐渐发展为在陆地上模拟的双飞舞跑。

双飞舞跑

【提示与建议】

双飞舞跑与二人三足跑相似，将二人靠近的小腿用带子绑在膝部下和踝部上，两手相互搭肩或抱腰，外臂斜上举或自由摆动，用站立式起跑，比速度、花样均可。跑的距离因人而异，也可多人进行比赛，称"三飞舞""多飞舞"。

二、赛威呼（赛船，满族）

【口诀】

双手抓竿往前跑，协调配合最重要，"一二一"，喊着号，团结合作最重要。

【来源与传承】

赛威呼是一项古老的满族民间传统体育娱乐活动，每年阳历七月十五日，满族人除在河边有放河灯的习俗外，还有在水中赛船的仪式。由于满族同胞遍

赛威呼

布全国，许多地区无水，于是变成象征性旱地赛船，沿袭至今，称之为"赛威呼"。

【提示与建议】

5人为1组，排成1路纵队面向正前方，唯有最后1人（舵手）面向后站立，5人两侧手各握1根竿，按规定路线跑（舵手退着跑），跑的距离因人而异。按性别分组，跑的途中掉竿或5人散架，要在原地还原队形重新跑。

三、赶羊跑（回族）

【口诀】

手持木棒赶羊跑，撵羊不离推着跑，跑得快，协调好，赶到羊圈叫声好！

【来源与传承】

回族人喜欢羊，因为羊是吉祥的象征，所以就有许多与羊有关的传说。赶羊跑是由回族传统体育项目"打卯球"发展而来的。

【提示与建议】

赶羊跑

1. 在平坦场地或路边，先设定比赛距离。手持赶羊铲（木棒）赶羊（实心球代替）跑，将羊赶到规定的区域（羊圈）。赶羊途中，棒与羊保持距离。如失控影响他人，要重做。

2. 可以曲线赶羊跑，或者在途中设置障碍，增加难度。

四、赶车跑（民间）

【口诀】

勤劳儿童玩赶车，两个人玩，多人玩。
轮换角色接着玩，协作配合更重要。

【来源与传承】

这是儿童仿效大人赶车劳动发展而来的民间娱乐项目，"赶车"人一手持鞭子或小棍，另一手拉绳圈套住扮马车人的腰或经过腰部套在腋下。途中赶车人不断挥鞭让车快跑，或发出"吁"的口令要求停车。传承至今，儿童玩赶车跑还是兴致勃勃。

【提示与建议】

这种模拟情境的跑可以尝试由儿童自己组队，跑的距离适量，注意安全。

赶车跑

五、骑竹马跑（满族）

【口诀】

骑竹马，扬起鞭，快马加鞭跑得欢。你追我，我追你，比比谁能跑在先。

【来源与传承】

骑马是满族生活生产需要的劳动，儿童模拟大人手持1~2米长的秫秸或竹棍当马骑，另手持短棍当马鞭或武器，自称是大英雄相互"比武"，学作战的动作，学打猎动作，后逐步发展为儿童喜爱的体育项目传承至今。

【提示与建议】

自然奔跑，模拟小马跑，依次或分队比赛跑均可，竹棍长度要适当，前后距离要适当，注意安全。

骑竹马跑

六、骑马战（民间）

【口诀】

骑马战跑得快，协调灵敏齐锻炼。

比一比，赛一赛，不散架来，真叫快。

【来源与传承】

儿童喜欢模拟骑马打仗的情景，这是一项趣味性的集体负重跑，每匹战马由4人组成，1号站在最前面扬起马头，2号扬马尾，紧抱着1号的腰，3号骑在马背上，4号保护3号站在旁边。两队或多队比赛骑马，途中不散架，跑得快者为胜。

【提示与建议】

引领儿童思考如何让一匹"战马"不散架，跑得快，如何进行人员搭配优势互补。

骑马战

七、蛇形跑（满族）

【口诀】

绕标杆，蛇形跑，练平衡，摔不倒。

一个个，跟着跑，坚持锻炼身体好。

【来源与传承】

蛇形跑又称"穿树腰跑"，是满族古代旗兵军事训练项目之一。冬天在林海雪原中滑冰雪，夏天在森林中穿行狩猎。随着历史的演变，满族人来到平原，而在地上设数个有彩旗的标杆进行曲线跑的形式保留下来。

蛇形跑

【提示与建议】

跑时要依次绕标杆曲线跑。双组对跑、单队直线跑均可。可设情节跑到终点取物，或双组互送情报增加趣味性。

八、旋风跑（民间）

【口诀】

排横队，握横杆，迎着风，向前跑。

似旋风，转圈跑，跑得快，不分手。

绕过竿，接着跑，比一比，谁最好。

【来源与传承】

旋风跑是在蛇形跑的基础上一种变通与拓展的项目。游戏时多人成横队，双手同握一根竹竿直线跑或曲线跑。在人与自然的体验中，不仅学习掌握集体跑的知识技能，全面发展体能，还有利于少年儿童提高适应自然环境的能力。

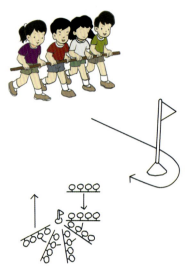

旋风跑

【提示与建议】

1. 跑的距离要逐步增加，路线从直线到"S"形，再绕竿360度。

2. 集体挽臂互搭肩跑，或单双数方向不同前跑、退着跑，逐步增加难度。

九、织鱼网（民间）

【口诀】

一人一条小小绳，系在一起成鱼网，织网捕鱼效果好，鱼游再快跑不了。

【来源与传承】

生活在水边的儿童，男孩喜欢用竿叉鱼、摸鸭子、打水漂，女孩喜欢仿效大人用网捕鱼的情景，用布条、小手绢或小绳玩织鱼网。游戏传承至今，成为少年儿童比赛织鱼网的体育项目。

织鱼网

【提示与建议】

1. 手持物与跑的距离形式自定（如跑的途中跨过小河流，钻个小洞或爬过土坡）。

2. 系绳方法也可改变，如单数人系1~3条小绳，双数人解绳。常练常变，增加难度，提高兴趣。

十、穿针赛（苗族）

【口诀】

苗族踩花山节真热闹，有的唱有的跳，还有身穿花衣来赛跑。

鼓足劲，拼力赛，大家拍手助兴，说真好。

【来源与传承】

居住在云南昭通地区的苗族人民，在踩花山节日里，男青年们有踩芦笙等比赛，女青年们比赛穿针跑步，既表现了他们的勤劳，又表现了她们的手巧。穿针跑步赛的距离各地不同，有100米、90米、60米不等。参加比赛的人站在起跑线上，每人脚前都放着一根细线和一张别有

3颗针的纸。裁判发令后，比赛者飞快地穿针引线，跑一段距离，穿1根针，在跑到终点以前必须穿好3颗针，谁先达到终点即为优胜。也有些地方规定将线一次穿过3颗针，完成之后，全力飞奔向终点。

【提示与建议】

从实际出发，场地器材自定，可在途中根据距离设置障碍增加跑的难度。

穿针赛

十一、赛海马（畲族）

【口诀】

赛海马跑，似溜冰，一脚踏板一脚蹬，上体前倾臂有力，迅速向前似飞鹰。

【来源与传承】

赛海马又叫滑溜板，这是居住在沿海一带的畲族喜爱的与生产劳动相结合的体育活动。相传明清年间，抗倭名将戚继光驻防福建，曾用它作战具，飞兵破敌。比赛时，参加比赛者一只脚站在一块木板上，另一只脚使劲蹬地而迅速向前滑行，先到终点者为胜。此外，在滑行时也可做出一些优美的动作。

【提示与建议】

1. 初练也可手握木棍，给予助力保安全。
2. 跑的距离要逐步加长。
3. 滑板要牢固，板底有铁条或滑轮。
4. 最好在平整场地上进行。

赛海马

十二、背人接力赛跑（民间）

【口诀】

背人跑互助好，练体力，精神好。你背我，我背你，两个人换位跑，齐心协力朝前跑。

【来源与传承】

背人跑似负重跑，这是一项仿效战争中抢救伤员的游戏。有战争，就会有人负伤，拯救伤员是经常发生的。把伤员背在自己背上。尽快安置到安全的地方。越快获救的希望就越大。抢救伤员就是人道主义的表现，人人有责。因此背人跑要采取循回接力的形式。每人要背人，自己也要被背。

【提示与建议】

1. 2人换位互背，熟练后再进行比赛。
2. 比赛距离逐步增加。
3. 2人一组互背，从水平二开始要按性别分组。

背人接力赛跑

第三节 跳 类

人体跳跃而腾起尽可能高的高度和尽可能远的距离，是生产、生活和娱乐活动的需要。这是一项速度与力量相结合的身体练习。跳跃项目共同的锻炼价值是提高跳跃的技巧，同时，不同项目又都附加了各自的心理和社会的教育价值。例如"跳骆驼"。骆驼是早期北方少数民族的交通运输工具。七八个少年儿童按一定的间隔距离站成一排，向同一个方向弯腰低头，双手挟膝，这就是一匹骆驼。由站在最后的人开始，双手挟背双腿分开跳过扮做骆驼的同伴，跳到最后，自己也弯腰低头双手挟膝成为领头的骆驼。"跳骆驼"不仅能提高跳的技巧发展弹跳力、速度、灵敏和协调性，还增强了团队观念，增进团结友爱和社会交往能力。

一、夹跳（满族）

【口诀】

双手握杆夹球跳，蹲跳，跑跳，往前跳，数着数，喊着号，大家一起练弹跳。

【来源与传承】

据说古代满族猎手每逢节日胜利归来时，举着猎物围绕着篝火兴奋地双脚跳跃一圈，也有时在丰盛晚餐后，每两人一组手持长棍夹着兽骨边唱边跳，表达愉快的心情。

【提示与建议】

每2人一组相对站立，双手各握竹竿的一端，竿中夹住一个球（代替兽骨，举物、举人均可），绕圆双脚跳跃一周，途中掉球为失误。

夹跳

二、夹包跳（民间）

【口诀】

小沙包，用脚夹，你跳我跳大家跳。夹紧包，用力甩，比比谁能甩得远。

【来源与传承】

夹包、夹小石头跳是女孩常玩的民间游戏，小包都是自己用小布块装上沙土或大豆缝制而成的。玩时用两脚尖夹住包，原地跳起用力将包甩出去。大家轮流着玩，谁夹抛得远，谁为胜。

【提示与建议】

1. 包的大小、形状、重量要适当。

2. 先原地夹包往上甩，自甩自接，熟练后再往远处甩。

3. 可设计多种夹包跳的内容与形式，激发练习兴趣。

三、踝绕绳跳（港台）

【口诀】

小绳圈，绕踝跳，原地跳，走着跳，转着圈，也能跳，坚持跳，弹跳好。

【来源与传承】

港台儿童喜欢踝绕绳跳活动。把一条短绳一端系一个小布包，另一端套在脚踝上，然后边跳边带动绳包逆时针方向转动。另一条提起的腿可在绳前绳后跳动踏地。另一种玩法是两手握绳端，两脚踩着绳子向前跳动。

夹包跳

【提示与建议】

1. 跳的时间要适当，场地平坦。

2. 跳的距离逐步增加。

3. 动作熟练后，踝绳跳途中可设简单障碍物增加情趣。

四、夹球跳台阶（港台）

【口诀】

上台阶夹球跳，纵身跳，侧身跳。落地稳，平衡好，跳跃感觉实在好。

【来源与传承】

港台儿童喜欢利用自然环境玩游戏，比如玩跳台阶非常普遍，还经常双脚夹报纸、夹球跳，增加难度。比赛时夹物不掉且跳得快者为胜。

踝绕绳跳

【提示与建议】

1. 先练双脚夹物原地跳，原地踏上跳下熟练后再以一定速度和高度跳台阶，从儿童实际情况出发，逐步提高，注意安全。

2. 跳跃水平进一步提高后，可原地跳，在身体腾空瞬间转体360度再落地。跳台阶除了正面跳上，还可设计向左、右转体，侧身落地，增加难度。

夹球跳台阶

五、看谁跳得高（民间）

【口诀】

原地拔高头触物，助跑拔高手触物。

跳得高来触物准，送你玩具为鼓励。

【来源与传承】

这是来自民间生活中的，从跳起打树叶，跳起摸高发展而成的儿童游戏，内容形式很多，如比谁跳得高。在若干棵树的树枝上，用绳系上高低不等的各种儿童玩具，然后让儿童按照自己的能力和喜欢的玩具跳起触拍或取下玩具。

【提示与建议】

1. 可根据校园环境设计场景，如利用肋木、足球门或在立杆之间拉横绳吊物。

2. 吊物高低、跳的距离远近，要让儿童体验，有选择的机会。

看谁跳得高

六、燕子三点水（民间）

【口诀】

学练撑杆跃过河，先练原地撑杆起，再练助跑跃过河，最后还要比一比，争创成绩显优异。

【来源与传承】

传说古代的武术家可以踩水过河，俗称"燕子三点水"，其实就是借助自己的力量，使身体轻如燕子。后演变成游戏，过河时撑棍、起跳、落地，分步达到尽可能远的距离，跃过河面，类似现代"撑杆跳"的项目。

燕子三点水

【提示与建议】

1.学生个人或 2 人一组互练。体验中找支撑点，学会自我保护。

2.比赛途中可设计至 3 个"小河沟"，距离自定。

七、跳骆驼（满族）

【口诀】

小伙伴，弯下腰，低头扶膝变骆驼。

分开腿，稳站立，手撑驼背分腿过。

【来源与传承】

这是满族人民喜爱的一种体育活动，类似"跳马"，是在马飞奔时横跃马身，和敌人短兵相接时，飞上敌骑擒拿敌人，后演变为少年儿童跳背的竞技。

跳骆驼

【提示与建议】

分两队或若干队进行比赛。扮骆驼人不得移动或抬头，跳骆驼人两手扶撑"骆驼"背不要推撞。可轮换，可依次跳过数人，快者胜。

八、跳竹竿（黎族）

【口诀】

音乐锣鼓伴奏下，一分一合呱哒哒，

载歌载舞地跳哇，大家心里乐开花。

【来源与传承】

黎族青少年最喜欢跳竹竿这项传统的民间体育娱乐活动，它富有浓郁的乡土气息，不仅可以培养弹跳能力，还可以提高音乐素养，使身心和谐发展。

跳竹竿

【提示与建议】

跳竹竿分有击竿、跳竿两组，击竿人双手握竿面对下蹲，将竿放在一根枕木上，在音乐、锣鼓伴奏下有节奏地一开一合、一高一低地击打枕木，发出呱哒哒的声响，跳竿人随竿的开合灵巧地跳跃其间，以单脚跳、双脚跳、侧身转体、腾越各种姿态跳跃。

传统击竹分跪、蹲、站三种击打法，节奏越来越快，难度越来越高，跳竹人要反应快，动作敏捷、利落。比赛中被竹夹住为失误，双组换位。京族跳竹竿类似黎族，动作简单，有单跳、双跳。

九、跳竹（怒族）

【口诀】

翠竹成弓形，两端插土中，想要跳过去，其实并不难，脚撑地有力，过竿靠毅力。

【来源与传承】

跳竹，怒语称为"乍郎抛"，即跳高的意思。怒族村赛周围生长着许多翠竹，青年们把砍下的竹子弯成弓形，将竹两端插入土中，游戏者依次从竹弓的最高处跳过。

【提示与建议】

1. 原地双脚练跳竹，也可助跑模拟跨栏。

2. 比赛时途中可连续跳低、中、高竹。

跳竹

十、跳火绳（彝族）

【口诀】

双手持圈，练跳圈，深呼吸来，绕起臂，类似小鸟学高飞，坚持学练身体好，动作灵敏，有节奏，跳圈成绩再提高。

【来源与传承】

跳火绳是四川凉山彝族青少年喜欢的活动，演变成跳藤圈（直径约 80 厘米的圈）代替火绳。跳时两手握圈的两侧，向前抡，单或双脚跳过，也可向前跑跳，类似跳绳。

【提示与建议】

1. 场地平坦无土。

2. 可原地单双脚跳，带人跳，途中跑跳等，距离自定。

跳火绳

十一、挂钩摘钩（民间）

【口诀】

一人跳起练挂钩，一人跳起练摘钩。

一挂一摘交换练，动作灵敏有节奏。

反复多练挂摘钩，弹跳最好是高手。

【来源与传承】

每逢节日来临，各族人民都有高挂大红灯笼的风俗，这种节日欢乐的气氛启发了少年儿童仿效挂摘灯笼的情景，创造了"挂钩摘钩"练弹跳的体育项目，传承至今。

【提示与建议】

原地练跳熟练后再练习1人挂1人摘，还可分两组比赛，每组6人，3人挂钩，3人摘钩。挂钩高度自定。

挂钩摘钩

第四节　投　类

投掷起源于早期人类的渔猎劳作。人体以自身的运动把手持的器物投掷出去，要投得又远又准。这是一项技巧性很高又与力量相结合的身体练习。投掷共同的锻炼价值是发展上肢的爆发力，提高投掷的技巧。不同的投掷项目又都附加了各自的身体、心理和社会的教育价值。藏族同胞在广袤的草地上放牧牛羊，牧人用毛绒或牛皮制成的软鞭拴住小石头甩出去，击打和赶回远离的牛羊。人在蓝天下，牛羊在绿地上，蓝天浮动着朵朵白云，绿地流动着潺潺碧水。牧区的少年儿童们在一定距离上用四五根小木棍支架起一个球当作远离畜群的牛羊，学着牧人的样子看谁能用软鞭甩出小石头去击中架上的球。这不仅是一种劳动技能练习，更能唤起人们对蓝天远山、美丽草原的热爱和永久的记忆，唤起人们对"天人合一"人与自然和谐相处的无限遐想。

一、玩抛球（民间）

【口诀】

小球儿手中握，抛起球儿真快乐，抛得高来接得住，好似流星闪闪动。

【来源与传承】

传统儿戏中，有很多模拟杂技中的抛接球项目，孩子们还发明了花样抛球，最多可以抛5~6个小球，途中不掉球，个个都像杂技小演员。

【提示与建议】

1. 可用自制的小沙包练抛包。

2. 可以个人练，也可2人对面抛接，或由1人向上抛叫号，多人轮接。

玩抛球

二、丢花包（布依族）

【口诀】

掷花球，丢花包，带着乡情往上抛，抛上去飘呀飘，众人抢着接花包，接着花包要祷告，情投意合身体好。

【来源与传承】

盘江一带布依族早就兴起了"掷花球""丢花包"等别具情趣的娱乐活动，清代后更加盛行。关于丢花包

丢花包

还有很多的传说，其大意是将自己制作的形形色色的包，掷给自己心爱的人，逐渐发展为投掷包的体育活动。

【提示与建议】

包是由各种花布缝成，形状、大小、重量各异（内装豆类、棉花、花籽均可），花球周边带须，丢包有个人抛接、集体抛接，也可以由1人向空中抛，其余人快速接空中落下的包，接包的人继续抛包，也可自抛自接。

三、古朵（藏族）

【口诀】

小小古朵似链球，朝着目标用力投，击中棒上放的球，发展力量多练投。

【来源与传承】

古朵是藏族传统的体育活动，牧羊人用毛线或牛皮制成一条软鞭，鞭子中间稍宽，可以拴住小石头，牧羊人用旋转、甩动的方法将石头甩出击中牲畜。后来演变成一种投掷的体育活动。

【提示与建议】

用小棒搭成井字，再放1个球（代替羊）。在网兜内装1个球（代替石子），利用身体旋转和臂的轮转将网兜和球一起投出，击中球而球下木棒不动为胜。可投掷击打各种可击物体，要注意安全。

古朵

四、打得栲（满族）

【口诀】

手持木棒目测准，对准目标打得狠，增强臂力练灵敏，要想取胜判断准。

【来源与传承】

打得栲盛行于金代，也是从击球发展而来，是当时球类活动的一种，后演变为传统体育项目之一。

【提示与建议】

手持木棒击球，在一定的距离内打倒或击出前面三角形（圆形、井形等）内摆立的木柱（木制手榴弹），可进行个人、集体赛，得分多者为胜。场地器材可因地制宜，内容、方法、规则等可酌情自定，注意安全。

打得栲

五、护架（拉祜族）

【口诀】

3根短棒系一起，架上放球，防队守，攻队踢抛和击球，攻的攻来守的守，胜败输赢是较量，相互学习才重要。

【来源与传承】

护架原名踢架，是拉祜族男青年喜欢的活动，最初的方法是由双方两队赤脚对踢，踢中对方次数多者为胜，后逐渐由对踢发展为"护架"，有攻有防，儿童喜欢。

【提示与建议】

1. 可用多种内容形式练习抛接球或对墙反复踢球。
2. 场地布置自定。

护驾

六、抛绣球（黎族）

【口诀】

目测准抛绣球，瞄准孔用力投，
一起玩耍抛绣球，锻炼身体乐悠悠。

【来源与传承】

抛绣球历史悠久，是黎族人民喜爱的一种娱乐性体育活动。每年农历三月三，黎族同胞都要举办歌会，都有抛绣球表演和比赛，沿袭至今。

【提示与建议】

绣球有圆的、方的、多角形、月牙形。大小不一，重量不等，内装大米、豆类等物，绣球一端连着长短不等的彩条，在草坪或空地上竖起一根木杆，杆的顶端系一个花环。抛球人向场上固定或移动的环中抛球，球穿过圆孔为胜。

抛绣球

七、降落伞（民间）

【口诀】

降落伞手中握，用力抛起慢慢落，抛得高，落地稳，大家玩得真快乐。

【来源与传承】

玩降落伞都是小孩自己制作玩耍，开始用纸叠，后又用一块手绢，把四个角用细线拴住，然后把四个角的长线束在一起，并拴住一块小石子。玩时抓住手绢向上抛出，降落伞便在空中展开，然后飘摇缓慢地

降落伞

落地。大家一起玩，有时比赛谁抛得高，且落下时按在指定地区落得准为胜。

【提示与建议】

在个人玩的基础上可多人抛大伞。

八、打响鞭（土族）

【口诀】

玩打响鞭靠臂力，头上轮鞭打转转，用力抽鞭叭叭响，好似节日放鞭炮。

【来源与传承】

打响鞭

这是居住青海省大通县一带的土族人民每逢中秋佳节都喜欢玩的一种有趣的游戏。响鞭类似赶牲口的鞭子，长约 3 米，鞭把是约 30 厘米长的圆木棍。小伙子们相约到村子高处打响鞭是为驱赶妖魔鬼怪，久之演变成一种打响的趣味游戏。打响鞭靠臂力将鞭抡起，向逆时针方向旋转，然后在空中猛地顺时针方向旋转，鞭子发出叭叭的清脆声响。

【提示与建议】

1. 鞭子长短因人而定。

2. 多人同时练习注意距离保安全。

九、穿腾圈（黎族）

【口诀】

小藤圈向前滚，手持标枪要对准，用力投枪穿过孔，比比看，谁能成。

【来源与传承】

穿腾圈

海南岛黎族劳动人民为练捕杀山猪的技能，常常进行象征性的标枪穿圈的练习，后逐渐演变为竞技活动。

【提示与建议】

藤圈直径 80 厘米，标枪约 1.2 米长（可用竹竿代替），1 人持圈向前抛滚，持标枪人向滚动的藤圈投掷，标枪从圈中穿过为胜。

十、追射（满族，原名：射柳条）

【口诀】

皮条绷紧弦，重心向后移。角度调整好，彩球空中飘。

【来源与传承】

古代满族的一些部落以放牧为业，部落之间常因争夺牧场而发生混战，后逐渐变成由各部落选择一名巴图鲁（满语勇士）进行较量。其方法是用弓箭射柳条，然后以迅速奔跑接住尚未落地的柳条为胜。清代"射柳条"是骑兵训练的军事项目之一，后变为一项射接赛跑的体育项目。

【提示与建议】

1. 场地布置（标杆可由人代替）。

2. 用宽皮筋制成弹弓，手持沙包或球作子弹装在弹弓皮壳里，抓皮带后拉，将子弹射出，比远度，或子弹射出后迅速前跑接住落地球均可（也可二人一组，一射一接）。

十一、掷子（回族）

【口诀】

少年儿童扔石锁，扔高砍高传接好。

多种花样扔石锁，集中精神脚站稳。

单人双人集体练，腿功腹功就是好。

【来源与传承】

掷子又称"扔石锁"。掷子是用青石打成的石锁形状的石器。少年儿童用的掷子可用一定重量的沙袋代替，单人、双人、集体练习均可，其动作有扔高、砍高、传接、扔接多种，这是提高身体素质练习的一项内容。

【提示与建议】

1. 从实际出发，可用其他物品代替石器。

2. 石锁的重量、个数根据自身条件选择，避免受伤。

追射

掷子

十二、插鸡尾翎（满族）

【口诀】

手持鸡尾翎，跑跳投都行，跑得快，跳得高，投得准，比比看看谁最行！

【来源与传承】

据传满族人过年之时，都要在帽筒里、掸瓶里插上三五根鸡尾翎，表达避邪、节日吉祥之意，后逐渐发展为少年儿童在室外模拟投插鸡尾翎的跑跳投为一体的体育活动。

【提示与建议】

在树干或竹竿上系上篓子，手持各种颜色的鸡尾翎数根（或球），跑到篓前，跳起将手持物插入篓中，竿的长短、竿与竿之间距离、系篓高低、游戏方法、游戏规则可酌情而定。

插鸡尾翎

第五节　球　类

各式各样的球类项目深受少年儿童的喜爱，有着共同的锻炼价值和教育作用。球类项目的特点是：集体性与独立性并存、技术与战术并重、趣味性与对抗性并存，身体素质与意志品质并重。这是一项全面发展身体素质，又培养勇敢果断、机智灵活的意志品质和遵守比赛规则，团结协作精神的身体练习。例如"狩猎球"，农民们在狩猎成功之后互赠猎物，把自己的部分猎物装到对方的背篓内，由此衍化而来的"狩猎球"是两队队员互相传球攻防竞赛。在15平方米的平坦场地上，每队认各自背篓，每队各持一个布包或球，同队队员互相传包（球）伺机投入对方任一队员的背篓中即得分。竞赛中队员充分发挥跑、跳、投的技能，要讲究攻防技巧和战术配合，又要遵守一定的比赛规则，服从裁判。在比赛过程中，既有集体的配合又有个人技巧的展现，每个人都是在主、配角的不断转换中为争取集体的成功做出贡献。

一、木球（回族）

【口诀】

小小木球圆又圆，手持拐棒快运球，灵活过人勇向前，瞄准球门向前跑，猛击球儿进门了，全靠大家配合好。

【来源与传承】

木球是由宁夏回族中流行的"大兰子""打毛球"发展而成的体育活动，类似曲棍球。

比赛中，既有强烈肢体对抗竞争，又有浓郁的乡土气息，是青少年喜爱的一项球类体育活动。

木球

【提示与建议】

在30米长、20米宽的场地两端分别设一个3米宽50厘米高的木制球门。双方队员各5人，每人手持60厘米长的弯拐棒，你争我夺追击直径10厘米的木球，力争将球击进对方球门（球门前1人为守门员）。木球比赛分上、下半场，规定时间内以进球多的队为胜。

二、绫球（回族）

【口诀】

小绫球似沙包，有攻有防不着慌，破防守，进攻猛，进球得分真叫好。

【来源与传承】

绫球是由少年儿童"拽包"游戏发展而来，因为所用的器械是用布缝成的菱形包内装一定重量的谷物，所以称为"绫球"。绫球是少年儿童喜爱的普通体育项目。

【提示与建议】

双方各由 5 名队员组成，在 30 平方米的场上进行比赛，场上两端各设 1 个半圆形的得分区，双方队员只要从对方防守区外将球投入对方得分区内即得 1 分，在规定时间内，得分多的队为胜。

绫球

三、狩猎球（满族，满语：阿巴兰比）

【口诀】

小背篓背肩上，左躲右闪不慌张，手持虎狼包儿，左追右靠不着慌，攻守进退破阻挡，将包投入背篓里。

【来源与传承】

射猎是满族先民的生活来源，所以他们生活中许多习俗都是因射猎的需要而形成的。在日常生活中，猎手们经常模仿捕捉野兽的动作，后逐渐发展成一项娱乐活动，以将猎物装入对方的背篓取胜，后衍变为民族体育项目。

【提示与建议】

狩猎球有二人狩猎、三人狩猎和三人一队的对抗赛。

狩猎球

1. 二人狩猎法：利用半个篮球场或画一个半径 4 米的圆。甲乙两人各背一个背篓，手中各持 3 个布制的代表虎、熊、狼的布包，然后双方互相积极进攻和躲闪，力争把手中的"猎物"投入对方篓内，将 3 个布制的兽头先投完者为胜利。

2. 三人狩猎法：在场上画一个半径 5 平方米的圆圈或 8 平方米的正方形。三人分别扮成猎人、弓箭、野兽。猎人背红色篓，手拿蓝色布包。第一次投，按照猎人 – 弓箭 – 野兽 – 猎人的顺序，每人设法把手中的包投到对方的篓内。凡投中又没投错者得 3 分，投错者不得分。投后捡回布包仍归自己。时间为 3 分钟。第二次投，不必固定对象，可以任意投。两次相加先得 5 分获胜，退出场外，另两个人继续投，直到决出第 2 名。

3. 每队三人，两队比赛方法：每个队员背后背一个篓，分别站在 15 平方米场地两侧，每人持一个沙包（沙包颜色不同）。比赛开始后，队员可在场内任何地方将沙包投入对方任何一个人的背篓内。同队之间可以相互传递。对方则想方设法制止，而且寻找机会向对方篓内投沙包。在互相攻守中可以躲闪，用手阻挡，但不准推人、绊人。比赛分两局，每局 20 分钟，每局之间休息 5 分钟，满 20 分钟得分多者为胜。

四、珍珠球（满族，满语：尼楚赫）

【口诀】

珍珠球手上托，两队对抗不示弱，左冲右撞破封锁，投在本队网兜里，全队队员乐呵呵。练身体，锻意志，家长看着拍手乐。

【来源与传承】

采珍珠是古代满族人民传统生产活动之一。人民在劳动之余经常兴奋地在陆地上模仿劳动时的情景（用布球代替珍珠），看谁的珍珠采得多，后来逐渐形成了满族人民生活中经常开展的传统体育项目，特别是在青少年当中开展得更为活跃。

【提示与建议】

珍珠球类似篮球、手球，对抗性强，是一项攻防结合的团体比赛项目。双方每队 6 人，水区 3 人为采珠人，封锁区 2 人持蚌拍为防守人，得分区 1 人持网兜为鱼网人。双方队员力争穿过封锁，把在水区夺得的"珍珠"投入自己队的网兜内。水区人、防守人与持网人只能在规定区域内活动，界外球由对方发球，比赛时间因情况而定。

珍珠球

五、蹴球（满族，又名击石球）

【口诀】

蹴击石球，是蹴球，两队比赛，球击球。
瞄得准来，稳搓球，进球多者，才算赢。

【来源与传承】

《满文老档》中记载，蹴击石球是女真人的一种踢行头游戏。踢行头当时叫"蹴鞠之戏"，曾流行于北方。其内容由工人击石球的一种方法，后发展为在 10~15 平方米的场地上运用脚掌搓球进穴洞或进球门的民族体育活动。此项目主要是下肢与腰部的动作，不仅增强腿部力量，还可以培养目测力、判断力，提高击准的能力。

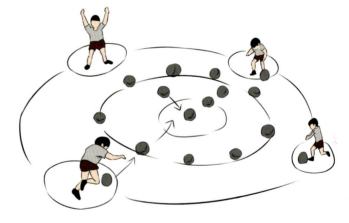

蹴球

【提示与建议】

1. 可用小实心球或者一定重量的布球代替石球。

2. 双方各 2 人上场，队员编为 1、2、3、4 号，1、3 号同色，2、4 号同色，依次上场击球。

3. 击球方法与评判规则可参照北京市民族运动会蹴球竞赛规定。

4. 可创造多种形式击球进位。

六、铜锣球（满族，又名打铜锣）

【口诀】

铜锣球似篮球，传球运球击铜锣，双方队员齐努力，巧妙躲闪击铜锣，相互学习真重要。

【来源与传承】

铜锣球由满族儿童甩包游戏发展而来。打铜锣虽有祛鬼神、驱邪消灾的传说，但在一定程度上反映出满族人民习武射箭的传统。打铜锣类似现代体育项目篮球、足球、手球。比赛双方每队 5 人，在场上通过传球、投拍、运球及阻截等动作，将球攻入对方半场并投球击锣。在限制区与 2 分区内击中为 1 分，2 分区与端线之间击中为 2 分，最后分数累积相加，多者为胜。

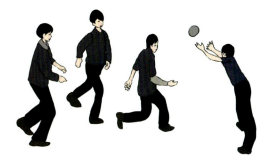

铜锣球

【提示与建议】

1. 铜锣球可用大皮球或装有铃铛的布包代替。

2. 球架高度不要超过 3.5 米。

3. 球架可用竹竿顶上挂 1 个锣，举锣人可在固定的范围内移动配合队员击锣。

4. 比赛时从实际出发，场上设 1 个锣或设 2 个端线锣。

七、毽球（侗族、苗族、水族）

【口诀】

毽球运动似排球，双方站在网两边，
不用手托用脚踢，你踢我踢对着踢。
二人赛毽比速度，多人比赛比耐力，
集体比赛按规定，毽子落地对方赢。

【来源与传承】

毽球是侗族、苗族、水族的大人和小孩都喜爱的体育活动。传说是模拟播种水稻时扔、接稻秧的一系列动作发展而来的，是侗族带有社交性质的体育项目。

毽球

【提示与建议】

毽球是用 4 支白色或彩色鹅翎十字形插在毛管内，与下部毽垫连结而成。比赛场地长 11.88 米，宽 6.1 米，中间以球网相隔。比赛双方各派 3 名选手出场。其技法以踢、触为主，可用头、脚及身体去接球，但不能用手臂去触球。比赛采用三局两胜制，得分方必须是发球方（第 3 局采取每球得分制），以先得 15 分者为胜一局。

八、打鸡毛球（普米、基诺族）

【口诀】

鸡毛球儿手中握，二人对面练击球。
只能用手不用脚，让球落地对方赢。

【来源与传承】

打鸡毛球类似排球，只能用手哆毽。与侗、苗、水族用脚踢的毽球相反，是普米、基诺族少年儿童喜爱开展的一项体育运动。鸡毛球是将一束鸡脖子上美丽的羽毛插入用油布包的木炭中，再紧紧捆扎而成。游戏时 2 人对打，只能用手打，不得用脚踢，其形式多样。可利用排球场进行比赛。

【提示与建议】

比赛可采用三局二胜制，得分后作发球方，第三局采取每球得分制，以先得 15 分者为胜一局。

九、竿球（高山族，原名：顶球）

【口诀】

一人持球向上抛，多人持杆迎球跑，谁的杆上顶着球，就为本队争光彩。

【来源与传承】

按照高山族的传统习惯，长竿刺中棕球象征吉祥、万事如意。刺中球多者将得到人们的敬重、祝贺。选抛球手 1 人，由抛球手向上抛球。持竿者灵巧地摆动长竿（顶端尖）顶刺下落的球。

【提示与建议】

1. 球的大小与重量可自定。

2. 双方队员 3~5 人为宜，跑动时只能竖举杆确保安全。

3. 可利用蓝球或足球场地，双方各设举杆者 1 人，双方队员传球，在本队杆上顶到球为得分。

十、背篓球（高山族，原名：背娄会）

【口诀】

一人背篓向前跑，一人持球追着跑，瞄得准来投得好，三球进篓成绩好。

【来源与传承】

背篓球是高山族男女青年喜爱的活动。运动时女方背篓在前走，男方随后紧跟，相距 4~5 米时，用象征常青、长寿、吉利、幸福的槟榔朝女方背篓投掷。现高山族学校开展这项活动，由人数相等的两队比赛，用小沙包相互向用竹编的篓内投。

【提示与建议】

可采取 3~5 人一队，用篮、排球场地，3 分中内双方相互传接球，进篓球多的队为胜。

打鸡毛球

竿球

背篓球

十一、踢球（民间）

【口诀】

小孩小孩爱踢球，用两书包做球门，踢过来，踢过去，踢进球门真快乐。

【来源与传承】

踢球是小男孩喜爱的游戏。最早只是踢自制的纸球和装有大豆用粗布逢制的布球。孩子们放学后聚在一起，找块空地就玩踢球，你踢给我，我踢给你。有了小皮球、小足球，就仿效大人踢足球，还用两块砖头或书包当球门。分两队踢球，踢球进对方门多为胜。

图 1-59　踢球

【提示与建议】

多给孩子玩的空间，玩中学习知识技能，注意安全。

十二、抢花炮（侗族）

【口诀】

分两队，抢花炮，抢到花炮给本队，你传我，我传你，瞄准目标争胜利。传炮准，速度快，全靠大家齐努力。

【来源与传承】

"抢花炮"流行于广西贵州、湖南省交界地区，是侗族民间体育活动，据说有几百年的历史，每年三月三日，广西三江侗族自治县的富禄镇都要奉行一次"抢花炮"比赛。花炮是一个直径约 10 厘米，外缠红绸布的圆形铁圈。比赛时，将铁圈放在装满火药的铁炮上，点响铁炮，火药的冲力将铁环射向高空。待铁环落下时，抢炮者便一拥而上，互相争抢铁环，抢到手者把铁环送到指定地点。

抢花炮

【提示与建议】

1. 根据自然环境设置炮台区，场中心为发炮点。
2. 比赛一般放 3 炮，以先 2 次抢到炮的队为胜。
3. 抢炮时可用抢、传、拦及掩护动作，但不准打人、踢人。

第六节　技巧类

我们开发的技巧类项目，都是来自各民族，具有悠久历史和深受少年儿童喜爱，带有不同内容与形式的娱乐技巧。这些娱乐技巧有表演性的，有个人和集体合作趣味性竞赛的。在实践中可以看到，这些充满活力的特技是少年儿童生活的重要内容，对他们的成长有着极为显著的锻炼价值和教育作用。例如"中幡"，是蒙古族回族和满族男青年喜爱的一种个人表演技巧。他们以各种姿势把一根 3.4 米长装饰着旗伞等的粗杆——中幡，用头、肩、肘和手交替顶来顶去。在表演时，器械动中有静，而人的动作刚柔相济，是力量平衡与技巧的集合，整套演练惊险紧张极具观赏性。在"中幡"的表演中既展现了力与美的融合和平衡的技能技巧，也张扬了少年儿童的个性魅力。

一、学中幡（蒙、回、满族）

【口诀】

五彩中幡头上顶，两臂张开找平衡，
眼睛上看重心稳，脚步移动保平衡，
中幡不倒功自成。

【来源与传承】

学中幡是一项历史悠久的少数民族传统体育项目。据传起源于佛教的"旗罗伞扇、幡盖云长"，为佛教的八宝之一。后来，此运动多流行于蒙族、回族和满族之中。

【提示与建议】

幡的形式有大、中、小幡三种，中幡的演练具有浓厚的民族特色，可 1 人练、2 人对练、集体练。其动作有 50 多种，20 个多套路，其特点是惊险、紧张、刚柔兼备，每个动作都有名称，如"霸王举鼎""苏秦背剑""太公钓鱼""封侯挂帅"等。中幡又是农村喜庆丰收经常表演的民族传统体育项目。现在少年儿童也模拟成人练起中幡。中幡可酌情自制或用其他物品代替。

学中幡

二、舞花棍（京族、白族）

【口诀】

舞花棍，霸王鞭，按节奏，先击肩，然后背腰肢体敲一遍，边跳边打舞得欢，花样舞姿人称赞，锻炼身心乐得欢。

【来源与作用】

舞花棍是聚居在南海北部京族的传统体育活动，独具一格，别有风趣。古时传说，舞花棍能驱妖避邪，确保丰收，每年的传统节日，女孩子们都要舞花棍庆祝，气氛热烈。

舞花棍

【提示与建议】

木棍长约80厘米，棍外用各色的花纸包缠，两手握棍，随着铿锵的鼓点节奏，用棍的两端碰击肩、背及四肢等部位，挥舞跳跃、变化多样。这是一项全身的运动，可培养节奏韵律感，陶冶情操，促使身心和谐发展。白族称"霸王鞭""金钱棍"，动作技巧基本相似，唯独花鞭两端带穗，利用竹竿的笔节凿成空心状，在孔洞处装上带穗的铜钱，鞭打时，随之发出有节奏的声响。

三、踢毽子（土家族）

【口诀】

小小羽毛毽，人人喜欢练，脚踢毽，手哆毽，身体各部都可触毽。八仙过海比比看，顺风旗，双腕传，脚打锣，双风贯，再来一个倒踢紫金冠，拍手叫好真好看。

踢毽子

【来源与作用】

居住在湖南、湘西、湖北鄂西的土家人，老幼皆喜爱运动，从小就开始练武功、学拳术、舞刀弄棍、掰手腕、踢毽子等。

土家族踢毽子分小门和大门。小门又分为踢、栖、平等，运动量较小。大门有跳、撑、蛙、壳、拉、扒等，运动量大，难度也大。比赛分单人赛、团体赛，比赛单个动作或成套动作，赛速度、赛耐力、赛花样。还有抢毽，由专人"贡毽"（即用手将毽抛起），另一人将毽踢向空中，数人用脚争踢的活动。踢毽子有单人、双人、多人踢，各族都有各种形式的踢法。名称有"顺风旗""双腕传""脚打锣""双风贯耳""倒踢紫金冠"等，不仅用脚踢，也用手哆毽，身体各部位都可以击毽。

【提示与建议】

毽子有各种，有的用鸡毛、皮毛、纸条、绒线、布条制成，土家族人的毽子是用几根鸡毛，捆扎插在有一定重量的铜钱空心中，用布包好缝成。小孩子先练踢带绳毽，兴趣会更高。

四、哆毽（侗族）

【口诀】

哆毽打法不用脚，用手拍打往高挑，
拍得高，表演好，好身段，特灵巧，
似凤凰起舞跳，似狡兔手法高，
看谁表演得最好。

哆毽

【来源与传承】

哆毽是侗族人喜爱的体育活动，自制毽子有青草、稻草、芦苇、鸡毛毽等多种。

【提示与建议】

哆毽打法不用脚踢，不用拍子，只用手拍打，以拍得最高、最远，接得最稳，落地少为胜。可单人、双人、多人围圆拍打。侗家，哆毽的技艺高超，一口气可以连续打600~700次，打法多变，身段优美，时而像凤凰起舞，展翅高飞，时而全身扑下，如海底探月，动作流畅舒展，似深山鸣泉，脚法敏捷，如狡兔出穴。采毽高抛来个鹞子翻身，大跳送毽犹如跨溪越河，模仿猴子摘包谷，腋下击毽。

五、打陀螺（拉祜族）

【口诀】

小小陀螺捻捻转，鞭子抽打快速转，
一起玩耍乐开怀，庆祝丰收保平安，
体健心康幸福源。

打陀螺

【来源与传承】

传说拉祜族过去种的棉花不结桃，其先祖发明了打陀螺，用陀螺砸开花，棉花也就结桃开花了。为了祈求棉花丰收，每到年节，村村寨寨，大人小孩都打陀螺，热闹非凡。

【提示与建议】

打陀螺的玩法很多，拉祜族人一般分两组，一组人在规定范围放转陀螺，另一组人用抽打自己的陀螺击转场内陀螺出界为胜。瑶族有两种打法，一种比赛看谁打得远，另一种是一队人把陀螺全部放转于一个范围内，另一队人在一定时间内抽打自己陀螺转击出界。大部分儿童打陀螺，一手捻转另一手挥鞭抽打。

学功夫

六、学功夫（民间）

【口诀】

快乐小孩真会玩，仿效艺人玩功夫，
拧旋子，拿大顶，蝎子爬，折跟头，
练就一身真功夫，大人拍手都说好。

【来源与传承】

儿童喜欢街头艺人演杂记，动作灵敏技巧高，个个精神抖擞身体好，于是仿效艺人学功夫。开始，男孩在炕上玩折跟头、拿大顶，逐步发展到户外，几个伙伴练拧旋子，利用旋腿的力量使身体在空中飞转一周、两周。女孩练劈叉，练下腰，使身体成桥状。这些儿童游戏练耐力，练体力，锻炼意义颇大，北京人多称为"打把式"，传承至今。

【提示与建议】

1. 小学生练习时可相互帮助。

2. 场地平坦，注意安全。

3. 坚持练，但每次练的时间不要过长。

七、抖空竹（民间）

【口诀】

小小空竹抖起来，身前左右上下抛，抛得高，接得准，转身抛接也不难，动态之中找平衡，造型新颖，技巧高，悦耳声音惹人醉，人人都爱抖空竹。

【来源与传承】

从前过年要给小孩买玩具，空竹最受欢迎。空竹有双头和单头两种。双头容易平衡，易学；单头难度较大，但花样多，更好玩。抖空竹时双手各握一线杆，抖起来发出十分悦耳的声音，令人心旷神怡。

抖空竹

【提示与建议】

引领儿童先练抖动基本功，然后练技巧，如鹞子翻身、飞燕入云、响鸽玲、攀十字架、扔高、猴爬高等，逐步增加技巧的难度。

八、放风筝（民间）

【口诀】

制作风筝是艺术，比比谁能做得精，条条长线放天空，抬头观看乐无穷。

【来源与传承】

放风筝是一种古老的民间传统活动，大人小孩都喜欢。风筝的种类繁多，制作考究，既是工艺品，又是娱乐玩具。儿童一般都在大人指点下，自己动手制作风筝，用秫秸杆或竹蔑搭架子，把画好的风筝糊在架子上，还坠几条彩纸当做尾巴。孩子们放风筝还经常比赛，除看谁放得高、时间长，还比比谁做得精致。

【提示与建议】

引领儿童制作自己喜欢的风筝，风筝的种类主要分为"硬膀"和"软翅"两种。"硬膀"吃风大，飞得高；"软翅"柔软，飞不高，但飞得远。

放风筝

九、推铁环（回、满、蒙古族）

【口诀】

小小铁环圆又圆，手持铁钩推向前，不偏不倒转得稳，其乐无穷乐开怀。

【来源与传承】

以前儿童喜欢推着铁环上下学，这是劳动人民在生活、生产中创造的一种自娱自乐的活动，并广为流传，是回、满、汉、蒙古族等多民族喜爱的体育项目。铁环直径 35~50 厘米，铁环上还系有 3~5 个小环，手柄长 70 厘米左右，柄勾长 3 厘米。玩时将大环立直落地，用铁钩推着往前走，小环叩响大环，大环摩擦铁钩，发出一连串悦耳的金属声音，回荡在胡同里，传得十分遥远。

推铁环

【提示与建议】

推铁环运动有一定难度，也需要一定技巧。首先练习准备动作、推行动作、停止动作，熟练后再练推环绕曲线、推环越障碍或推环接力等多种形式，激发儿童兴趣。

十、推风车（民间）

【口诀】

用纸折个小风车，一根木棍顶到尖，
手持风车迎风跑，看谁风车转得欢。

【来源与传承】

玩推风车是少年儿童喜爱的娱乐活动。风车玩具都是自制的，做 3 个硬纸条对折，在交叉点处连结，再用 1 根小棍子顶着交叉点正中。举着风车向前快跑，纸风车儿即随风旋转不止。

推风车

【提示与建议】

小风车有多种做法，引导儿童自制，玩起来会更兴致勃勃。

十一、跳绳（民间）

【来源与传承】

跳绳是我国民间传统的体育活动之一，其历史悠久，源远流长。唐代称之为"透索"，宋代叫"跳索"，明朝叫"跳白索"，清朝又称为"绳飞"。据史书记载，跳绳活动在我国至少已有一千多年的历史。古代劳动人民早已把跳绳做为一种健身和娱乐的游戏。明朝《帝京景物略》记载："二童子引索略地白光轮，一童跳光中曰跳白索。""索"就是稍粗的绳子。这段话所描绘的正是我们今天跳绳运动中的一种花样，即 2 人摇绳 1 人单跳。可以想象当时摇绳的速度是很快的了，一条长绳摇转起来，从远处看来就象一团光轮。在《济南府志》中载到："每年孟春正月元旦，儿女以绳为戏，名曰跳百索。"清朝《有益游戏图说》："用六尺许麻布，手执两端，使由头上回转于足下，且转且跃，以为游戏，是谓绳飞。"这种跳法就是我们称之为短绳单跳的花样。《松风阁诗抄》有诗云："白光如轮舞索童，一童舞索一童唱，一童跳入光轮中。"诗中告诉我们古代儿童跳绳时还常用节奏和旋律适宜的歌谣加以伴唱。跳绳有跳长绳、跳短绳、花样跳绳，一人跳、二人跳、多人跳均可，也可以把绳子折起来做类似徒手操、绳操、艺术体操等。利用跳绳表演绳操，翩翩起舞，姿态优美。

【跳长绳】

跳长绳可以2人摇绳；也可以1人摇绳，另一端系在木柱或其他物体上。长绳一般为5~7米。摇绳根据跳绳者所在方向，分为"正摇"和"反摇"。向跳绳者方向摇转为正摇，相反为反摇。跳长绳的动作可以分跑过、跳过和连跳。

跑过：指绳子摇转在上空时，练习者从绳下迅速跑过去，而不越过绳子（跑空绳）。

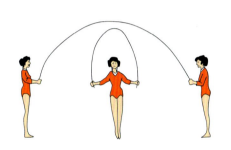

跳过：指一次跳过摇转的绳子。例如，规定不同摇转的圈数、人数和方向，跑跳过、手拉手、叉腰、拍掌、侧身、转体、传接球等动作跳过，结合游戏、接力赛、通过障碍等活动跳过。

连跳：指连续跳绳。初学时，跳者先侧向绳中间站立，当绳摇起将要落地时，跳绳人原地并脚跳起，使绳子从两脚下摇过（可以加一次垫跳）在连跳时做一些技巧性的动作，如模仿小兔跳、青蛙跳、前后滚翻、蹲跳，以及挑水、割麦等劳动生产动作。还可以在两人摇转的两根长绳中连跳。两人摇两条同等长度的长绳，两臂交替，一绳在先，一绳在后，向内摇绳，当绳摇至一绳在上，另一绳在下的时候，跳者从正面或斜路跑至绳的着地点附近，用单脚交换跳方式进行跳跃。也可以在4人摇转的两根长绳中跳跃，2人为1组各摇1根长绳，两组组成十字交叉同时摇绳，跳者跑入做连续并脚跳。

【跳短绳】

短绳一般为2~2.5米，每次练习前两手握绳两端，两脚或一脚踩住绳子中间，两臂体侧屈

跳长绳

肘，绳子被拉直时，为适合自己的跳绳长度。

摇绳方法：上臂靠近体侧，肘部稍离开身体，臂前外伸出，上臂成钝角。摇绳时，用手腕带动，两手好象在体侧前方画一个10厘米左右的小圈子，避免以肩为主的挥臂动作。绳子转动时，每次稍接触地面。绳子转动的速度应该均匀而有节奏，保持圆弧形。初学时，绳子摇得慢一点，跳高一些，手脚动作配合好了再练快跳。根据人体部位，向前的叫前摇绳，向后的叫后摇绳，向侧的叫侧摇绳。初学者应先学会前摇、双脚跳。

停绳方法：一脚前出，前脚掌离地，脚跟着地，使绳停留在脚掌与地面所成的夹角内。后摇停绳时，要求一脚后出，脚跟提起，前脚掌着地，将绳子停在脚下。（图1-1）

图1-1

跳短绳的方法：1人跳短绳。根据摇绳的方向有前摇跳、后摇跳、侧摇跳。根据绳子过脚的次数有单摇跳、双摇跳、三摇跳、四摇跳甚至可以五摇跳。两臂体前交叉摇绳可以做交叉臂摇绳跳，又称"编花跳"。根据脚步的变化，可以单脚跳、双脚跳、并腿跳、前后左右分腿跳、交换腿跳、交叉腿跳、举腿跳、加做虚步、跨步、转体、舞的跳。在脚步变化中还可以加上手臂摇绳的变化，做出各种各样的动作，如双摇编花、单摇跨步跳、向后单摇编花跳等。跳短绳可以在规定的时间内比摇跳的次数，也可以规定摇跳的次数，计算时间的多少。还可以进行跳短绳比赛，如50米短绳跑的中途通过摇转的长绳等。

两人跳短绳：①1人带1人跳，1人摇绳，另1人在摇绳者体前体后跳进跳出，或2个交换绳摇跳；②2人摇绳跳（图8）；③1人摇绳并随意跑动，另1人追跑跳进。（图1-2）

三人跳短绳：①1人摇绳跳，另外2人在摇绳者体前体后跳进跳出，或3人依次交换绳跳；②两个摇绳3人同时或依次跳进跳出。

【**花样跳绳**】

花样跳绳可作为比赛项目，也可作为表演项目。通过个人跳短绳和集体跳长绳，可编排出各种各样的花样跳绳。花样跳绳有个人跳和集体跳两种。个人跳主要是在跳跃中下肢动作的变化，如左右分腿跳、前后分腿跳、前踢跳、后踢跳、高抬腿跳、脚尖脚跟脚尖踢跳，以及正反编花、正反双摇、编花双摇等。下面主要介绍一些有代表性的集体花样动作。

图1-2

1. 用一条绳跳（图1-3）

①1人用1短绳带1人，被带者从持绳者腋下边跳边钻，钻到其身体后，再钻到身前。

②2人各握绳的一端，同摇同跳，在跳的过

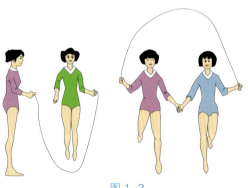

图1-3

34

程中也可换成1人摇绳1人跳。

③1人摇较长的绳，在身前身后可带多人（图1-4）。

图1-4

④2人摇一绳，1人在中间跳，跳起1次，绳子经过脚下2次。

2. 用两条绳跳

①2人摇1条长绳，1人摇1条小绳在长绳中跳，小绳在长绳中可跳正反单摇、正反双摇、正反编花、编花双摇和带人双摇。练习摇长绳者的配合非常重要。（图1-5）

②2人摇1条长绳，另2人再摇1条短一些的绳子在其中边摇边跳。（图1-6）

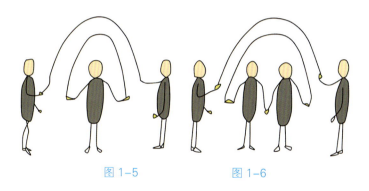

图1-5　　　　　图1-6

③2人摇1条长绳，1人在其中跳1条短绳再带1人，被带者和摇短绳者都边跳边钻。（图1-7）

④2人用左手和右手共摇2条长绳，一手正摇，一手反摇，使两条绳互不相碰，另1人在中间跳。（图1-8）

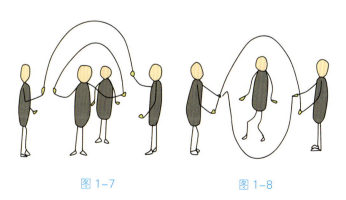

图1-7　　　　　图1-8

3. 用 3 条绳跳

① 1 条长绳带 2 条短绳。（图 1-9）

② 3 条长绳交叉在一起，中间 1 人跳。（图 1-10）

图 1-9   图 1-10

③ 2 人摇 1 条长绳，另 2 人摇 1 条较短的绳在其中边摇边跳，中间 1 人用短绳跳，再带 1 人，共 6 人。（图 1-11）

4. 用 4 条以上的绳跳

① 4 条绳以上的绳网。（图 1-12、图 1-13）

② 2 人摇 1 条长绳（12~15 米），中间带若干人，每人跳 1 短绳。（图 1-14）

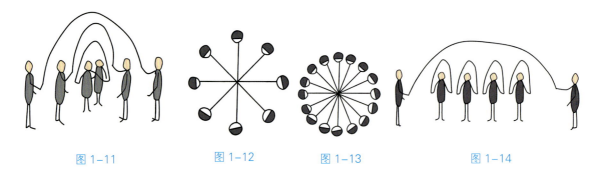

图 1-11   图 1-12   图 1-13   图 1-14

【提示与建议】

1. 连续跳绳的运动量比较大，应根据练习者的不同性别、年龄、身体状况安排不同的跳绳次数、速度和持续时间。

2. 练习时，可在跳绳之间适当加一些空摇动作（将绳在身体两侧进行向前、后的 8 字形摇绳，而不进行跳跃动作）与做持绳操以便调节运动量。（图 1-15）

3. 集体跳绳时应加强集体主义和组织纪律性教育。力求做到说停就停，有正确的开始姿势和结束姿势。

4. 连续跳绳时，要强调有节奏的呼吸。

5. 练习地点最好在室外，避免在灰尘太大的地方跳绳。

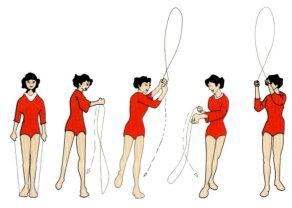

图 1-15

十二、跳皮筋（民间）

【来源与传承】

跳皮筋是一项健康活泼的娱乐活动，在少年儿童中开展得极为普遍。它可以促进少年儿童身体的健康发育，对锻炼少年儿童身体的柔韧性、灵巧性、协调性和提高动作速度、跳跃能力等都有一定的作用。跳皮筋一般是 3 人以上的活动，花样很多，但都是在基本动作的基础上联合而成。在活动中也可以把基本动作重新组合，创造出新的花样。

【跳皮筋的基本动作】

点： 站在皮筋的一侧中间，两手叉腰或两臂侧平举。一脚原地跳动 1 次，另一脚随之跳起用前脚掌点地（图 1-16）。以下基本动作的预备姿势同"点"。

迈： 一腿自然弯屈，从皮筋这一边迈到另一边（图 1-17、图 1-18）。

图 1-16　　　　　　　　　　图 1-17　　　　　　　　　　图 1-18

顶： 正顶，面向皮筋站立，一腿屈膝向上抬，用小腿顶着皮筋（图 1-19）。侧顶，身体的左（右）侧触皮筋，一腿屈膝向上抬，用小腿内侧或外侧顶着皮筋（图 1-20）。

绕： 一腿原地或迈过皮筋另一边，然后小腿由里向外（由外向里）绕皮筋，绕几次不限。（图 1-21）

转： 绕皮筋转，一腿原地跳 1 次，另一腿迈过皮筋，小腿由里向外（由外向里）绕皮筋，然后随转动跳出皮筋。也可以两腿均在皮筋的一边，身体触着皮筋，两脚交替地向左（右）转动。（图 1-22）

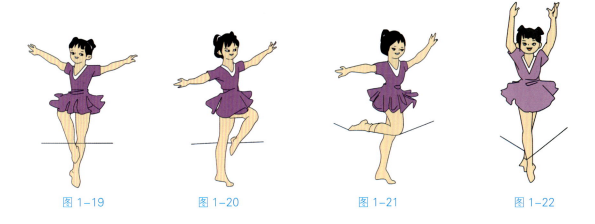

图 1-19　　　　　　　图 1-20　　　　　　　图 1-21　　　　　　　图 1-22

掏：将绕在腿上的皮筋掏出来，向前掏还是向后掏要看绕在腿上皮筋的方向。如右腿从里向外绕筋就由左脚在右脚后踩住筋，右脚由里向外掏出来，绕几次掏几次。（图1-23）

摆压：一腿抬起用小腿将筋压下，然后用前脚掌点地。（图1-24）

摆勾：一腿摆起用脚腕将超过头高的皮筋勾下。（图1-25）

踩、摆踩：在皮筋的一侧站立，一腿摆起用脚将超过头高的皮筋准确地踩下，也可以一腿原地跳动1次，另一腿迈过皮筋，然后两脚踩着皮筋或向左右移动。（图1-26、图1-27）

踢：一般在第3高度上做，一脚将皮筋勾下，另一脚迈过皮筋，用脚面把皮筋踢起来。（图1-28）

图1-23　　　　　　图1-24

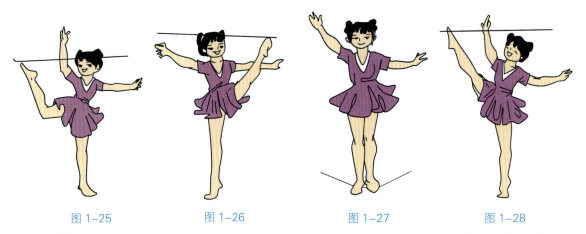

图1-25　　　　图1-26　　　　图1-27　　　　图1-28

皮筋的高度：一般跳皮筋时，将皮筋举至3个高度：第1高度，两臂自然下垂拉皮筋（图1-29）；第2高度，将皮筋举至与肩齐平（图1-30）；第3高度，一臂上举拉皮筋（图1-31）。

【跳皮筋的方法】

跳皮筋分为单人跳和集体跳两种。单人跳由2人拉着约3~4米长的皮筋，在皮筋的中间，单人跳或多人依次轮流跳。集体跳是将数条皮筋拉成各种图案，如三角形、方形、五角形、多边形、菱形、斜线形、人字形、八字形、波浪形、扇形等，由许多人同时参加。跳皮筋的动作花样是由若干基本动作组成的联合动作。在每一高度上跳3个联合动作。1个联合动作跳2个八拍，在儿歌或音乐伴奏下进行跳跃。（图1-32）

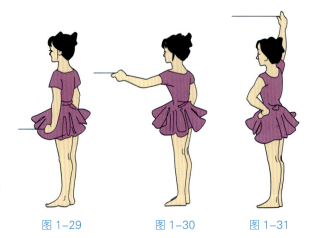

图1-29　　　　图1-30　　　　图1-31

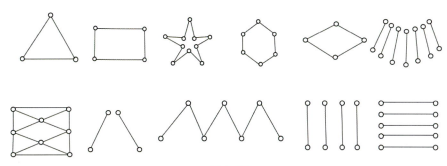

图 1-32

【提示与建议】

1. 皮筋的高度不宜过高，一般每次可以连续跳 3 个不同的高度为宜。拉筋人不要超过跳筋人的高度，否则第 3 个高度上的动作就不易完成。还要注意全面锻炼，左右脚都要跳。

2. 跳皮筋的时间要适当，不宜让孩子们长时间连续不停地跳动。跳的时间要短，但难度可稍大，密度要小些，活动一次，间歇一下再活动。总之不要过量，不要让学生体力消耗过大，过分疲劳。

3. 要注意儿歌和音乐的思想性。活动中，要由拉皮筋人帮助伴唱，否则边唱边跳易影响呼吸器官和声带的发育，同时也不卫生。

4. 皮筋上的装饰不宜过分复杂和过量，要以方便动作为原则，可在筋上间隔地装饰简单的彩花或花条。

【跳皮筋比赛】

1. 动作数量的规定

参加比赛的人，必须在 3 个不同的高度上跳出不少于 3 个不同的联合动作。

联合动作：每一联合动作必须由 2~3 个基本动作组成（点、迈、跳，压、摆勾、绕、转、踩、顶、踢），至于在某一高度上用哪些基本动作组成联合动作不限。可根据不同的高度自己规定。

2. 质量要求

整套动作要准确熟练、连贯协调、舒展活泼、自然、节奏感强。

3. 时间要求

单人跳比赛：小学一、二年级比赛用时 1 分 30 秒至 2 分；三、四年级比赛用时 2 分至 2 分 30 秒；五年级至初中一年级比赛用时 2 分 30 秒至 3 分 30 秒。

集体跳比赛：时间可延长 30 秒至 1 分钟。

4. 伴奏

比赛时应有伴奏或伴唱。选用的歌曲应适合少年儿童，并和动作有一定的联系。歌曲的内容要健康。

5. 评分方法

采用公开评分方法，最高分为 10 分。最后得分按体操比赛规则中的最最得分方法确定。评分的比例是：3 个高度占 3/10，动作数量占 5/10，整个动作完成的质量和伴唱占 2/10（前两项都要有质量要求）。集体比赛限 4~6 人跳（不包括拉皮筋人数），分低、中、高年级组举行，男女生不限。

第七节　舞蹈类

我国是一个多民族国家，各兄弟民族都有自己悠久的历史文化。他们能歌善舞，特别是富有浓郁的民族风格和独具地方色彩的民族民间舞源远流长，多姿多彩，有的显示出南国水乡的风情，有的散发着北国草原的芳香，有的带有高原的神奇。几乎一个舞蹈就是一首瑰丽的诗，就是一个引人入胜的传说。它们各自伴随着本民族的历史，与民族风格习惯紧紧相联，不仅具有技巧性，而且伴以歌，载以舞，既炼体又益心。通过对民族民间舞的学习，可使学生初步了解、掌握部分民族民间舞的基本特点、基本动作、基本舞步和舞姿造型等，从中获得知识，发展体质，陶冶情操，增强民族间文化交流，并不断提高自身鉴赏舞蹈、表演舞蹈的能力。

一、小骑手（对舞，小学、初中）

这是以蒙古族民间舞蹈为素材的集体舞，采用对舞形式，舞蹈动作活泼开朗，富有草原的辽阔感。

【提示与建议】

1. 参加人数不限，但必须是双数。

2. 把参加的人分成相等的两队，结成每2人一对，围成一圈，面向圆心或逆时针方向站立均可（图1-33）。

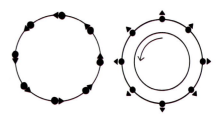

图1-33

【基本动作】

1. 骑马步

内圈人左手叉腰，外圈人右手扶对舞者腰的左侧，2人右手均在胸前做勒马绳的姿势，每拍做勒马绳动作1次，同时两脚每拍一动，交换行进。（图1-34）

2. 跃进步

1、2拍，右脚踏跳一步，左脚抬起。3、4拍，左脚踏跳1步，右脚抬起（动作与1、2拍相同）。5~8拍同骑马步，每拍前进1步，手的姿势同骑马步。（图1-35）

图1-34　　　　图1-35

3. 草原步

右臂在胸前屈肘，左臂在背后屈肘（图1-36、图1-37）。1、2拍，右手甩伸到右上方，左手甩平到左侧方。左脚后踏跳1步，右脚抬起（图1-38）。3、4拍，左手从胸前甩伸到左上方，右手甩到右侧方，右脚后踏跳1步，左脚抬起，姿势同图1-38，但方向相反。5~8拍，两手斜上举向左、向右各摆动2次，从左脚开始，向前走4步（图1-39）。

图 1-36

图 1-37

图 1-38

图 1-39

4. 扬鞭式

1~4 拍，左脚向前迈 1 步，身体重心落右脚上，左手举起作扬鞭状，右手平伸作勒马样。5~8 拍同 1~4 拍，方向相反（图 1-40）。

5. 跑马步

双手在胸前做勒马缰绳状，右脚作轴心，左脚踮起，每拍都由右脚踩拍，要踩前半拍上，左脚踮在后半拍。

【舞蹈说明】

预备姿势：按规定队形，一对对站好。

前奏：左脚开始做骑马步。

"鞭儿空中扬，马蹄哒哒哒地响。我是个小骑手"（歌词）：左脚开始向前做跃进步 3 次。

图 1-40

"奔驰在草原上"：做跑马步，内圈人左后转弯 1 周，外圈人右后转弯 1 周，然后两人对面站立。

"这里是祖国的边疆，这里是可爱的家乡"：左脚开始做草原步 2 次。

"啊啊哈嗬"：左脚开始做骑马步。

"鞭儿空中扬，马蹄哒哒哒地响。我是个小骑手"：左脚开始向前做跃进步 3 次。

"奔驰在草原上"：做跑马步，内圈人左后转弯 1 周，外圈人右后转弯 1 周，然后两人对面站立。

"这里是祖国的边疆，这里是可爱的家乡"：左脚开始做草原步 2 次。

"啊啊哈嗬"：向左、向右做扬鞭式动作各 1 次。

"在这美丽的土地上幸福地成长，啊哈"：从左脚开始两人均沿逆时针方向做跑马步，然后两人互换位置。

"嗬啊哈嗬"：向左、向右做扬鞭式动作各 1 次。

"在这美丽的土地上"：左脚开始，沿逆时针方向做跑马步 1 周，回原位。

"幸福地成长"：内圈人原地做踏点步，两臂由下逐步斜上举，外圈人左脚开始向右前方做踏点步，同时左手斜下举，右手逐渐向上举起，和前边内圈人组成舞伴。

【教法建议】

基本动作较多，先让学生把单个动作做熟，然后每 2 人 1 组练习，最后再变换队形练习。

小 骑 手
——对舞

1= C 2/4

6 - | 6 56 | i̱ - | i̱·6 | 5 5i̱ 6 i̱ 6 5 | 3 36 5 6 5 3 | 2 2 5 |

2 2 3 1 5 | 6̣ 6̣ 6̣ 6̣ 6̣ 6̣ | 6̣ 6̣ 6̣ 6̣ 6̣ 6̣ | 3 - | 6 - | 2 3 1 2 | 6̣ - |
鞭　儿　空　中　扬，

3· 5 | 6 6 i̱· 5 | 6 - | 6 - | 5 - 6̣· i̱ | 5 6 5 | 3 - |
马　蹄　哒　哒　哒　地　响。　　　我　是　个　小　骑　手，

6 6 5 | 3 6̣ | 2 - | 2 - | 3 3 3 | 6 3 5 | 2 3 1 2 |
奔　驰　在　草　原　上。　　　这　里　是　祖　国　的　边

6̣ - | 3 3 5 | 6 5 6 | i̱ 5 | 3 - | 5 - | 5 6 5 6 |
疆，　这　里　是　可　爱　的　家　乡。　　啊　　啊　哈

i̱ - | i̱ - | 5 5 i̱ | 6 i̱ 6 5 | 6 6̣ | 2· 3 | 6 3 5 |
嗬。　　　在　这　美　丽　的　土　地　上　幸　福　地

2· 3 1 2 | 6̣ - | 6̣ 3 5 | 6 - | 6 5 6 | i̱ - | i̱ - | 5 5 i̱ |
成　　长，　啊　哈　嗬　啊　哈　嗬　　　在　这

6 i̱ 6 5 | 6 6̣ | 2· 3 | 1 2 3 5 | 6 5 6 i̱ 5 | 6 - | 6 - ‖
美　丽　的　土　地　上　幸　福　地　成　　长。

安 代
——对舞

1=♯F 2/4

(6· 6 6 5 | 5 6 5 3 | 2· 2 2 1 | 1 2 1 6̣ | 6̣ 6̣ 3 6̣ | 6̣ 6̣ 3 6̣) |

2· 3 5 3 | 5 6 i̱ | 6 - | 6 - ‖: 6· 6 6 5 | 6 6 5 3 |

5 6· i̱ | 2 1 6̣ | 2· 5 | 3· 6̣ | 1 1 2 1 | 6̣ 6̣ :‖

42

二、安代（对舞，中学）

【提示与建议】

1. 参加人数不限，但需是偶数。

2. 舞蹈队形排成圆形，每 2 人 1 对面向圆心站立。

【基本动作】

1. 踏点步

动作前，右脚掌点地落于左脚右侧，重心在左脚上，双臂在胸前交叉（右上左下），头稍左侧（图 1–41）。1、2 拍，右脚踏地膝稍直，两手同时上下打开（右高左低），成一条直线，头向右侧倾（图 1–42）。3、4 拍，同 1、2 拍动作。

2. 小跳步

第 1 拍，右脚踏地，左脚小跳，屈膝向后抬起，同时手经右肩往右斜下方甩出，上身稍向右前倾（图 1–43）。第 2 拍，落左脚，右脚小跳屈膝向前抬起，上身正直，右手举至头右上方，往右画半圈（图 1–44）。第 3 拍，落右脚，左脚小跳屈膝向前抬起，上身后倾，右手继续画半圈。第 4 拍，脚同第 2 拍动作，右臂屈肘，手指向后背方向。

图 1–41　　　　　图 1–42　　　　　图 1–43　　　　　图 1–44

3. 两手划圆的小踏步

1、2 拍，右脚掌着地踏在左脚右后侧，右手向里，左手向外，垂直在胯前做画圆圈动作。3、4 拍动作同 1、2 拍，但方向相反。

4. 屈臂的小跳步

动作同小跳步，但有两臂同时弯屈的动作（图 1–45）。

【舞蹈说明】

预备姿势：在规定的队形上，每人右手持一条约长 70 厘米的带子的一端，站好（男女对跳也可）（图 1–46）。

前奏：两手体前重叠，头向左侧倾，做身体重心在左脚上的踏步。

1~4 小节：向右做踏点步。

5~8 小节：向左做踏点步。

9~16 小节：做小跳步 4 次。

图 1–45

17~24 小节：做两手画圆的小跳步 2 次，然后全体往后原地自转 1 周。

25~32小节: 屈臂的小跳步4次。第1次，单数（或男生）向圆心原地跳1次，双数（或女生）同时边做动作边变成与单数（或男生）相对站立（图1-47）。第2~4次跳，每对舞伴面对面，按顺时针方向转1圈，双数（或女生）到单数（或男生）的左边。

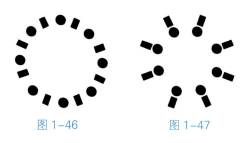

图1-46   图1-47

三、小山鹰（圆圈舞，小学、初中）

这是一个以藏族的民间舞蹈为基础的集体舞蹈，采用圆圈舞的形式，舞蹈动作抒情，富有诗意。

【提示与建议】

1. 参加人数不限。

2. 舞蹈队形排成单行圆圈，面向圆心站立。

【基本动作】

1. 前后踏步

第一拍，前半拍左脚尖在后面踏1下，后半拍左脚回到原地踏1下，同时两手向后摆动（图1-48）。第2拍，前半拍左脚尖在前面踏1下，后半拍左脚在原地踏1下，同时两手向前摆动（图1-49）。

图1-48   图1-49

小 山 鹰
——圆圈舞

1= G 2/4   任志萍 词

优美地、稍快地

‖:(3 5 5 3 2 3 3 2 | 1 2 1 6 | 5 5 2 3 2 1 | 1 - | 1 -) | 5 1 2

我 要
我 要
我 要

3. 5 2 3 2 1 | 1 - | 1 - | 2 2 3 3 2 | 1 2 2 1 6 5 | 5 - | 5 -

变 只 小 山 鹰，　　 万 里 蓝 天 飞 一 程。
变 条 小 蛟 龙，　　 钻 进 海 里 学 游 泳。
变 朵 映 山 红，　　 扎 根 祖 国 土 壤 中。

6 6 5 6 1 2 | 6 - | 1 1 6 1 2 3 | 2 - | 3. 6 6 5 5 3 | 2 1 2 3 5

白 云 脚 下 踩，　 群 星 把 我 迎。 哪 怕 山 高 没 有 顶，
闯 过 千 层 浪，　 参 观 水 晶 宫。 大 海 埋 藏 多 少 宝，
长 在 风 雨 里，　 练 好 过 硬 功。 党 洒 雨 露 滋 润 我，

5 5 | 6. 5 2 3 2 1 | 1 - | 1 - :‖ 1. 5 6 | 1 1 1 0 ‖

我 也 敢 攀 登 清。 　 　 　 彤。 巴 扎 嘿!
我 要 探 测 清。
花 开 红 彤

1.2.　　　　3.

---

2. 三步一踏步

第1拍，右脚向前1步，随之自然屈腿。第2拍，左脚向前1步。第3拍，右脚向前1步。第4拍，左脚原地踏1步，随之自然屈腿随即伸直。做1~4拍动作时，两手由体侧慢慢斜上举，模仿鹰展翅动作（图1-50）。然后左脚开始向后做三步一踏动作，两手随之后上举（图1-51）。

3. 鹰飞步

第1拍，左脚向前踏跳1步，同时右脚抬起来，屈曲着伸向左前侧，两手向斜上方举（图1-52）。第2拍同第1拍，但方向相反。第3拍，左、右脚向前各踏跳1次。第4拍同第1拍。5~8拍拍同1~4拍，但方向相反。

图1-50　　　　　图1-51

4. 弦子步

第1拍，左脚向左侧迈1步。第2拍，右脚向左脚前迈1步。第3拍，左脚再向左侧迈1步。第4拍，右腿屈曲着抬起来，以髋为轴，由里向外绕动，同时左脚原地跳动1次。两手随着舞步自然而动，左手向左平伸，右手由右下方上举（图1-53）。5~8拍拍同1~4拍，但方向相反。

图1-52　　　　　图1-53

5. 跳转步

每2拍转半圈，每4拍转1圈。第1拍，左手举起到左上侧，右手自然置于右下侧，踏左脚，接踏右脚，逐步向左转。第2拍，左脚原地踏跳1次，右脚自然摆起，逐步向左转动（图1-54）。第3拍，右手举起到右上侧，左手自然置于左下侧，踏右脚，接踏左脚，逐步向左转。第4拍，踏右脚，左脚原地跳1次，逐步向左转，右脚自然提起在左腿旁（图1-55）。

【舞蹈说明】

预备姿势：按规定队形自然站立或手拉手站立均可。

前奏：做"前后踏步"5次。

"我要变只小山鹰"：三步一踏步向前做1次。

"万里蓝天飞一程"：三步一踏步向后退1次。

"白云脚下踩，群星把我迎"：1~4拍，左脚开始做鹰飞步1次。5~8拍，右脚开始做鹰飞步1次。

"哪怕山高没有顶，我也敢攀登"：1、2拍，左脚开始做玄子步1次。3、4拍，右脚开始

图1-54　　　　　图1-55

做弦子步 1 次。5、6 拍同 1、2 拍。7、8 拍同 3、4 拍。9~12 拍，做跳转步 1 次。

第二、三遍音乐：动作同前，唯有第三遍音乐的 9~12 拍动作，右脚向左脚并拢同时胸前拍手 1 次，然后两手由胸前向上绕至自然侧举，手心向上，同时右腿提起，在最后一拍时上体稍前倾，右脚脚跟在前着地。

【教法建议】

此舞也可以让学生站成同心圆，内圆人做动作，外圆人原地做前后踏步，一遍音乐后的间奏时，内、外圆人互换位置。

四、弦子（集体舞，中学）

弦子舞是藏族的民间舞，抒情，速度缓漫，动作优美。

【提示与建议】

1. 参加人数不限。

2. 舞蹈队形排成圆形，面向圆心站好。

【基本动作】

1. 抬踏步

第 1 拍，右腿屈膝右脚离地，同时回收小腿，左脚"刚达"（如同藏族献哈达时伸脚的动作）1 次，然后右脚落地。

2. 拖步

右（左）腿向前窜跳，然后左（右）腿在后稍擦地向前进方向上步，动作重拍始终在右（左）脚上，左（右）脚始终被动地后拖。

3. 点步

一拍一次，动作之前双膝屈曲，双手经体前手背向上。第 1 拍，双手打开到体侧，手心向上，右脚跟着地，左膝屈曲，重心在左腿，身体向右倾斜，目视前方。第 2 拍，左脚跟抬起，前脚掌不离地往前碾转 1 下，原地向左转。

弦 子
——集体舞

1= F 2/4   藏族民间乐曲

(3 5 6 3 5 3 2 | 2. 3 1 6 5 | 3 5 3 2 | 6 1 6 5 2 3 5 | 6 5 | 6) ‖: 3. 5 3 6 1 |

3 6 3 5 | 3 3 | 3 — | 2. 3 5 6 | 3 2 3 1 6 1 | 2 2 | 2 — |

3. 5 3 3 | 2 6 1 6 5 | 6 1 3 5 2 1 6 5 | 3 3 | 3 — | 3. 5 6 1 2 1 |

3 5 6 3 5 3 2 | 2. 3 1 6 5 | 3 5 3 2 | 6 1 6 5 2 3 5 | 6 5 | 6 — ‖

【舞蹈说明】

预备姿势：前奏开始，全体面向逆时针方向转动并且手拉手。

第1、2小节：右脚开始做三步一拍抬踏步的动作。

第3、4小节：左脚开始做三步一拍抬踏步的动作，最后一拍在撩右脚的同时向左转身半圈（转身时手不放开），面朝顺时针方向（图1-56）。

第5~8小节：同1~4小节动作，唯有背朝逆时针方向后退（图1-57）。

第9~10小节：做拖步，两拍一动做两次（右手画圈）。

第11~12小节：重复9~10小节动作。

第13小节：面向圈内，左脚不动，右脚原地踏，一拍一次，踏两下双膝自然屈，双手向右、左打开。（图1-58）

第14~15小节：向圈内做抬踏步，上体正直，双手从两旁慢慢抬到头前上方。

第16~17小节：同14~15小节动作，唯有向后退，双手从上慢慢放下搭在髋前。恢复原来圈的位置。（图1-59）

第18~20小节：做点步，6步转动1周，转到原方向后，再接着做下一遍舞蹈动作。

图1-56

图1-57

图1-58

图1-59

娃 哈 哈

——歌舞表演

1= F 2/4

新疆歌曲

```
6 3 3 3 3 | 4 4 6 3 | 2 2 2 2 1 | 2 2 3 6 |
我 们 的 祖 国   是 花 园，  花 园 里 花 朵   真 鲜 艳，
大 姐 姐 你 呀   快 快 来，  小 弟 弟 你 也   莫 躲 开，

2 2 2 2 6 7 | 1 1 1 1 7 6 | 7 7 7 7 2 1 7 | 6 6 6 |
和 暖 的 阳 光   照 耀 着 我 们   每 个 人 脸 上 都   笑 开 颜。
手 拉 着 手 儿   唱 起 那 歌 儿   我 们 的 生 活   多 快 活。

2 2 2 6 7 | 1 1 1 7 6 | 7 7 7 7 2 1 7 | 6 6 6 ‖
娃 哈 哈   娃 哈 哈   每 个 人 脸 上 都   笑 开 颜。
娃 哈 哈   娃 哈 哈   我 们 的 生 活   多 快 活。
```

五、娃哈哈（歌舞表演，小学）

这是维吾尔族儿童表情舞，活泼、欢快。

【提示与建议】

1. 参加人数不限。

2. 舞蹈队形站成圆或体操散点队形均可。

【基本动作】

1. 点步

主力腿膝伸直，前脚掌着地，动力腿在主力腿旁，用脚掌做前点、后点、点移、点转等动作。（图1-60）

2. 横垫步

主力腿用脚跟及脚的外侧碾步，横走，主力腿膝稍屈，两腿夹紧，脚掌踏地。（图1-61）

3. 三步一抬步

右脚起步向侧（前）走3步，第4步左脚掌向后挠地再抬小腿。左脚起步时右脚掌向后挠地抬小腿，此动作也可转身做。（图1-62）

【舞蹈说明】

预备姿势：左丁字步，臂自然下垂，手心向下。

第一段

第1～2小节：右脚做踏点步，每拍一动，同时两手胸前击掌1次再打开，手心向上，共做两次。

第3～4小节：继续做踏点步，每拍一动，双臂由侧举至斜上举，手心相对。

第5小节：踏点步，每拍一动，两臂左斜上举同时双手向里做翻腕动作。

第6～7小节：踏点步，每拍一动，左臂不动，右臂屈肘慢慢由上经体前打开手心向上举至右侧，头随之左右摆动。（图1-63）

第8小节：踏点步，每拍一动，同时两臂屈肘举起，手心向外，手指触脸，头随之向左右摆动1次。

第二段

第1～2小节：向右做横垫步，上体向左后倾同时两臂向右前上方举，随节奏两手前后摆动（仿招呼状）。

第3～4小节：原地踏点步，两臂屈肘体前举，手心向前，同时随上体向左右摆动各2次。

第5～8小节：手拉手做三步一抬步，右脚开始做4次。

第9～11小节：做踏点步，两臂上举，手心相对，随着踏点步每拍做向里翻腕1次，左后转1周。

第12小节：左腿直立，右腿屈膝，脚掌侧点地，双臂屈肘举起做移颈动作。

图1-60　　　　图1-61

图1-62　　　　图1-63

六、哈密瓜（小学、初中）

这是以新疆维吾尔族民间舞为基础编成的集体舞蹈，舞蹈动作热情、潇洒。

【提示与建议】

1. 参加人数不限，但必须是双数。

2. 舞蹈队形排成同心圆，面向圆心蹲下。

【基本动作】

1. 沙行步

第1拍，进左脚。第2拍，左臂胸前屈肘，手心向内，右手背在身后。前半拍右脚以前掌点地踏在左脚右后方，后半拍左脚踏地（图1-64）。第4拍同1、2拍，但方向相反。

2. 扶帽步

步法同沙行步，但手的动作不同，左手托帽，右手平伸，手心向外（图1-65）。

3. 行跳步

1~3拍，左、右、左脚各前进1步。第4拍，右脚跳1次，左腿自然提起，同时右手叉腰，左手托帽，随节奏自然提起（图1-66）。5~7拍，右、左、右脚各前进1步。第8拍，右脚跳1次，左腿自然提起，左右手的动作与第4拍时动作相反。

图1-64　　　　　图1-65　　　　　图1-66

4. 穿叉步

1~3拍，左、右、左脚各前进1步。第4拍，右脚为轴，左脚向后抬起，向右转半周（图1-67）同时两手由两侧慢慢向上举起（图1-68），最后两手侧平举（图1-69）。5~8拍同1~4拍，但方向相反，同时两手半握拳，手心向后，两臂下垂（图1-70）。

图1-67　　　　　图1-68　　　　　图1-69　　　　　图1-70

哈 密 瓜

1= F 2/4

(5̲1̲ 1̲ 1̲ 3 | 5̲5̲ 6̲5̲ 3 | 4̲4̲ 2̲2̲3̲2̲7̲ | 1̲1̲ 1̲5̲1̲ | 1̲1̲ 1̲5̲1̲) | 5̲1̲ 1̲ 1̲ 3 |
　　　　　　　　　　　　　　　　　　　　　　　　　　　　　　　　　　　哈　密

5̲.̲ 6̲5̲ 3 | 4̲.̲ 3̲2̲3̲2̲7̲ | 1 － | 5̲1̲ 1̲ 1̲ 3 | 5̲.̲ 6̲5̲ 3 | 4̲.̲ 3̲4̲ 6 |
瓜　　　丰　收　　啦，　　我　帮　爷　爷　搬　回

5 － | 6̲.̲ 6̲6̲ | 5̲6̲4̲5̲ 6 | 5̲.̲ 6̲5̲ 4 | 3̲5̲4̲3̲ 2 | 3̲3̲ 3̲3̲ 1 |
家，　一路　走来一　路　唱，歌声　传到　千万　家，今天的生活

7̲2̲1̲7̲ 6̲ | 2̲.̲ 2̲2̲ 1 | 7̲ 6̲ | 5 － | 5 － | 6̲6̲ 6̲6̲ | 5̲6̲4̲5̲ 6 |
多　甜　蜜，大　人小孩　乐哈　哈。　　　啦　啦啦啦　啦啦啦啦

5̲5̲ 6̲5̲ 4 | 3̲5̲4̲3̲ 2 | 5̲5̲ 6̲5̲ 3 | 4̲.̲ 3̲2̲3̲2̲7̲ | 1 － | 1 － ‖
啦啦　啦啦　啦　拉啦啦啦　啦，　歌声　催我　快　长　　大。

【舞蹈说明】

预备姿势：参加者1～2报数，单数人先起舞，双数人下蹲，按音乐节奏，两手在胸前拍手，每拍一动。

前奏：1、2拍，单数人边拍手边起立。3、4拍，单数人边拍手边向双数人微微点头示意。5~8拍，单数人边拍手边向圈内走。9、10拍，单数人互相鞠躬致意。

"哈密瓜丰收啦"：单数人沿逆时针方向做沙步行4次。

"我帮爷爷搬回家"：单数人左脚开始左后转，面向双数做扶帽步4次。

"一路走来一路唱，歌声传到千万家，今天的生活多甜蜜，大人小孩乐哈哈"：单数人左脚开始从双数人左侧做"行跳步"绕1周，最后与双数人对面站立。

"啦啦啦啦啦，啦啦啦啦啦，啦啦啦啦啦啦啦，歌声催我快长大"：单数人右脚开始做穿叉步，从对面人的左侧穿出圈外，再从下一个人的左侧穿进圈内，再穿出圈外。最后穿到原位蹲下。（图1-71）

注：间奏动作同前奏动作，换双数人起舞，单数人蹲下按音乐节奏拍手，每拍一动，就这样循环交替地进行舞蹈。

【教法建议】

此舞蹈也可采用双人舞蹈或邀请的形式进行，内圈人跳后，邀请谁，谁就起舞。

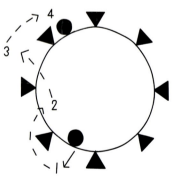

图1-71

七、小白船（小学）

小白船是以朝鲜族的民间舞蹈动作为基础的集体舞，动作抒情、优美。

【提示与建议】

1. 参加人数不限。

2. 舞蹈队形排成圆形队或体操散点队形。

【基本动作】

1. 平步

第 1 拍，右脚向前上步，脚掌着地，同时左脚立前脚掌，身体重心上升。第 2 拍，右腿逐步全脚落地，双腿屈膝，同时左脚跟着地。第 3 拍，左脚离地，然后左脚向前上步，脚掌着地。朝鲜族平步动作韵律有两种：一种重拍时身体重心向上，一种重拍时身体重心向下。（图 1–72）

2. 波浪步

第 1 拍，右脚向前上 1 步，脚跟先着地。第 2 拍，左脚从右脚内侧上 1 步，脚掌着地，身体重心向上。第 3 拍，右脚向前面上 1 步，脚掌着地，同时双膝挺直，身体重心上移。第 4 拍，左脚向前上 1 步，脚掌着地。第 5 拍，右脚从左脚内侧上 1 步，全脚着地，屈膝，身体重心向下。第 6 拍，形成一个波浪。波浪步有上下起伏感，但身体要始终保持平稳和身体上下起伏的连贯性。（图 1–73）

图 1–72　　　　　图 1–73

3. 丁字推移步

第 1 拍，右脚勾脚提膝，小腿向外画小弧线同时向前斜身上 1 步，身体右侧前倾，重心前移。第 2 拍，左脚掌拖地向右脚跟靠拢，然后右腿提膝，右脚落地，同时身体略向后仰，准备做下一步。（图 1–74）

图 1–74

4. 垫步

前半拍右脚向前上步，全脚着地；后半拍，左脚迅速跟上成自然脚位。垫步一般一拍或半拍一步，出脚的方向可根据需要而变化。

5. 蹉步

第 1 拍，右脚向右前方上 1 步。第 2 拍，左脚在右脚后踏 1 步，前脚掌着地。第 3 拍，右脚原地踏 1 步。一般在 3 / 4 拍音乐的伴奏下，步法节奏是右左右、左右左，动作步幅要均匀，身体重心平稳。

6. 滑步

1~2 拍，右脚向前方上一大步，上体随之侧倾，然后左脚在右脚旁，脚掌着地。2~3 拍，右脚再向前滑一大步，左腿屈膝（双膝内靠），左脚掌内侧点地。

【舞蹈说明】

预备姿势：小八字站立，两臂自然下垂。

第1~4小节：右脚开始向前做垫步2次，双臂随之向前方上举，然后，右脚开始再向后退做垫步2次，双臂在胸前做2次。（图1-75）

第5~8小节：右脚向右侧做"丁"字推移步，同时两臂经体前向右自然平举，手心向上。然后再向左侧做"丁"字推移步，同时两臂向左自然平举，各做2次。（图1-76）

第9~12小节：左腿为主力腿，右脚掌在左脚右侧点地，上体右侧稍后仰，两手慢慢地左斜上举，掌心向外。

第13~16小节：右后转1周做蹉步，左臂上举不动，右臂体前平举随音乐慢慢地向右侧平举，手心向上。（图1-77）

第17~24小节：右脚开始向前、向后做垫步（右脚上步，左脚退步），两臂随之向前、向后自然摆动。

第25~32小节：前4小节左脚开始走平步向左后转1周，两臂同时上举自然左右摆动。然后向左做滑步2次，两臂侧平举，最后左脚前、右脚后踏点，两臂前斜上举（图1-78）。第2遍音乐时还可再重复1次。

图1-75　　　　　图1-76

图1-77　　　　　图1-78

小 白 船
——歌表演

1=♭E　2/4

朝鲜族童谣

5 - 6 | 5 - 3 | 5 3 2 1 | 5̣ - - | 6̣ - 1 | 2 - 5 | 3 - - | 3 - - |

蓝 蓝的 天 空 银 河 里， 有 只 小 白 船，
渡 过那 条 银 河 水， 走 向 云 彩 国。

5 - 6 | 5 - 3 | 5 3 2 1 | 5̣ - - | 6̣ - 1 | 5̣ - 2 | 1 - - | 1 - - |

船 上有 棵 桂 花 树， 白 兔 在 游 玩，
走 过那 个 云 彩 国， 再 向 哪 儿 去？

3 - 3 | 3 - 2 | 3 - 6 | 5 - - | 3 - 2 | 3 - 6 | 5 - - | 5 - - |

桨 儿桨 儿 看 不 见 船 上 也 没 帆，
在 那远 远 远 地 方 闪 着 金 光，

1̇ - - | 5 - 5 | 3 - 5 | 6 - - | 5 3 2 1 | 5̣ - 2 | 1 - - | 1 - - ‖

漂 呀 漂 啊 漂 向 西 天。
晨 星 是 灯 塔 照 呀 照 得 亮。

八、荡秋千（邀请舞，小学、中学）

这是以朝鲜族的民间舞蹈为基础的集体舞蹈，以邀请舞的形式进行，舞蹈动作自由、优美。

【提示与建议】

1. 参加人数最好 30 人以上。

2. 舞蹈队形根据参加的人数，一半为里圈，一半为外圈，或里圈人少一些。

【基本动作】

1. 行进步

第 1 拍，左脚踏出，同时左臂向左平伸，右臂向前平伸。第 2 拍，右脚在左脚后踮踏 1 下，同时手保持原来的姿势，随脚的踮踏自然微摆动（图 1-79）。第 3 拍，左脚踏出，手同 2 拍。4~6 拍同 1~3 拍，但动作相反（图 1-80）。

2. 荡步

每人对面手拉手站立。1~3 拍，里圈人退右脚，左脚跟上，外圈人进左脚，右脚跟上（像交谊舞三拍的进退舞步）。4~6 拍同 1~3 拍，但动作相反（图 1-81）。

3. 邀请步

第 1 拍，左脚向左侧迈 1 步，右脚随之移动，两手从下面分别经体侧上举到脸的两侧（图 1-82）。2~3 拍，脚不动，两手向上伸（图 1-83）。4~6 拍，脚不动，两腿略屈，上体自然转动，右手摆放在背后，左手摆动在右肩前（图 1-84）。7~12 拍同 1~6 拍，但动作相反。

图 1-79　　　　　图 1-80　　　　　图 1-81

图 1-82　　　　　图 1-83　　　　　图 1-84

4. 对肩步

1~3 拍，左手向后平伸，右臂屈肘，右手置于胸前，右脚向前 1 步，脚尖点地（图 1–85）。

4~6 拍，左脚向前 1 步，手不动。

7~12 拍，两人均向逆时针方向走 1 圈（每拍走 2 步）。13~24 拍同 1~12 拍，但动作相反。

5. 拉手步

1~3 拍，两脚分开，向左移重心。4~6 拍，2 人右手相拉，左臂侧举（图 1–86）。7~12 拍同 1~6 拍，但动作相反。

图 1–85　　　　　　　　　图 1–86

【舞蹈说明】

预备姿势：按规定的队形站好，音乐前奏的最后两小节时准备，然后再开始奏舞蹈曲，随之舞蹈开始。

前奏：外圈人在原地随音乐做行进步。内圈人在圈内做行进步，同时任意找自己的舞伴，音乐最后一小节时，做邀请步（图 1–87、图 1–88）。然后两人双手互拉。

"荡呀荡呀荡秋千"：做荡步 4 次。

"秋千高高接蓝天"：做邀请步 2 次。

"我荡秋千穿云走，上下翻飞像海燕"：做对肩步 2 次。

"啦啦啦啦啦啦啦啦啦啦啦啦"：做荡步 2 次。

"啦啦啦啦啦啦啦啦啦啦啦啦"：做拉手步。

"我荡秋千穿云走，上下翻飞像海燕"：做对肩步，最后做邀请的姿势。

此舞如连续进行，前奏时，里圈人做行进步到圈外，外圈人做行进步进圈内，各自找自己的舞伴。

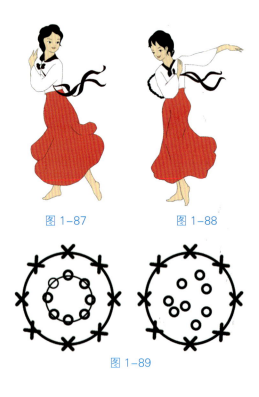

图 1–87　　　　　　　　　图 1–88

图 1–89

【教法建议】

1. 此舞可让学生 2 人一组，全体一齐起舞（图 1–89）。

2. 此舞也可 3 人一组，舞蹈方法介绍如下。

预备姿势：排成单圆，每 3 人一组面向圆心站立（图 1–90）。

前奏：1、2 小节，每 3 人一组做行进步 2 次，同时向左转体 90 度（2 数人原地转，1 数人后退，3 数人前进）。3、4 小节同 1、2 小节。5~8 小节同 1、2 小节。9、10 小节在原地做行进步 2 次。第 11 小节，每 3 人一组手拉手站好。

1~4 小节：左脚开始先向前，再向后做荡步 4 次。

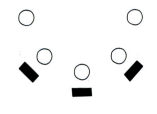

图 1–90

5~8小节：每小组1、3数对面向左、向右做邀请步各1次，2数开始向圆内走步（每拍走2步），同时两臂侧平举，最后一小节时向右侧做邀请步1次。

9~16小节：2数在原位向左、向右做对肩步各1次。1、2数面对面，先按逆时针方向，然后向顺时针方向做对肩步各1次。

17~20小节：2数在原位左脚开始向前、向后做荡步4次。1、3数面向圆心，内侧手相护，左脚开始向前、向后做荡步4次。

21~24小节：2数在原位做邀请步2次，1、3数对面做邀请步2次。

25~28小节：2数左后转弯走回原位（大圆上），3人手拉手上举组成1个小圆圈，然后手拉手向后退成1个大圆圈，第28小节时，又变成3人一排，1数在中间，2数在左，3数在右，互相拉手面向圆心站立。

29~32小节：1数两手高举，左脚为轴做"踏点步"（每小节做1次），2、3数内手高举与1数相拉，外手自然下垂，边做踏点步边从高举手下钻过，回原位。

每一次舞蹈做3遍，每人都轮流做1次中间人的动作。

荡 秋 千
——邀请舞

1= E 3/4

（1 - 4 | 6 - 4 | 6. 46 i | i - - | 6 i i 65 | 56 65 3 | 23 21 65 |

5 0 5 | 3. 12 | 1 - - | 1 - -）| 1 - 51 | 3 - 13 | 2. 16 5 |
荡 呀 荡 呀 荡 秋
荡 呀 荡 呀 荡 秋

5 - - | 3 - 3 | 23 21 | 5 - 12 | 2 - - | 3 - 5 | 5 - 1 |
千， 秋 千 高 高 接 蓝 天， 我 荡 秋 千
千， 又 练 身 体 又 练 胆， 长 大 当 个

3 - 56 | 6 - - | 56 53 | 23 21 | 5. 12 1 | 1 - - |
穿 云 走， 上 下 翻 飞 像 海 燕。
宇 航 员， 驾 着 飞 船 去 探 险。

4 - 14 | 6 - 4 | 6 i i 66 5 | 5 - - | 6 i 65 | 56 53 |
啦 啦 啦 啦 啦 啦 啦 啦 啦 啦， 啦 啦 啦 啦 啦 啦 啦

2 0 16 | 2 - - | 3 - 5 | 5 - 1 | 3 - 56 | 6 - - | 56 53 |
啦 啦 啦 啦， 我 荡 秋 千 穿 云 走， 上 下
长 大 当 个 宇 航 员， 驾 着

23 21 | 5. 12 1 | 1 - - ：| i - - | i - - | i - - ‖
翻 飞 像 海 燕。 啦
飞 船 去 探 险。

九、金孔雀（中学女生集体舞）

"金孔雀"是以傣族孔雀舞为基础编的集体舞，舞蹈抒情优美，适于表达女性美。

【提示与建议】

1. 参加人数不限。

2. 舞蹈队形排成同心圆。

【基本动作】

1. 孔雀步

预备姿势：两手在腰两旁做按掌的动作，两脚合拢稍屈膝（图1-91）。第1拍，向前迈左脚，左肩在前，左手向左前方伸出，右臂屈肘，手放在腰部（图1-92）。第2拍，向前迈右脚，左肩仍在前，左手收回到腰部，做按掌的动作，右手亦翻回做按掌动作。左、右脚向前迈步，抬脚时腿稍微直起，落脚时稍微屈膝（图1-93）。

2. 亮翅步

预备姿势：右手叉腰，左手置于腰部，手心向上（图1-94）。1~3拍，左脚开始向右前方每拍走1步。落脚时腿稍屈，左手手心向上同时向前伸出（图1-95）。第4拍，右脚向右前方走1步，左手手心向上，由前经旁摆到后。第5拍，左脚向右前方走1步，左手撩起到头上，手心向上（图1-96）。6、7拍，右、左脚向右前方各走1步，手不动。第8拍，右脚向右前方走1步，左手回到腰部。

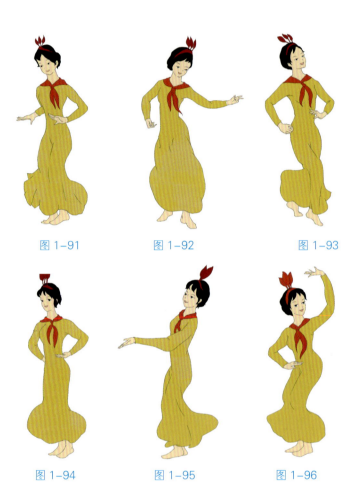

图1-91　　图1-92　　图1-93

图1-94　　图1-95　　图1-96

3. 后退步

左脚开始向后退着走，抬脚时腿稍屈，落地时用前脚掌着地，腿伸直。右手向前上方举，虎口向上，左手向下后方、向里做按掌（图1-97）。

4. 吸水

1、2拍，下蹲做吸水动作，左脚全脚掌着地，右脚前掌着地，两手向左、右平伸，上体前倾（图1-98）。3、4拍，上体正直，做抖肩或左右摇头动作，好像把羽毛上的水抖掉（图1-87）。

【舞蹈说明】

预备姿势：同孔雀步。

前奏：左脚开始后转弯1周做孔雀步，最后两拍做亮翅步的预备动作。

"金孔雀真美丽，金羽毛做花衣"：左脚开始做亮翅步2次。

"一边跳来一边唱，来到河边"：左脚开始做后退步。

"绿草地"：1、2拍，右手由上搭在左手上，右脚跨在左腿前向后转。3、4拍蹲下。

"喝口水，洗羽毛"：做吸水动作2次。

"万花丛中来比美"：1、2拍，两手置于腰侧，手心向上，两腿屈膝。3、4拍，右脚往左脚后踏一步，以前脚掌着地，左手自然屈曲，右手上举（图1-100）。5、6拍，右脚收回，两脚平放，双腿稍屈，同时双手也收回到腰侧（图1-101）。7、8拍，左脚向右脚后踏1步，以前脚掌着地，右手下垂，左手上举与图1-100的姿势相反，面向圈里。

"看看是谁最美丽"：以左脚为轴，用右脚做点地动作，向左转1周，同时左手后伸，右手前伸，手心向下。

图1-97　　　　　　图1-98

图1-99　　　　图1-100　　　　图1-101

金孔雀
——集体舞

1= C 2/4

（3. 33｜i555｜1. 51｜5333｜1.351｜6565 3｜5121｜1 -）｜

5. i5｜6. i｜56 1｜3 -｜5. i5｜6. i｜56 1｜

金 孔 雀　真 美 丽，　金 羽 毛　做 花

2 -｜3 3｜5351｜3 i5｜6 -｜5 5 i5｜6. i｜

衣，　一 边 跳 来 一 边 唱，　来 到 河 边

5121｜1 -｜3 3 3｜（13130 0）｜6 6 6｜（16160 0）｜i. 61｜

绿 草 地，　喝 口 水　洗 羽 毛，　万 花

2. i2｜i 56｜3. ｜55 6i｜2 216｜1 -｜i -｜

丛 中 来 比 美，　看 看 是 谁 最 美 丽。

【教法建议】

当学生掌握舞蹈的基本动作后,可让学生排成各种不同队形(图1–102)进行练习。

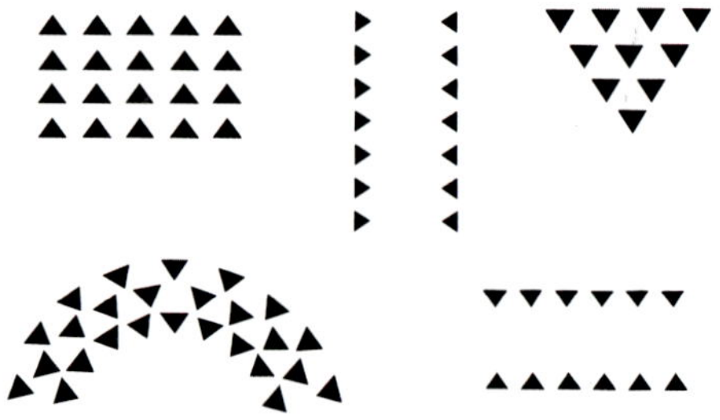

图1–102

十、庆丰收(初中男、女生)

这是一个苗族的双人舞,此舞以苗族的芦笙舞的对脚动作为基础,舞蹈热情、活泼。

【提示与建议】

1. 参加人数需双数。

2. 舞蹈队形排成圆形队,每2人一队,面向圆心站立。

【基本动作】

1. 芦笙步

1~3拍,左、右脚各向前迈1步,两手前后自然摆动。第4拍,右脚踏1步。5~8拍同1~4拍,但动作相反。

2. 对脚步

2人内手相互扶对方的腰部,外手相拉,第1拍下蹲。第2拍,两人外脚在体前相对(图1–103)。第3拍下蹲。第4拍,两人外脚在体后对脚。5~8拍向前跑4步,然后对面站立。

3. 拍手步

第1拍,外圈人左脚向左横踏1步,里圈人右脚向右横踏1步。第2拍,外圈人右脚向前踢出,里圈人左脚向前踢出,出左脚的人右臂胸前屈肘,左臂体前自然下垂;出右脚的人同上,但方向相反(图1–104)。3、4拍同1、2拍,但动作相反。5~8拍,原地拍手摆胯,外圈人摆胯的顺序是左、右、左、右,里圈人右、左、右、左(图1–105)。

图1–103

图1–104

图1–105

【舞蹈说明】

预备姿势:按规定队形,每2人一组,面向圆心站好。

前奏:每两人原地做"芦笙步"2次。

"吹起芦笙打起鼓,打呀打起鼓。欢欢喜喜跳起舞,跳呀跳起舞":两人做对脚步4次,然后对面站立。

"小朋友们快快来,快呀快快来,庆祝公社大丰收大呀大丰收":做拍手步2次。

庆 丰 收

1= F 2/4

中速稍快

（3 3 3 3 | 5 1 3 | 5 1 3 2 6̇ | 1 1 0）| 3 3 3 3 | 5 1 3 | 1 1 1 5 |

吹起芦笙 打起 鼓， 打呀打起

3 0 | 5̇ 2 2 2 | 5 2 2 | 2 5 7̇ | 5̇ 0 | 1 1 1 1 | 1 5 3 |

鼓， 欢欢喜喜 跳起舞， 跳呀跳起 舞。 小朋友们 快快来，

5 5 5 3 | 2 0 | 2 7 2 7 | 2 6 6 | 2 5 6 1 | 1 0 | 4 5 |

快呀快快 来， 庆祝公社 大丰收 大呀大丰 收。 爷爷

6.5 | 4 1 4 6 | 5 — | 5 6 6 5 | 5 2 2 | 5 1 2 1 | 1 ×̂ 0 |

唱 来 奶奶 笑， 乐得嘴巴 合不住， 合呀合不 住 噢！

"爷爷唱来奶奶笑，乐得嘴巴合不住，合呀合不住噢"：1~4拍，两人面向前，外圈人右肩与里圈人左肩相对。5~8拍，外圈人向外走3步，左、右、左，第8拍时左脚原地跳，右脚向前踢出。里圈人向里走3步，右、左、右，第8拍时右脚原地跳，左脚向前踢出，然后做拍手步。9~12拍同1~4拍，但动作相反。13~16拍，两人靠拢，外圈人向里走3步，右、左、右，第16拍的右脚原地跳，左脚向前踢出。里圈人向外走3步，左、右、左，第16拍时左脚原地跳，右脚向前踢出。

十一、阿细跳月（对跳，小学、中学）

"跳月"是彝族阿细人最喜欢的舞蹈，又叫"阿细跳月"，形式是对跳。舞蹈欢快，动作自然而活泼。

【提示与建议】

1. 参加人数不限。

2. 舞蹈队形，排成两列横队或同心圆均可，每两人面对面站立（图1-106）。

【基本动作】

1. 侧踢步

第1拍，右脚向右侧迈一步。第2拍，左脚向右脚前迈一步。第3拍，同第1拍动作，同时左腿提起向右前方抬。自然屈膝，上体稍向右侧转。第4、5拍，右腿不动，左小腿向前做伸屈动作2次。伸屈时脚底向前。（图1-107）

2. 转身侧踢步

同侧踢步，唯有在踢腿时，边踢边向左或右后转体1周。

3. 侧跳步拍手

同侧踢步动作，唯有在第4、5拍小腿做伸屈摆动时，主力腿在原地跳动2次，同时双手在体前击掌2次。

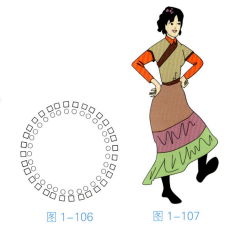

图1-106　　图1-107

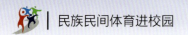

阿 细 跳 月
——对跳

1= F 5/4

彝族民间音乐

(5̲1̲ 3̲1̲ 3̲5̲3̲1̲ | 5̲3̲3̲1̲ 3̲ 5̲3̲1̲ | 4/4 1̲5̲ 1̲ 3̲1̲ 3̲1̲ 5̲ |

5/4 1̲5̲1̲3̲1̲3̲1̲5̲1̲3̲) 5̲1̲3̲1̲ 3̲5̲3̲1̲ | 5̲3̲3̲1̲ 3̲5̲3̲1̲ | 5̲3̲3̲1̲ 3̲5̲3̲1̲ |

5̲3̲5̲3̲1̲ 3̲5̲3̲1̲ | 1̲5̲6̲1̲ 3̲5̲3̲1̲ | 1̲5̲3̲1̲ 3̲5̲3̲1̲ :‖ 结束句 5̲5̲1̲ 0 0 ‖

4. 转身跳步拍手

同侧跳步拍手动作，唯有在第4、5拍小腿伸屈摆动时，边跳边转体1周。

【舞蹈说明】

预备姿势：前奏时，小八字步站好。

第1小节：向左做侧踢步同时体前击掌2次。

第2小节：同第1小节动作，但方向相反。

第3、4小节：各自向右、向左做1次侧跳步拍手动作。

第5、6小节：两人边做侧跳步拍手动作边错左肩，左后转（换位）面对面，然后用同样的动作换回原位。

十二、摇步舞（集体舞，中学）

【提示与建议】

1. 参加人数需偶数。

2. 舞蹈队形排成双层圆形队，1数人站内圈、2数人站外圈（女内男外）。

【舞蹈动作】

1. 摇步

第1拍右脚向右侧迈一步，双臂随之自然前摆（图1–108）。第2拍，左脚向右脚靠拢，前脚掌着地，双臂自然后摆。第3拍同第1拍动作。第4拍，左脚向右脚前勾脚抬起，右脚自然踮1次，身体做自然的摆动（图1–109）。

2. 踏点步

第1拍，右脚原地踏步，左脚在右脚旁前脚掌点地。第2拍，右脚踏地左手背托右肘，右臂屈肘从左到右晃动（图1–110）。3~4拍动作同1~2拍，但方向相反。5~6拍，单双数对右肩，两臂上下斜举（臂交叉）（图1–111）。7~8拍，向右、左、右侧原地

图 1–108　　　　图 1–109

踏 3 次，同时左手背托右肘，身体自然晃动。

【舞蹈说明】

预备姿势：两臂自然下垂。站成双圆（图 1-112）。

1~8 小节：单、双数右脚起步做"摇步"。4 拍向右，4 拍向左，各做 1 次。

9~16 小节：每 8 拍一动做踏点步，然后相对左肩，两人上下斜举的臂交叉。

17~20 小节：每两人相靠左肩逆时针方向转动 1 周（图 1-113）。

21~22 小节：单、双数人换位，单数人逆时针，双数人顺时针前进。

23~24 小节：单、双数人均向右转动，与新的舞伴对面站立敬礼（左臂自然下垂，右臂体前由左向右打开，上体稍前倾）。

图 1-110　　　　　　图 1-111

图 1-112　　　　　　图 1-113

摇 步 舞
——集体舞

$1={}^{\flat}B$　$\frac{2}{4}$

（乐谱）

第八节　对抗类

以不同形式的角力为内容的对抗性项目，有两人和两组人之间的较量两种形式。有对抗就有输赢，输赢都是对生活态度的考验，都是对心理承受力的锻炼。例如"顶牛"，温顺憨厚的牛也会发起牛脾气。在草地上两头牛头对头地顶了起来。它们使尽自己的牛劲，要把对方顶退，甚至顶倒。得胜的牛趾高气扬地一声长吼，顶输了的牛有气无力地慢慢走开。不服气的放牛娃也学着牛的样子手脚着地头对头地顶起来。"顶牛"项目由此产生。顶牛对抗赛告诫少年儿童，虽然对抗就是要竞争个输赢，但要胜不骄败不馁；对抗竞争的过程更重要，输赢都有经验与教训要总结，要学会放开眼界向前看，"欲穷千里目，更上一层楼"，永远是天外还有天。

一、顶牛（民间）

【口诀】

两个小孩玩顶牛，不用手脚只用头。
比比谁的力气大，顶过中线就算赢。

【来源与传承】

顶牛是孩子们模仿两牛相顶的情景发展而来的娱乐游戏。玩法有互顶一个大球或沙袋，也有头顶头的。2人相对趴在软土地上，两手撑地，头对头顶在一起，然后腿用力蹬，你进我退，你退我进，把对方顶过规定好的中线为胜。

顶牛

【提示与建议】

1. 场地平坦。
2. 开始练习可顶气不足的球或沙袋等物。

二、拔腰（撒拉族）

【口诀】

面对面互抱腰，重心稳扎根牢，
齐用力上拔腰，千斤坠真必要，
强对抗齐叫好，增力量特奥妙，
多练练身体好。

【来源与传承】

劳动之余，撒拉族的大人、孩子们常聚集在

拔腰

一起，在喝采声中开始拔腰。双方象扎根的大树，巍然不动，谁也拔不起来，对峙时间愈久，观众情绪愈激昂，趣味盎然。拔腰是撒拉族劳动余暇的娱乐活动，也是人们日常生活的一部分，久而久之便形成了传统体育项目。

【提示与建议】

拔腰亦称"拔桩"，类似摔跤，所不同的是，双方互抱住对方的腰部（固定位置），用力把对方拔起，双脚离地为胜。拔腰的双方体力要基本相当，不得过于悬殊。此项目较适于男性。

三、斗鸡（蒙古族）

【口诀】

金鸡独立屈腿站，面对面勇向前，
把对方撞出圈外边，出圈者靠边站，
再换一人对着干，撞出多人摘桂冠。

【来源与传承】

斗鸡是旧时蒙古王府中消闲娱乐项目的一种。每逢宴会、聚会，主客双方各出一名强壮家丁对抗。周围观看者击鼓拍掌助兴。

【提示与建议】

双方面对面站立，一腿独立，另一腿盘屈于胯前，双手或单手握脚，使膝盖突出，身前倾如鸡头状，然后边跳动边用"鸡头"碰撞对方，凡把对方撞出场外或迫使其提起的脚落地为优胜。可在场上画约2米直径的圈，任何一方越出圈外为失误。

斗鸡

四、同滇（毛南族、哈尼族）

【口诀】

两人两脚开立站。两手合掌置胸前，
相互对抗肩对肩。用力碰撞勇向前，
碰撞技巧记心间，察颜观色稳立站，
找准机会猛撞肩，一撞撞出圈外边。

【来源与传承】

同滇就是相互抵肩的意思，是劳动之余男青少年喜爱的一项体育活动。二人面对，两脚开立，两臂体前交叉抱肘，然后左肩对左肩，右肩对右肩，在规定范围内对抵。哈尼族的抵肩是手脚支撑地面肩对肩相顶。

同滇

【提示与建议】

1. 同滇对抗只能相互左肩碰撞对方右肩，或右肩对左肩。

2. 双方可用下蹲或跪撑姿势对抗，增加难度，此项使用软垫为好，注意安全。

五、双人布库（满族）

【口诀】

二人一组分上下，最好小上大个下。
小腿盘在背肩上，大个双手保安全。
只准二者双手捋，誓把对方拉下马。

【来源与传承】

双人布库是由古代满族儿童游戏"骑马打仗"演变而来的对抗性体育项目。二人为一组，身材高大的人当马，背上骑一个伸手矫健的人与对方相抗，只许动手，看谁把对方拉下马，或用智慧和力量，想方设法把对方推出规定的场地为胜。

【提示与建议】

1. 场地要平坦，二人搭配要合理。
2. 也可以采用互摘骑马人头上戴的帽子的形式。

双人布库

六、格吞、奔牛和大象拔河（藏族）

【口诀】

格吞二人相对站，屈膝两脚要分开。奔牛、拔河，二人背向站两边。奔牛弓步站。大象拔河俯卧，手脚扶在地上边。各用力拉过线，练身体勇夺冠。

【来源与传承】

"格吞"为藏语译音，就是藏族民间比气力的拔河赛之意，是草原上牧民经常休闲娱乐的一种传统体育活动。

格吞

【提示与建议】

1. 格吞是二人相对站立、屈膝、两脚分开，上体稍向后倾，将带子套在脖子上，用全身的力气各自向后使劲，力图把对方拉过中线。
2. 奔牛是把牛毛绳套在肩背部，侧向而立，相互对拉。
3. 大象拔河是由各自将绳套在颈部，背向各朝前，从裆下拉绳，双手可以扶地，模仿大象的动作，相互奔拉（绳套脖颈或两腋下用双肩拉也可）。

七、劲力（达斡尔族）

【口诀】

二人面对坐在地，两手扶膝脚相抵。
齐用力，臀不离，要把对方拉起地，
大家一起练身体。

【来源与传承】

劲力是达斡尔族喜爱的一种类似拔河的项目，与格吞相似，二人面对面坐在地上，两手扶膝，脚相抵。

【提示与建议】

双方各自用力试图把对方拉起，臀不离地者为胜，为确保安全要用约20~30厘米的布带圈（红、黄色为宜）。

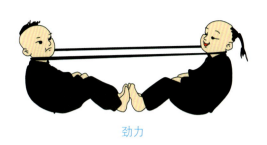

劲力

八、二人角力（民间）

【口诀】

二人背站（面对）成跪撑，双脚（身前、腰部）系上一条绳。二人相互用力拉，拉过中线就算赢。

【来源与传承】

儿童喜欢的角力娱乐项目很多，只要有条绳带，就能玩出各种形式，兴致勃勃，并不计输赢，只要和小伙伴一起做自己喜欢的运动就有一种强烈的满足感。

【提示与建议】

1. 按性别、体力、身高分组。

2. 在指挥下同时用力。

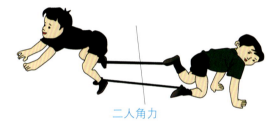

二人角力

九、桦皮篓（满族）

【口诀】

二人面对拉圆环，快快乐乐比谁强。

力争把环套脖上，相互学练最重要。

【来源与传承】

桦皮篓是满族人民在白山黑水中进行生产的主要工具。这个项目是使用桦树皮编制的圈环开展的娱乐游戏。玩时二人面对，分别站在中线两侧共同握住圈环，然后尽力往自己一方拉圈，力争把圈环套在自己的脖子上或把对方拉过中线为胜。

桦皮篓

【提示与建议】

1. 在指挥下，双方同时用力拉圈过中线或将圈套脖上为胜。

2. 可两队人对抗，如3~6人每人腰上套一环，体验集体对抗的快乐。

十、轮胎角力（民间）

【口诀】

旧轮胎当玩具，腰套轮胎练角力。

站得稳腰用力，脚不出圈为胜利。

【来源与传承】

轮胎角力是港台少年儿童创造的一项民间游戏。二人面对面站在各自的圈内,腰部套一个用绳连在一起的轮胎圈或自制橡皮圈,相互用力拉,迫使对方两脚移动出圈。

【提示与建议】

1. 可以换种方法进行角力:双方各派一人背对背进入轮胎中,再各拉一名本队同伴,在指挥下双方同时用力,先触到本方面前摆放的球者为胜。

2. 按性别组队或混合组队均可。

轮胎角力

十一、平衡木相扑（民间）

【口诀】

二人对站平衡木,你推我拉练角力。

迫使对手掉下木,技巧智慧都需要。

【来源与传承】

少年儿童喜欢自我挑战。在平地上二人角力熟练后,可在高台或平衡木上较量。双方站在平衡木上,采用推、拉、撤、拽等方法,迫使对手掉下去。

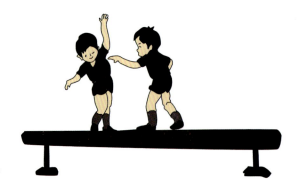

平衡木相扑

【提示与建议】

1. 从儿童实际出发逐步增加高度,注意安全。

2. 引导儿童学会自我保护。

十二、推竹竿（瑶、京、毛南族）

【口诀】

一根竹竿3米长,两人对推是考量。

比力气比胆量,练身心增力量。

看谁坚持时间长,看谁身体最强壮。

【来源与传承】

用棍棒的对抗是来自生活中,尤其在喜庆的节日,人们把院中晾晒衣服的木杆取下来进行推竿比力气,逐步发展为青少年儿童喜爱的一项娱

推竹竿

乐活动。推竹竿一般按性别分组练习与比赛,男女混合队为一男对二女。瑶族、毛南族人民经常开展推竹竿活动。京族人民玩推竹竿时,二人手持约3米长的竹竿一端,单手平伸,双方用力互推。

【提示与建议】

双方对面站立于中线两侧，各持竹竿一端，然后用力向前推，使竹竿的中心标志垂线进入对方范围为胜。任何一方不得抢先用力。

十三、顶棍（壮、景颇族）

顶棍是壮族男青少年喜爱的一种角力游戏。游戏时双方对面站在线外，一人用手握住约长2米的棍端，一人用手掌顶着棍，各自用力推，将对方推过线为胜。然后互换角色。景颇族也有推杆的游戏，是用腹部顶住竿端，上体前倾用力推。

顶棍

十四、拉棍（土族）

土族的拉棍是两人相对坐于地，两脚相抵，两手交叉握在棍上，用力气凭智慧，灵巧地把对方拉起为胜。

拉棍

十五、扭棍（羌族）

一根木棒，两人各握一端，各自用力向相反方向扭动，彼此不得有身体接触，以把木棍扭转一周为胜。如采用坐姿，双方臀不得离地；站姿，两脚开立不得移动。

扭棍

十六、翻竹竿（基塔族）

一人扶约2.5米长的竿直立于地面，另一人手握竹竿下端，向一侧翻转，但双手不能同时离开竹竿，在规定时间，以翻的次数多为胜，或者规定次数先翻完为胜。

翻竹竿

第九节　武术类

武术是中华民族优秀传统文化中最具有代表性的体育项目，其内容丰富多彩，其主要运动形式是套路动作。本节介绍了虎拳、熊拳、猴拳、螳螂拳、南拳、长拳、功夫扇、太极拳十式、对练拳，旨在通过学练，发展学生力量、柔韧、灵敏、快速、协调等素质，增强肌肉、韧带的伸展性和弹性，加大各关节活动的幅度和灵活性，提高中枢神经系统和心血管、呼吸系统及内脏器官的功能。通过武术可以培养良好的身体姿态，对传承中华民族优秀传统文化，形成良好品德，培养坚韧不拔、勇于进取的品质，都具有重要意义。

"文以评心，武以观德"，说明了武德在中国武术文化方面的重要地位，武术强调道德修养的作用，并以传统的"崇德扬善"道德观来协调习武者与他人、与社会之间的关系，以达到"德"与"艺"（武技）的统一。武德是指对习武者行为规范要求的总和，是历代习武者的共同信仰和精神价值取向。

抱拳礼是中国传统的一种武术礼节。抱拳礼的含义为：右手抱拳，寓意尚武；左手掩拳，寓意崇德，以武会友；左掌四指并拢，寓意四海武林团结奋进；屈左拇指，寓意虚心求教，永不自大；两臂屈圆，寓意天下武林是一家（图1–114）。

一、虎拳

虎拳，模仿虎刚猛之势，凶猛凌厉，以腰带动，以气催力，借鉴虎扑、虎击、爪撩等攻防动作特性，可增加斗志、锻炼力量。

主要手型——虎爪：五指张开，虎口撑圆。五指的第一、二指关节弯屈内扣。

起势：立正，两虎爪收于腰间，眼看左前方（图1–115、图1–116）。

图1–114　　　　　　　图1–115　　　　　　　图1–116

1. 黑虎掏心：震右脚上左步成左弓步，同时向前推双虎爪（图1-117~图1-119）。

2. 饿虎扑食：双虎爪由下向上做下拉，等前腿蹬直再推双虎爪（图1-120~图1~122）。

3. 虎探爪：由左弓步转身成右仆步，左虎爪收回左腰间，右虎爪由上向下弹击于右脚旁，掌心向上，眼看右爪（图1-123）。

4. 虎现爪：右仆步顺势起立成右弓步，两虎爪在体前向前弹击，掌心相对，眼平视前方（图1-124）。

5. 伏虎式：右脚收回成右虚步，右爪收回腰侧，左爪推出，眼看左手（图1-125）。

图1-117　　　　　　图1-118　　　　　　图1-119

图1-120　　　　　　图1-121　　　　　　图1-122

图1-123　　　　　　图1-124　　　　　　图1-125

6. 虎虎生威：以右脚为轴，转身提膝，架推虎爪（图1-126）。

7. 踏步撩爪：落左脚成左弓步，两手交叉向后按压，然后向前撩爪（图1-127、图1-128）。

8. 歇步斜击：身体向左扭转成歇步，右手向斜下劈击，左手防于右肩旁（图1-129、图1-130）。

9. 虚步弹击：身体直立上右脚成右虚步，右手由腰间向前击出，左手下压于右肘旁（图1-131、图1-132）。

10. 退步爪击：右脚退步成马步，两手平拉于胸前，向两侧击肘，虎爪掌心向下，眼平视前方（图1-133）。

收势：起立，左脚并于右脚，同时两手向前画圆收于腰间（图1-134）。

图1-126　　　　　　　　图1-127　　　　　　　　图1-128

图1-129　　　　　　图1-130（反面图）　　　　　　图1-131

图1-132（反面图）　　　　　　图1-133　　　　　　　　图1-134

二、熊拳

　　熊拳是中国拳术中象形拳之一，模仿熊的壮实沉稳、松静自然的神态特点，其练法外动内静，外刚内柔。外形看似笨拙，实则暗蕴内劲，内中寓灵。

　　主要手型——熊掌：拇指压在食指指端上，其余4指并拢弯屈，虎口撑圆。

　　起势：立正，两拳收于腰间，眼看左前方（图1-135）。

　　1. 熊出洞：身体左转成左虚步，两手弹击于胸前，掌心向下（图1-136）。

　　2. 熊行叩击：垫步屈腿成横裆步，两手向下叩击于膝关节两侧（图1-137）。

图1-135

图1-136

图1-137

　　3. 熊探掌：右脚向右后侧一步成右弓步，两手掌心相对，斜击于体前（图1-138）。

　　4. 熊撤下盖：退右脚成跪撑，左掌收回腰间，右掌按压于身前（图1-139）。

　　5. 熊摇魂定：左脚向后侧退一步成马步，两手从两侧由上向下叩拉（图1-140）。

　　6. 拧转撩掌：两手交叉于右腰间拧转，右脚向右前方上步成弓步，同时左掌向前撩出，右掌收回腰间（图1-141、图1-142）。

　　7. 转身撩掌：左转身，左脚向左前方一步成左弓步，左掌收回腰间，右掌向前撩（图1-143）。

　　8. 熊形回身：右脚上半步成左虚步，两手同时由上向下拉至腰间，然后由腰间同时弹击于胸前（图1-144、图1-145）。

　　收势：起立，左脚并于右脚，同时两手向前画圆收于腰间（图1-146、图1-147）。

图1-138

图1-139

图1-140

图 1–141　　　　　　　　　图 1–142　　　　　　　　　图 1–143

图 1–144　　　图 1–145　　　　　图 1–146　　　　图 1–147

三、猴拳

　　猴拳是中国拳术中的象形拳之一，因模仿猴子的各种动作而得名，其内容既要模仿猴子机灵、敏捷的形象，又要符合武术的技击特点，具有形、法统一的特征。

　　猴拳的手型有拳、掌、勾三种。拳：四指卷屈，拇指扣贴于食指第二指节，拳心虚空。掌：五指自然伸直并拢，掌心微凹。勾：屈腕，五指卷屈，拇指和食指扣贴成环形，手心空起，小指尖扣贴手掌。

　　起势：立正，两拳收于腰间，眼看左前方（图 1–148）。

　　1. 猿猴出洞：两腿屈膝跳起，头往左转，双脚落地的同时，左脚向左成左虚步，两手成勾手向前推出，眼平视前方（图 1–149）。

　　2. 猿猴翻滚：右脚向左前方上步成仆步，两手成勾手在胸前前后摇动，头左右转动，眼睛瞪圆，随转头正视（图 1–150、图 1–151）。

　　3. 俯身仰望：两手变掌，左手穿掌，变弓步，然后左脚向右脚后侧交叉，转身成右虚步，同时左掌收回腰间，右掌由腰间向下按压（图 1–152、图 1–153）。

　　4. 灵猴窜跃：左右脚蹬地依次向上跳起，腾空时两腿屈膝、团身，同时两掌拍击膝盖。落地 180 度转身成左提膝，两掌变勾手由两侧架于头上（图 1–154、图 1–155）。

　　5. 俯闪窥视：左脚落地成横裆步，两手变拳，由体前下压，头左右转动（图 1–156）。

　　6. 左独立窥望：重心前移，膝微屈，右腿屈膝提起，脚背绷平内扣；同时右手外旋经胸前

图 1-148　　　　　　　　　图 1-149　　　　　　　　　图 1-150

图 1-151（反面图）　　　　　图 1-152　　　　　　　　　图 1-153

图 1-154　　　　　　　　　图 1-155　　　　　　　　　图 1-156

贴左小臂绕至左额前，手心朝下，指尖朝右，左勾手收贴左胸前，眼视右侧下方（图 1-157）。

　　7. 右独立窥望：右脚落地，屈膝下蹲，身体左转前俯；左腿屈膝提起，脚背绷平内扣；同时左手外旋经胸前贴右小臂绕至左额前，手心朝下，指尖朝左，右勾手收贴左胸前，眼视左侧下方（图 1-158）。

　　收势：身体右转，左脚落地，两脚距离与肩同宽，两手变勾手由上到下，45 度斜上举，然后两手收回腰间，同时并脚（图 1-159、图 1-160）。

图 1-157

图 1-158

图 1-159

图 1-160

四、螳螂拳

螳螂拳有"移动靠腿脚，力蓄在裆腰，挡风阻雨两臂摇"之说。其运动特点是：象形取意、朴实无华，弧中求直、刚柔直法、出招叫手、接势应变，靠身短打、组合连发。

主要手型——食指、中指伸直分开，大拇指按压于食指、中指之间，无名指、小拇指自然弯曲，扣贴手掌。

起势：立正，两拳收于腰间，眼看左前方（图 1-161）。

1. 螳螂出壳：退右步成半马步，两手成螳螂动作，左手在前，右手在后，左右摇动（图 1-162）。

2. 探身回击：右脚上步成弓步，右手直接出击腕打，左手收回腰间（图 1-163、图 1-164）。

3. 转身瞭望：180 度转身，左脚收半步成左虚步，两手由体侧从上向下勾挂，掌心向下，与肩平行（图 1-165）。

4. 盘手肘击：右脚向右侧撤步成横裆步，左手勾挂然后变掌护于右手腕部，同时右肘击出（图 1-166、图 1-167）。

5. 金螳独立：重心后移，右脚直腿支撑，左腿提膝成单脚站立。两手在体侧由下向上抬起，与肩平（图 1-168）。

6. 上步搂挂：上右步成弓步，左手收回腰间，同时右手由外向里勾挂，与肩平（图 1-169、图 1-170）。

7. 螳螂捕蝉：左转身 180 度成横裆步，左、右手一前一后、一上一下，左右晃动（图 1-171）。

图 1-161

图 1-162

图 1-163

8.捕蝉反击：右转身 90 度成马步，两手在腹前交叉，然后左手收回腰间，右手向右侧弹击，高度与肩平（图 1-172、图 1-173）。

收势：起立，两手在体侧抬起，与肩平，然后收左脚成立正姿势（图 1-174、图 1-175）。

图 1-164　　　　　　　图 1-165　　　　　　　图 1-166

图 1-167　　　　　　　图 1-168　　　　　　　图 1-169

图 1-170　　　　　　　图 1-171　　　　　　　图 1-172

图 1-173　　　　　　　图 1-174　　　　　　　图 1-175

五、少林拳

少林拳源于少林寺，故以"少林"为名。少林武术可以追溯到北魏，距今已有1500多年的历史，影响深远。少林拳风格独特、动作刚健有力、朴实无华、善长技击，在武术界独树一帜，饮誉天下，闻名于世，"拳以寺名，寺以拳显"，为中华民族搏得了赞扬和称颂。

起势：立正，掌心向下外旋抱拳收于腰间，头往左看（图1-176、图1-177）。

1. 马步切掌：右脚向右侧一步成马步，同时左拳变掌向外切掌（图1-178）。

2. 并步冲拳：收左脚成并步，同时向右冲拳，左掌放于肩部（图1-179）。

3. 弓步推掌：右脚向右后侧撤步成弓步，推右掌，左掌变拳收回腰间，交替连推3掌（图1-180~ 图1-182）。

4. 转身反背掌：转身成右弓步，右掌变反背掌弹击出，左拳收回腰间（图1-183）。

5. 上步推掌：上左脚成左弓步，右拳变掌推出，与肩平，右掌变拳收回腰间（图1-184）。

6. 弓步抱拳：转身180度成右弓步，同时两拳抱于腰间（图1-185）。

7. 提膝插掌：重心前移，右腿支撑，左腿提膝，两拳变掌由上向下插掌（图1-186）。

8. 外摆马步并拳：左脚落地，右腿做外摆，落地成马步并拳（图1-187~ 图1-189）。

9. 马步分拳：右转身成右弓步，左拳向前平击，右拳向右侧平击，两手臂夹角90度（图1-190）。

图1-176   图1-177   图1-178

图1-179   图1-180   图1-181

图 1-182   图 1-183   图 1-184

图 1-185   图 1-186   图 1-187

图 1-188   图 1-189   图 1-190

10. 丁步搂手：收右脚成丁步，左手收于胸前，右手由上向下绞打（图 1-191）。

11. 睡罗汉：右脚上步，踢左腿，上步成歇步搂手（图 1-192~ 图 1-194）。

12. 马步冲拳：转身 180 度成马步，左拳冲拳，右拳收回腰间（图 1-195）。

13. 弓步下冲拳：右转身 90 度，提膝并拳，上步成弓步下冲拳（图 1-196、图 1-197）。

14. 并步冲拳：收左脚成并步，同时左拳向前平击，同时右拳变掌往腰间回拉（图 1-198）。

收势：并步分掌，然后收左脚，两掌变拳收于腰间（图 1-199）。

图 1-191　　　　　　　　图 1-192　　　　　　　　图 1-193

图 1-194　　　　　　　　图 1-195　　　　　　　　图 1-196

图 1-197　　　　　　　　图 1-198　　　　　　　　图 1-199

六、南拳

南拳是我国南方各省拳术的总称，从现有史料看，由明末至今已有 300 多年的历史。南拳拳势刚劲，步法稳固，上肢运动较多，腿法较少，发力有劲，发力有声，以气催力，以声助威。在发声方面，以发"嘻""呵""嗌"等声音较多。

起势：两臂在体侧分开于肩平，掌心向下，翻手抱拳腰间，跳起并步震脚抱拳，眼向左看。（图 1-200~1-204）

1. 绞手冲拳：上步两手臂交叉，马步亮掌，弓步冲拳（2 次）（图 1-205~ 图 1-209）。

图 1-200   图 1-201   图 1-202

图 1-203   图 1-204   图 1-205

图 1-206   图 1-207   图 1-208

2. 横裆步冲拳：回身成马步看掌，转身成横裆步，右拳冲出，左掌护于右肘旁（图1-210、图1-211）。

3. 弓步勾拳：上右步，收右拳于腰间，左掌护于右拳。然后上左步成弓步勾拳（图1-212、图1-213）。

4. 弓步砸拳：转身180度成右弓步，右拳由上向下砸，拳心朝向自己。左掌变拳收于腰间（图1-214）。

5. 肘击背拳：上左步，上右步成弓步盘肘，反背拳（图1-215~图1-217）。

6. 格挡冲拳：转身成左弓步，左手臂向外格挡，右拳从腰间冲出（图1-218、图1-219）。

图1-209　　　　　　　　　图1-210　　　　　　　　　图1-211

图1-212　　　　　　　　　图1-213　　　　　　　　　图1-214

图1-215　　　　　　　　　图1-216　　　　　　　　　图1-217

7. 退步弓步格挡冲拳：重心后移，左脚向左后侧退步成交叉步格挡，右脚向后撤步成弓步，左拳收回腰间，右拳冲出（图1-220、图1-221）。

8. 歇步冲拳：以右脚为轴，身体右转270度成歇步，同时右拳收回腰间，左拳从腰间冲拳（图1-222）。

9. 马步分拳：上左脚成马步，两拳在体前交叉分开由上向下劈拳，与肩平（图1-223）。

10. 跳步推爪：右脚、左脚依次跳步成横裆步，两拳变虎爪向前推出（图1-224）。

11. 左右撩拳：右前侧上右步成右弓步，左爪变拳由下向上击出，掌心朝向身体，右爪变掌护于左肘旁。左脚向左前方上步成左弓步，右掌变拳击出，左拳变掌护于右肘旁（图1-225、图1-226）。

图1-218　　　　　　　　图1-219　　　　　　　　图1-220

图1-221　　　　　　　　图1-222　　　　　　　　图1-223

图1-224　　　　　　　　图1-225　　　　　　　　图1-226

12. 回身肘击：左掌在外、右拳在里交叉，右脚、左脚依次跳起成横裆步，右臂屈成盘肘，左掌护于右拳上（图1-227～图1-229）。

13. 截击砍掌：重心左移，右腿向前截击，左掌向前砍掌，右拳抱于腰间。落地成横裆步肘击（图1-230、图1-231）。

14. 单刀推掌：左脚向前上半步成虚步，左掌、右拳同时向前推出（图1-232）。

15. 弓步插掌：左转身180度上右步成左弓步，右拳变掌向斜下方插掌，左掌护于右肘旁（图1-233）。

收势：转移重心，右转身体成右弓步，两掌从上向两侧分开。收左脚成并步抱拳（图1-234、图1-235）。

图1-227　　　　　　　　　图1-228　　　　　　　　　图1-229

图1-230　　　　　　　　　图1-231　　　　　　　　　图1-232

图1-233　　　　　　　　　图1-234　　　　　　　　　图1-235

七、长拳

一般将查拳、花拳、红拳等均列入长拳。长拳姿势舒展大方、动作灵活快速、出手长、幅度大、跳得高、蹦得远、刚柔相济、快慢相间、动迅静定、节奏分明。

起势：并步抱拳，头向左转，目视左方（图1-236）。

1. 弓步砍掌：左脚向右脚后侧退步，左拳变掌向外格挡，退右脚成左弓步，右拳变掌由外向里砍出，掌心向上，左手变拳收回腰间（图1-237、图1-238）。

2. 并步搂手：右转身，收左脚成并步，左拳变掌向上往身体回拉于右肩，右掌变拳向下冲拳（图1-239）。

3. 仆步砍掌：左脚向左侧撤步，重心右移成仆步，左掌向外砍出，右拳收回腰间（图1-240）。

4. 马步顶肘：身体起立，两手做云手向右侧肘击（图1-241、图1-242）。

5. 格挡弓步冲拳：身体左转变弓步，左掌变拳向外格挡，收左拳于腰间同时冲右拳（图1-243、图1-244）。

6. 弓步盘肘：弹踢冲拳两次，右脚落地成右弓步，右肘由外向里肘击（图1-245~图1-248）。

7. 丁步穿掌：右转身弓步穿掌，上左脚成丁步，右拳变掌向前穿，掌心向上，左掌按压于右肩旁，掌心向下（图1-249、图1-250）。

8. 弓步推掌：上左脚成左弓步，左掌向前推出，右掌变拳收回腰间。然后右拳变掌向前推出，左掌变拳收回腰间（图1-251、图1-252）。

图1-236　　　　　图1-237　　　　　图1-238　　　　　图1-239

图1-240　　　　　图1-241　　　　　图1-242

图 1-243   图 1-244   图 1-245

图 1-246   图 1-247   图 1-248（反面图）

图 1-249   图 1-250   图 1-251

9. 歇步冲拳：右转身 270 度成歇步，右手向右侧搂手，收回腰间，同时左拳向下冲拳（图 1-253）。

10. 马步架打：起立，上左步成马步，左拳变掌向上架，右拳从腰间冲出，与肩平（图 1-254）。

11. 弓步砍掌：右转身成右弓步，连推三掌，左掌、右掌、左掌（图 1-255~ 图 1-257）。

12. 铲踢冲拳：重心前移，左脚铲踢，左勾拳，右掌按压于左肘关节旁，落地上右步成右弓步，右掌变拳向前冲出，左拳收回腰间（图 1-258~ 图 1-260）。

13. 退步冲拳：重心后移，向后退右脚冲左拳，退左步冲右拳，退左脚成右弓步，同时冲左拳（图 1-261~ 图 1-263）。

图 1-252　　　　　　　　　图 1-253　　　　　　　　　图 1-254

图 1-255　　　　　　　　　图 1-256　　　　　　　　　图 1-257

图 1-258　　　　　　图 1-259（反面图）　　　　　　图 1-260

图 1-261　　　　　　　　　图 1-262　　　　　　　　　图 1-263

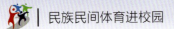
14. 马步贯拳：左转身 270 度，左拳变掌由下向上抢圆撩掌，然后收回腰间，同时右拳从腰间由外向里鞭击（图 1-264、图 1-265）。

15. 弓步栽拳：右转身成右弓步，左手向前勾拳，然后收左拳于腰间，同时右拳向下栽击（图 1-266、图 1-267）。

16. 弓步盘肘：右拳抽出屈臂向前肘击，左拳变掌按压于右拳（图 1-268）。

17. 弓步劈掌：左右脚依次退步成左弓步，右拳变掌由上向下抢击，左掌变拳收回腰间（图 1-269）。

18. 马步架拳：重心前移，单拍右脚，落地穿左掌，上左步成马步架拳（图 1-270、图 1-271）。

收势：并步收拳（图 1-272）。

图 1-264

图 1-265（反面图）

图 1-266

图 1-267

图 1-268

图 1-269

图 1-270

图 1-271

图 1-272

八、功夫扇

功夫扇以武术动作为基础，使扇子的挥舞和武术的攻防技巧灵活结合，让古老的武术运动和扇子巧妙配合，结构新颖、造型美观、快慢相间，刚柔并济，活泼新颖，情趣盎然，令人耳目一新。

起势：抱扇礼，提扇于腰间，目视左方。（图1—273、图1—274）

1. 震脚刺扇：提右膝震脚，上左脚成左弓步，同时右手刺扇，左手架掌（图1—275~ 图1—277）。

2. 提膝开扇：右手提扇抡圆，左转身提右膝开扇，左架掌。（图1—278、图1—279）

图1—273   图1—274   图1—275

图1—276   图1—277   图1—278

图1—279   图1—280   图1—281

3. 歇步按扇：右脚落地，左脚从右腿前交叉成歇步，同时左掌向下按扇（图1-280、图1-281）。

4. 弓步下劈扇：起立，右转身上步成右弓步，两手分开下劈扇（图1-282）。

5. 弓步云拨扇：左转身，左撩掌上右步，转身退左脚成右弓步云拨扇（图1-283~图1-285）。

6. 虚步合扇：重心后移，收右脚成右虚步，右手握扇收于腰间，同时左掌向前推出（图1-286）。

7. 仆步亮扇：向后退右脚成右仆步穿扇，转移重心成左仆步开扇，左手变勾手向后勾挂（图1-287、图1-288）。

8. 弓步刺扇：起立，双手护扇，上右步成右弓步，双手握扇向前刺（图1-289、图1-290）。

9. 歇步亮扇：左脚向左侧跨步，右脚跟步成歇步，右手开扇，左手向后勾挂（图1-291）。

图1-282 图1-283 图1-284

图1-285 图1-286 图1-287

图1-288 图1-289 图1-290

10. 马步托扇：起立，右脚向右侧上步成马步，右手抱扇回拉于胸前，左勾手变掌托于右手，掌心向上（图1-292）。

11. 下劈扇：上右步成右弓步，右手合扇向下抢劈，左掌护于右肩旁（图1-293）。

12. 虚步挑扇：重心后移，收右脚成右虚步，右手向上挑击，左手下压于腹前（图1-294）。

13. 弓步斜击扇：右脚向右后侧退步成左弓步，右手握扇劈击腹前，左掌护于右肩（图1-295）。

14. 马步开扇：向前上右步成马步，右手开扇，左掌托于右手（图1-296）。

15. 马步冲扇：左转身180度，上右步成马步，右手合扇向前冲出，左掌变拳收于腰间（图1-297）。

16. 交叉步撩扇：左脚向右脚后侧插步成交叉步，右手握扇由上向下撩扇，左拳变掌向前架推（图1-298）。

17. 高虚步亮扇：左脚向前上步成高虚步，右手开扇右下向上高举，左掌向前推出，目视前方（图1-299）。

18. 歇步坐扇：左转身90度成歇步，右手开扇于胸前（图1-300）。

19. 弓步叩扇：起立，向右侧上右步成右弓步，右手合扇由外向里叩击，左掌护于右肘下（图1-301）。

20. 弓步抢劈扇：重心左移，两手交叉成弓步抢劈（图1-302、图1-303）。

21. 马步抱扇：左转身90度，收右脚成马步，两手合抱扇，目视前方（图1-304）。

收势：起立，两手分开，与肩平。然后收左脚并步，两手放于体侧（图1-305、图1-306）。

图1-291　　　　　　　　图1-292　　　　　　　　图1-293

图1-294　　　　　　　　图1-295　　　　　　　　图1-296

图 1-297　　　　　　　　图 1-298　　　　　　　　图 1-299

图 1-300　　　　　　　　图 1-301　　　　　　　　图 1-302

图 1-303　　　　　　　　图 1-304

图 1-305　　　　　　　　图 1-306

九、太极拳十式

太极拳的运动特点是：心静体松、呼吸自然、轻灵沉着、圆活连贯，上下相随、虚实分明，柔中寓刚，以意导动。

抱拳礼（图1-307）。

起势：身体自然直立，两脚开立，与肩同宽，脚尖向前，两臂自然下垂，两手放在大腿外侧，眼平视前方（图1-308、图1-309）。两臂慢慢向前平举，两手高与肩平，与肩同宽，掌心向下（图1-310）。上体保持正直，两腿屈膝下蹲；同时两掌轻轻下按，两肘下垂与两膝相对；眼平视前方（图1-311）。

1. 虚步挑掌：左转身，向左侧上步成左弓步，两手掌平移按压于膝关节上部；重心前移，右脚向前上半步，右转身90度，提左膝，两掌胸前交叉向前推出（图1-312~图1-316）。

2. 弓步分掌：落左脚，重心前移成左弓步，同时两掌外旋向前砍击（图1-317、图1-318）。

3. 右揽雀尾

（1）上体前移，左脚尖里扣；左手向左平行划弧至左肋前，手心向上；右臂平屈胸前，左手掌心向下与右手成抱球状；同时身体重心再移至左腿上，右脚收至左脚内侧，脚尖点地；眼看左手（图1-319）。

（2）向右侧上右步，重心前移成右弓步，同时右手屈臂，向前掤，左掌按压于左髋（图1-320、图1-321）。

（3）重心前移，两掌相对上体右转向下捋，两手经腹前向左后上方划弧，直至左手掌心向上，

图1-307　　　　　　　　　图1-308　　　　　　　　　图1-309

图1-310　　　　　　　　　图1-311　　　　　　　　　图1-312

图1-313　　　　　　　图1-314　　　　　　　图1-315

图1-316　　　　　　　图1-317　　　　　　　图1-318

图1-319　　　　　　　图1-320　　　　　　　图1-321

右臂平屈于胸前，掌心向后，向前挤出，同时重心前移成右弓步（图1-322~图1-325）。

（4）两掌外翻，掌心向下往回按压，同时重心后移，右腿蹬直，左腿微屈；待两手按压于腹前时向前推出，同时重心前移，成右弓步（图1-326~图1-328）。

4. 单鞭

（1）上体后坐，身体重心逐渐移至左腿上，左脚尖里扣；同时上体右转，两手（左高右低）向左弧形运转，右手经腹前运至左肋前，手心向后上方运至右侧成勾手，左手按推于右肩，同时收左脚并于右脚成丁步（图1-329~图1-332）。

（2）向左侧上左步，重心前移成左弓步，同时左掌向前搂推掌，右勾手高于肩（图1-333、图1-334）。

图 1-322　　　　　　　　　　图 1-323　　　　　　　　　　图 1-324

图 1-325　　　　　　　　　　图 1-326　　　　　　　　　　图 1-327

图 1-328　　　　　　　　　　图 1-329　　　　　　　　　　图 1-330

图 1-331　　　　　　　　　　图 1-332　　　　　　　　　　图 1-333

5. 高探马：右脚跟半步，重心前移，右勾手变掌，掌心向上，眼看右掌；上体微向左转，面向前方成左虚步，同时右掌经右耳旁向前推出（图1-335~图1-337）。

6. 倒卷肱：上体左转，左掌向左画弧平举，掌心向上；右掌屈肘经耳侧向右伸出，同时右脚轻轻提起向后退步。此动作重复2次（图1-338~图1-341）。

7. 左揽雀尾

（1）上体右移，右手向左平行划弧至右肋前，手心向上；左臂平屈胸前，右手掌心向下与左手成抱球状；同时身体重心再移至右腿上，左脚收至右脚内侧，脚尖点地；眼看右侧（图1-342）。

图1-334　　　　　　　　图1-335　　　　　　　　图1-336

图1-337　　　　　　　　图1-338　　　　　　　　图1-339

图1-340　　　　　　　　图1-341　　　　　　　　图1-342

（2）左脚向右侧上左步，重心前移成左弓步，同时左手屈臂，右掌按压，左手向前掤，右掌按压于右髋（图1-343、图1-344）。

（3）重心前移，两掌相对上体左转向下捋，两手经腹前向右后上方划弧，直至右手掌心向上，左臂平屈于胸前，掌心向后，向前挤出，同时重心前移成左弓步（图1-345~图1-349）。

（4）两掌外翻，掌心向下往回按压，同时重心后移，左腿蹬直，右腿微屈；待两手按压于腹前时向前推出，同时重心前移成左弓步（图1-350~图1-352）。

8. 右独立下势：上体右转，左脚脚尖内扣，收右脚成丁步，同时左掌变勾手向左画弧，高于肩，右掌推于左肩；右脚向右撤步成仆步，右掌做仆步穿掌过渡到弓步穿掌。重心前移，提左膝，同时左勾手变掌向前挑，掌心向右，右掌按于右髋旁（图1-353~图1-356）。

图1-343　　　　　　　　图1-344　　　　　　　　图1-345

图1-346　　　　　　　　图1-347　　　　　　　　图1-348

图1-349　　　　　　　　图1-350　　　　　　　　图1-351

9. 如封似闭：落左脚，上右步成右弓步，同时左掌变拳向上冲出，右掌护于左肘关节。左拳变掌，两手在胸前翻掌，向下经腹前再向上、向前推出，手心向前；同时右腿前弓成右弓步；眼看前方（图1-357~图1-361）。

10. 十字手：身体向左转体，右脚尖里扣，左手随着转体动作向左平摆画弧，与右手成两臂平举。重心左移，随即向左收右脚，两脚距离与肩同宽，两腿逐渐蹬直，成开立步；同时两手向下经腹前向上划弧交叉合抱于胸前，两臂撑圆，腕高与肩平，右手在外，成十字手，手心均向后；眼看前方（图1-362、图1-363）。

收势：两手向外翻转，手心向下，两臂慢慢下落，落于身体两侧，呼吸平稳后，把左脚收到右脚旁（图1-364~图1-366）。

图1-352 图1-353 图1-354

图1-355 图1-356 图1-357

图1-358 图1-359 图1-360

图 1-361　　　　　　　　　　图 1-362　　　　　　　　　　图 1-363

图 1-364　　　　　　　　　　图 1-365　　　　　　　　　　图 1-366

十、对练拳

1. 进步连环

起势：抱拳礼，两人四六步站立，两腿微屈，右手向前棚，左手按于腹部前。（左为进攻方，右为防守方）（图 1-367~ 图 1-369）。

（1）挑打心窝：进攻方左掌向上挑起防守方的右手臂，同时上左步右掌变拳击打防守方的心窝；防守方退右步，同时左掌拍击进攻方右手臂的腕部（图 1-370、图 1-371）。

（2）领手盘手：进攻方左掌按于防守方的左掌上，同时右手回拉，屈臂向前盘击；防守方

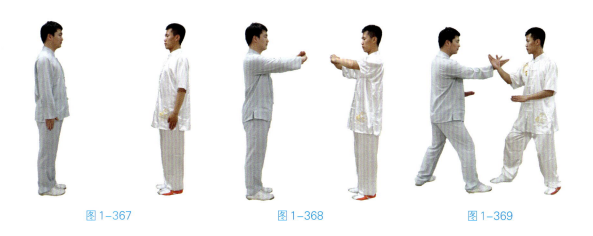

图 1-367　　　　　　　　　　图 1-368　　　　　　　　　　图 1-369

右掌推击进攻方的右肘尖（图1-372、图1-373）。

（3）上领勾踢：进攻方右手向右下侧回拉防守方右手臂，左手护于防守方的右肘，同时右脚向前上步，勾拉防守方左脚；防守方迅速向后退左步（图1-374~图1-377）。

（4）金丝缠腕：防守方回拉右手，左掌扣于进攻方右手上，右掌切击进攻方右腕部（图1-378）。

（5）上挑勾踢：接上动同时进攻方左手用虎口由下向上挑击，上左步勾踢防守方右腿，同时左手领拉对手，右手拍击对手左肩；防守方迅速回撤右步（图1-379~图1-381）。

图1-370　　　　　　　　　图1-371　　　　　　　　　图1-372

图1-373　　　　　　　　　图1-374　　　　　　　　　图1-375

图1-376　　　　　　　　　图1-377　　　　　　　　　图1-378

（6）反攻拍击：防守方左手往左下侧回拉，同时右手拍击进攻方的左肘；进攻方左转体用右掌拍击防守方头部；防守方迅速向上架掌（图1-382~图1-384）。

（7）上步挑打：接上动，进攻方上右步，同时左掌挑拨防守方右腕，冲右拳击对手心窝；防守方砍击进攻方脖子，左掌拍击进攻方右腕（图1-385）。

收势：并步抱拳礼（图1-386）。

图1-379　　　　　　　　图1-380　　　　　　　　图1-381

图1-382　　　　　　　　图1-383　　　　　　　　图1-384

图1-385　　　　　　　　图1-386

2. 三云手

起势：抱拳礼，两人四六步站立，两腿微屈，右手向前棚，左手按于腹部前。（左为进攻方，右为防守方）（图1-387~图1-389）。

（1）压打心窝：进攻方左掌向下压领防守方的右手臂，同时上左步右掌变拳击打防守方的心窝；防守方退右步，同时左掌拍击进攻方右手臂的腕部（图1-390、图1-391）。

（2）领手砍掌：进攻方左掌外旋引领防守方的腕部，向左下方下拉，同时上右步右掌砍于对方颈部；防守方后退步，同时右掌拍击进攻方的右手腕部（图1-392、图1-393）。

（3）推手反掌：进攻方左手推挤防守方的右手腕部，同时左手抽出反背掌击打对方颈部；防守方左手拍击进攻方右手臂的腕部（图1-394、图1-395）。

图1-387　　　　　　　　图1-388　　　　　　　　图1-389

图1-390　　　　　　　　图1-391　　　　　　　　图1-392

图1-393　　　　　　　　图1-394　　　　　　　　图1-395

（4）抽手砍掌：进攻方左掌外旋下领对手左腕，同时上右步砍掌；防守方退左步，同时右手拍击进攻方的右腕部。然后进攻方下领防守方手臂，左手托于对手肘部（图1-396～图1-398）。

（5）金丝缠腕：防守方回拉右手，左掌扣于进攻方右手上，右掌切击进攻方右腕部（图1-399）。

（6）拍击领打：进攻方拍击防守方左手背，向上外旋领起，同时右手向身体回拉，右拳击对手心窝，左掌外展防守；防守方砍击进攻方脖子，左掌拍击进攻方右腕（图1-400～图1-402）。

收势：并步抱拳礼（图1-403）

图1-396　　　　　　　　　图1-397　　　　　　　　　图1-398

图1-399　　　　　　　　　图1-400　　　　　　　　　图1-401

图1-402　　　　　　　　　图1-403

（武术类内容由北京教育学院体育与艺术学院　韩金明编写）

第十节　摔跤类

摔跤游戏和竞技体育的中国式摔跤、国际式摔跤一样讲究技巧，也有一定的比赛装备。这是一个力量、技巧与智慧相结合的项目。摔跤游戏和竞技摔跤对人体的全面素质都有突出的锻炼价值，兼具培养机智勇敢、顽强意志的教育价值。例如"彝族摔跤"摔跤手需要扎上腰带上场比赛。摔跤手使用抓腰带、抱单腿、过背夹臂翻、穿腿等技术动作将对手摔倒至双肩着地。这些技术动作均在中国式摔跤中使用，其胜负规则又与国际自由式摔跤相似。凭借智慧"四两拨千斤"借力摔倒对方是摔跤手的最高境界。

一、彝族摔跤

摔跤是彝族人民最喜欢的体育活动。彝族的传统节日——火把节、彝历年，都要进行摔跤。彝族摔跤接近国际自由式摔跤。凉山彝族摔跤先是运动员在鼓乐声中列队进入场地，绕场一周，然后两人交手。运动员双手从两侧抓住对方腰带，通过抱腰、抱单腿、过背夹臂翻、穿腿等技术动作将对手摔倒至双肩着地为胜。彝族摔跤比赛一般采用3局2胜制。败者退下，换另外运动员上场。胜者直至无人与其较量，将被誉为"大力士"，并奖红布数丈。

彝族摔跤

二、朝鲜族摔跤

近百年来，我国朝鲜族人民每到端午、中秋等节日都进行摔跤比赛，角逐力气和技巧，尤其解放以后，朝鲜族摔跤又有了新的发展。摔跤比赛一般分为儿童、少年、壮年3个级别，由少年摔跤开场。只要来到摔跤场，任何人都可以参加比赛。朝鲜族摔跤使用腰腿带。腿带用长3米的麻布或白布做成，先缠腰际，其余有伸缩性地缠在右腿上。腰带约1.5米长。比赛时，双方穿上特制的摔跤服，右腿上扎一束白带子，各自将左手套进对方

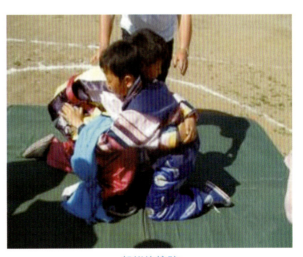

朝鲜族摔跤

的带里，右手抓住对方的腰带。双方均右膝跪地，左膝弯屈，右手搂住对方左肩，从背后抓住对方腰带，左手紧抓对方腿带。裁判员发令后，双方同时迅速站起，猛摔对手。比赛无时间限制，以摔倒对方为胜。一般采取3局2胜制，经过多局较量后决出获胜者。

三、满族摔跤

　　满族摔跤称"善扑"。清朝曾经把这项活动作为八旗军的军事体育，并设"善扑营"。善扑在民间也很盛行，至今仍在满族青少年中广泛开展。摔跤时，不穿特别服装，只穿褡裢、短靴，赛场铺绒毡。预备时二人两脚岔开站稳，两臂交叉顺肩至腰相互抱住，比赛开始即用摔、绊、背等招式，尽力拼摔，以把对方摔倒在地为胜。

满族摔跤

四、侗族摔跤

　　每年农历二月十五日和三月十五日，是黎平县坑洞一带侗族人的体育传统节日——摔跤节。早饭后，在寨老的带领下，青年人排成一字长队，吹起芦笙，步入摔跤场，举行别具一格的"入场式"（侗语称"劳堂"）。芦笙队高奏入场曲，寨老率领各摔跤队绕场3周。随后，寨老们按传统习惯互相交换摔跤用的布带，并互为对方缠于腋下，做一摔跤动作，充分体现团结互让的精神。入场式完毕，青年们按村寨各归一处，竖一三角旗帜，然后更衣扎带，准备摔跤。

侗族摔跤

　　侗族摔跤别具一格，双方不能直接交手，而是通过拉对方腋下的布带力争将其摔倒。常见的摔法有3种：一是拉摔，即通过布带拉扯对方，使对方身体失去平衡而摔倒。二是绊脚摔，即在拉扯中用布带绊着对方一只脚，使对方摔倒。三是提摔，通过布带以快速的动作将对方提起至自己腰部一侧，让其双脚离地而摔倒。比赛以3战2胜为1局，连摔20~30人不败者即可树旗挂榜称雄。被大家公认的挂榜者将获得当届摔跤节的"摔跤英雄"称号。

五、哈尼族摔跤

摔跤是哈尼族喜爱的一种体育活动。孩子们在放牛、牧鸭时和小伙伴在草地上摔着玩。有些村寨的"苦扎扎节"也组织摔跤活动。云南西山七县年年组织摔跤比赛，推动了聚居该地区哈尼族摔跤活动的开展。哈尼族摔跤允许抓腰带，可使用抱腿、过背、夹臂翻等动作，双肩着地者输，近似国际自由式摔跤，但不分级别，无时间限制。由于哈尼族群众性摔跤比较普遍，为国家培养了一些摔跤人才。我国著名摔跤选手高文和是哀牢山南麓老峰寨的哈尼族人，被誉为"哈尼山鹰"。

哈尼族摔跤

六、哈萨克族摔跤（穿麻袋）

哈萨克族小伙在练习摔跤时都把脚套在一个大口袋里，齐腰高，让人把口袋扎紧在腰上。这种摔法限制下肢活动，只能靠上肢用力把对方摔倒，既要保持平衡，又要想方设法摔倒对方，姿态各异，妙趣横生。正式比赛时，把对手摔倒即可，3赛2胜为赢。这种摔跤多在草地或松软的沙土地上进行，以防摔伤。

哈萨克族摔跤

七、佤族摔跤

在佤族的摔跤比赛中，选手并没有年龄限制，无论老少均可参加。这里既有须发斑白的老手，又有身强力壮的小伙，还有稚态可掬的少年。他们按年龄段分组，比赛一般采取3局2胜制。

佤族摔跤大多属于预备式摔跤。对抗双方相互抱住腰或抓住腰带后才能开始比赛。摔跤手之间通过头

佤族摔跤

靠头、肩顶肩，奋力拼摔。虽然佤族摔跤开展得十分广泛，各地规则逐渐统一，但仍然存在着些许差异。如有些地方摔跤允许抱腿摔，而有些地方不允许；有的地方以摔倒对方为胜，而有的地方则必须令对方肩背着地才算赢。此外，佤族还有一种摔法，就是比赛双方相互抱住对方的头后开始较力，摔倒对方为胜。但无论什么摔法或规则，只要参赛者的意见能够取得一致，即可开始比赛。一般情况下，比赛在太阳快下山的时候结束，以便给大会中取得优胜的选手颁奖。

八、羌族摔跤

羌族摔跤是相互交叉抢抓对方的腰带，用力把对方摔倒，不能用脚踢绊，以连续3次把对手摔倒在地者为胜。另一种形式为"抱花肩"，即双方相互抱住肩膀，以用脚将对方搬到者为胜。羌族青少年很喜爱这一活动，课余闲暇时经常聚在一起进行摔跤比赛。

九、普米族摔跤

普米族摔跤，运动员手握对方腰带，用肩、臂和腰做动作摔倒对方，不能抢腿和绊脚，脊背着地为输，三局两胜。如双方同时着地叫"平肩"，不分胜负，三次"平肩"就不再比赛了。

十、独龙族摔跤

独龙族男子喜爱摔跤，在工余休息时间，常常聚在一起摔跤，这是他们的娱乐活动。独龙族摔跤规定只能抢腰杆，用力拼摔，不能抢腿，倒地为输。

十一、信任背摔

信任背摔源于中国传统摔跤，为了适合中小学生作为游戏项目开展，在此做了改造，提高了它的游戏意义和安全性。目的是使学生提升心理素质，克服恐惧，增进彼此的信任，注重配合共同完成游戏。

羌族摔跤

普米族摔跤

独龙族摔跤

游戏时，同学两两抱在一起，类似于中国式摔跤，每人腰间都系着一根绳子，两人都用一只手拉住对方的绳子，另一只手要用力搬动对方的身体，中途不得换手。两人时而向左，时而向右，时而顶在一起。如果一个同学被搬倒，因为对方绳子的拉力，他的背部会缓慢着地。此时，对手又变成了同伴，这让学生倍感新奇。比赛采用单败淘汰制，第一轮胜出的同学晋级。然后重新配对，进行第二轮的比赛，依此类推，直至冠军产生。

信任背摔

（摔跤类内容由北京市第八十中学管庄分校　王顺飞编写）

第二章　民族民间体育游戏

徒手游戏／利用生活用具的游戏／集体协作游戏
／趣味竞赛／室内游戏／棋类游戏／快乐游戏宫
／户外健身类／冰雪、水中游戏／器械活动类

第一节　徒手游戏

徒手游戏内容很多，具有浓郁的乡土特色，有单人玩的，有二人玩的，也有多人游戏。不需要玩具，只要有块空地，孩子们就能玩起来。最初的游戏是儿童对生产劳动的模拟，后演变为训练儿童的寓教于乐的游戏，不仅能丰富儿童知识，使其获得乐趣，发展身体，更重要的是，孩子在玩耍时怀着对祖国的爱，对人民的爱，对民族文化深深的爱，陶冶了情操，扩大了视野，受到了鼓舞，玩出了情意。

一、不倒翁

坐好后两手抓住两个脚掌，身体像不倒翁那样左右摇动。

二、跳铁门坎

跳铁门坎是一项不用任何器械的游戏。游戏时 2 人相对坐地，两脚相抵两手相握扮门坎。其他孩子依次纵身跃过"门坎"。对坐的 2 人手渐渐升高，直至有人不能跳过为止。没有跳过去的，换做作坎。

不倒翁

跳铁门坎

三、翻烙饼

2 个孩子相向而立对握双手，一边拉手摇摆一边唱："翻呀，翻呀，翻烙饼呀！""油炸饼呀葱花饼呀，还有白菜的大馅饼，大……馅……饼！"念到最后一句时，2 人猛一翻身，变成背对背，经双手向上再翻回。小孩玩得高兴时可能连续地向一边转几次。

翻烙饼

四、摇船

摇船是小孩子们爱玩的模仿性游戏。2人面对伸腿，互坐对方的脚面上，相握两臂，1人身体后倒，另一人向前，然后向反方向摇动，就这样前后摇摆，像只小船在风浪里前进。

摇船

五、拍花巴掌

这是女孩子最爱的游戏。2人相对，自己两手对拍一下，再2人双手互拍。反复进行，边玩边唱歌谣。

拍花巴掌

六、过河

2人双脚开立，间隔适当距离站好，脚下各划一条线，以推拉的方式使对方的脚移动至线内为胜。

七、锤子、剪刀、布

锤子、剪刀、布有两种玩法：一种用手势猜拳法，一种是用脚势比胜负。两脚向侧分开跳为"布"，并脚跳是"锤"，两脚前后站是"剪子"，剪子剪布，布包锤子，锤砸剪刀。孩子们有时原地玩比胜负，也有时以此做追逃游戏，胜者追，败者逃。

八、转迷糊

2人互相拉着手，脚尖顶脚尖，身体后倾，旋转起来，旋转到晕了头才停下。玩此游戏一定要注意安全。

过河　　　　　　　　锤子、剪刀、布　　　　　　　转迷糊

九、脚力

二人相对坐地,各自双手抱着一条伸出的腿,两脚侧相对。然后用力顶脚,迫使对方失去平衡,歪倒在地上为胜。可进行游戏比赛。

脚力

十、推小车

二人为一组,前后站立,然后前排人俯撑作小车,后排人两手握前排人的踝部作推车人。二人相互配合交替,快速行进。

十一、企鹅走路

二人相对站立,一人直立,另一人手扶站立人脚背做手倒立。倒立人把脚搭在同伴人的肩上,站立人两手扶住其大腿,像企鹅走路,左右摇晃地向前移动。

推小车

十二、掰手腕

掰腕子是男人喜欢的娱乐活动,劳动之余找个地方,大家围在一起,有的人掰手腕比试力气,有的人在旁围观。久之,孩子们也经常模仿大人掰起手腕,比试比试,看谁的力气大。

十三、跳花盆（白族）

3人游戏,两人扮花盆席地而坐。第一个姿势,"花盆"伸出一只脚,跳跃者横跨而过。第二个姿势,第二只脚跟架在第一只脚尖上,跳者越过。第三个姿势,加上一只拳头或加上五指张开的手(小姆指立在第二只脚尖上),跳者用力弹跳越过。

企鹅走路

掰手腕

跳花盆

十四、抬轿子

小孩子模拟成人娶新娘子，玩起游戏，让一小孩子骑坐在两个男孩互握的手肩上，像坐轿子一样抬着走，有的还坐在"轿子"上吹喇叭，打小鼓等，气氛十分热烈。

十五、搭井台儿

搭井台儿是小女孩喜欢玩的民间游戏。4 个孩子手围手成圈，似井台的样子，都举左腿搭在左手上，然后用右脚有节奏地跳动或转着圈跳，边跳边唱："搭呀搭呀搭井台儿呀，打出甜水沏香茶呀……"唱完一段儿歌，或转完一圈再换右腿搭手上，左脚跳。

抬轿子

搭井台儿

十六、编花篮儿

编花篮儿也是小女孩喜欢的民间游戏，类似搭井台儿的单脚跳。不同的是，4 人背向站一圆圈，不用手只用左（右）腿向后弯抬，相互将腿搭别在一起。然后原地或向同一方向跳动，边跳边唱，唱的歌谣内容都是孩子们自编的，边跳边拍手打节奏，边齐唱："编呀编呀编花篮，花篮里面有小孩儿，小孩儿的名字叫秀兰儿。大家跳，秀兰儿笑，笑呀笑，跳呀跳……。"

编花篮儿

十七、捞小鱼

过去在胡同或院子里，常见小孩们凑在一起高兴地玩捞小鱼。两个大些的孩子相对拉手高举，其余小孩排队依次从其手下钻过，边钻边唱："一网不捞鱼，二网不捞鱼，三网单捞小尾巴尾巴……"直至套住某个孩子时，才说出"鱼"字，大家欢笑一阵，之后接着再玩。

十八、老鹰抓小鸡

一人扮作老鹰；一人扮作母鸡；其余人扮作小鸡，依次排在"母鸡"的后边，双手抱着前面人的腰部。当"老鹰"抓"小鸡"时，"母鸡"张开双手保护"小鸡"，凡被"老鹰"抓住的"小鸡"要退出游戏，站在一旁观看。如"小鸡"被捉完游戏重新开始。

捞小鱼　　　　　　　　　　　　　　　老鹰抓小鸡

十九、钻隧道

几个人跪地排成一排，臂和腿之间形成一个"洞"，其余人依次钻洞、爬洞。

钻隧道

第二节　利用生活用具的游戏

　　利用随手可取的玩具尝试各种玩法，深受少年儿童的喜爱。他们喜欢追求情景丰富多彩的生活气氛。废报纸、旧纸盒、用过的罐子、小木棒、绳带、旧轮胎等，在孩子手中可以变废为宝，让他们兴致勃勃地玩上一阵，边玩边思考，积累着不同的经验，摸索规律，寻找最佳玩法。玩具是少年儿童游戏的伴侣，是他们的天使，不同的玩具有不同的玩法，但其特点都具有可操作性，并让孩子在玩中能潜移默化地接受美的熏陶，在美中吸取营养，启迪心灵，锻炼体格，大胆想像，激发创意，玩出活泼愉快的心境，健康成长。

一、报纸游戏

　　利用报纸可以玩出多种有趣的游戏。

　　1. 雪鞋

　　双脚各踩一小块报纸，一步一步向前滑着走（图2-1）。先用一只脚尝试一下，体会用脚尖推动报纸的技巧。

　　2. 艰难前进

　　把报纸平铺在地板上，脚踩一半，手提一半，向前跳。不要将报纸弄破（图2-2）。

图 2-1　　　　　图 2-2

　　3. 迎风飞舞

　　手抓报纸的一角向前跑，使报纸飘动起来；也可以双手各抓报纸的一角；还可以和同伴共同抓着一张报纸，关键是不能扯破报纸（图2-3）。

　　4. 跳来跳去

　　从铺好的报纸上跳过去，开始可以跳折起来的报纸，再逐渐跳展开来的（图2-4）。

　　5. 飞毯

　　先抖动报纸，然后借力抛出去。看看能抛多远（图2-5）。

　　6. 小熊出洞

　　两个人拿着开好洞的报纸，让其他小伙伴钻过去。钻的人注意不要破开报纸（图2-6）。

图 2-3　　　　　图 2-4

图 2-5   图 2-6

7. 蚂蚁搬家

把报纸裁成碎纸片儿，用嘴吹着一路通过终点（图 2-7）。

8. 抬担架

将一个球或其它东西放在报纸上，两个人双手抓着报纸的边缘抬着走或跑。抬的东西越重，越需要技巧（图 2-8）。

图 2-7   图 2-8

9. 站立

将一张报纸平铺在地上，小伙伴们都站上去。数数到底能站多少人。可以分组比赛，看哪一组站上去的人数多（图 2-9）。

10. 拔老根儿

用卷起来的报纸筒拔河（图 2-10）。

图 2-9   图 2-10

11. 沼泽行军

先踩着一张报纸，将另一张放在前面，踩上去，回头把第一张拿到前方，再踩上去，这样交替前进，通过"沼泽"（图2-11）。

12. 碎纸机

按照图示的方法，将报纸撕得越碎越好。注意游戏结束后别忘了将碎纸清理干净（图2-12）。

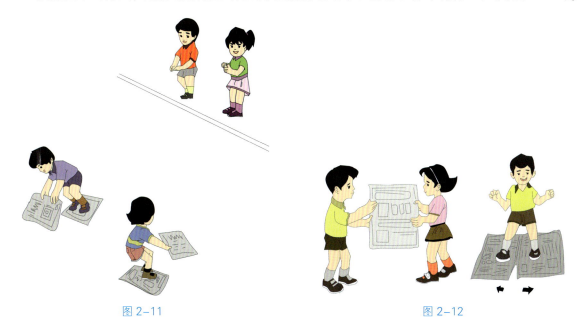

图2-11　　　　　　　　　　　　　　　　　　　图2-12

二、沙包游戏

用同色布或花布缝裁成各种大小、形状不同，重量不等的沙包，可创造多种玩法的花样。

1. 自抛自接

将沙包竖直抛起，原地转一圈再接住。也可以采用击掌一次接住，或者下蹲双手触地后再接住等形式（图2-13）。

2. 扔沙包

可以单手扔沙包，或者看看是单手扔得远，还是双手抛得远（图2-14）。

图2-13　　　　　　　　　　　　　　　　　　　图2-14

3. 踢沙包

像踢足球那样，采用各种动作踢沙包（图2-15）。

4. 沙包入筐

前方放一个废纸箱，站在线后，将沙包投进去（图2-16）。

图2-15　　　　　　　　图2-16

5. 你丢我接

将手中的沙包抛向小伙伴，同时接住对方抛来的沙包。这个游戏看似简单，其实并不容易。小朋友们可以试试，看能连续接多少次（图2-17）。

6. 双抛双接

将伙伴同时抛来的两个沙包一手一个接住，再抛还给同伴。要能连续抛接多次不失误，才算是高手（图2-18）。

图2-17　　　　　　　　　　　图2-18

7. 吊车

坐在地板上，双脚夹住沙包，身体后倒，用脚将沙包放在头后（图2-19）。

8. 左右传包

两个小伙伴背靠背站好，同时向同一方向转，传递沙包，然后向反方向转，再传回去（图2-20）。

图2-19　　　　　　　　图2-20

116

9. 头上跨下传包

从两腿间接过沙包，再从头上传回去（图 2-21）。

10. 接力运输

坐在地上，双臂支撑，两脚夹住沙包，原地向后或转 180 度，交给同伴（图 2-22）。

图 2-21　　　　　　　　　　　　图 2-22

三、绳带游戏

用绳子、带子玩游戏能运动手腕、双脚，提高灵敏、协调能力，以及弹跳性与持久性等运动能力。

1. 魔绳

将一截长绳盘出各种图案（图 2-23）。

2. 风车

用各种方法轮着绳子绕圈（图 2-24）。

图 2-23　　　　　　　　　　　　图 2-24

3. 鸭子赶路

双手和双脚将绳圈拉紧，向前进（图 2-25）。

4. 醉舞钢索

双脚踩绳子交叉向前走，也可以用左右跳的方式前进（图 2-26）。

 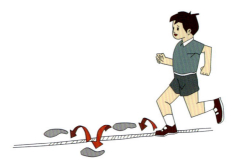

图 2-25 　　　　　　　　　　　图 2-26

5. 拼图大师

把绳子放在地板上，用手和脚将它摆成不同的几何图形（图 2-27）。

6. 蜗牛入洞

把一条长绳摆成螺旋形，让孩子从外端爬向里端（图 2-28）。

图 2-27 　　　　　　　　　　　图 2-28

7. 套圈圈

把绳圈抛在空中，等下落时，可用身体的某部位穿进去（图 2-29）。

8. 钻进钻出

手持绳圈，从头钻入，从脚出来；也可以反过来进行（图 2-30）。

图 2-29 　　　　　　　　　　　图 2-30

9. 跳进钻出

将圈投出，跳进去，从脚开始往上套，套过头部。然后再投，再跳，再套（图 2-31）。

10. 剪刀和锤子

沿两条平行的绳子，双脚分开、并跳跃前进（图 2-32）。

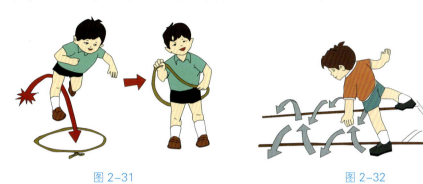

图 2-31   图 2-32

11. 快乐的小兔子

沿着绳子，折线跳跃前进（图 2-33）。

12. 过障碍

两人对面双手一高一低，一前一后，各执一条绳子，让同伴迈过去。越障碍时，身体任何部位不能接触绳子（图 2-34）。

图 2-33   图 2-34

四、棍棒游戏

棍棒一般是木制的短棒，可在手上玩平衡游戏，有的放地上，在上面跳来跳去，或搬运或用脚滚棒，用棍击球体，这些游戏是全身运动。操纵棍棒时可锻炼距离感、空间感、自控能力，自己操作或与同伴舞弄棍棒，玩中品尝成功的喜悦。

1. 魔棒

身体站直，在身体前后快速交换手里的魔棒或在腿间快速换手里的魔棒（图 2-35）。

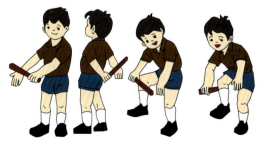

图 2-35

2. 车轮转转

双手握住木棒的两端，两腿依次迈过棒子，再将木棒翻转到两手间，距离越短，难度越大（图2-36）。

3. 耍棒

用各种方式抛接或旋转木棒（图2-37）。

图2-36

图2-37

4. 翻锅

两人面对面握住两根木棒，然后一齐向一侧翻转身体360度（图2-38）。

5. 竖旗杆

把木棒竖直放在地上，松开手，看看能立多长时间。人多时可进行比赛，会使游戏更有趣（图2-39）。

图2-38

图2-39

6. 载重车

两个人用两根木棒抬东西前进。可以分组进行接力比赛（图2-40）。

7. 小腿着棒

两人平行站，以同侧腿支撑，另一侧大腿后伸，小腿向后勾起，并同勾住一根木棒，有节奏地向前跳进（图2-41）。

图2-40

图2-41

8. 棍子汽车

两人抬两根木棒，模仿汽车行进（图 2-42）。

9. 或跳或钻

从横杆上跳过，或从下面钻过（图 2-43）。

图 2-42　　　　　　　　　　图 2-43

10. 凌空一击

用木棒挥击别人抛来的球，开始时可以用网球拍击球（图 2-44）。

11. 匍匐前进

从木棒下面爬过（图 2-45）。

图 2-44　　　　　　　　　　图 2-45

12. 平衡棒接力

将同侧手和脚各放在一根平衡棒上，向前走，绕过标志返回本队，下一个人继续（图 2-46）。

五、纸盒游戏

用家中的旧纸盒可玩出各样不同玩戏，比如抛接、拖推、掷、顶、砸等，还可钻爬、

图 2-46

搬运等。纸盒游戏是全身运动，安全性高，十分有趣，可在玩耍中培养孩子们的协作和创造力。

1. 阿妈尼

将盒子放在头顶上前进，保持平衡。毫不摇晃地顶着东西走路不容易，需要注意力非常集中，对孩子是很好的锻炼（图 2-47）。

2. 溜冰

双脚各踩进一只盒子，向前滑着前进，还可以尝试"四足溜冰"（趴着）的玩法（图 2-48）。

图 2-47   图 2-48

3. 螃蟹

后面的人抱住伙伴的双腿，两人配合横向过桥（图 2-49）。

4. 在哪呢

找几只大纸箱，然后钻进其中的一只藏起来，让同伴来猜藏在哪里。3 只箱子猜 2 次，4 只箱子猜 3 次，依此类推（图 2-50）。

图 2-49   图 2-50

5. 鼹鼠

将几只大纸箱连接在一起，让孩子像鼹鼠那样从洞里爬出来（图 2-51）。

6. 踢盒子

向各个方向踢盒子，就像足球明星那样（图 2-52）。

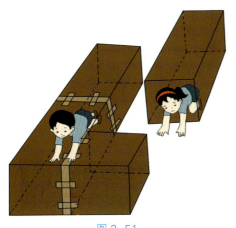

图 2-51

图 2-52

7. 冲破阻力

把若干纸盒堆起来，跑上去冲倒它（图 2-53）。

8. 起重机

将几只纸箱合在一起做成个巨型箱子，几个小伙伴合力抬起来。还可以事先指定目的地，进行搬运接力赛（图 2-54）。

图 2-53

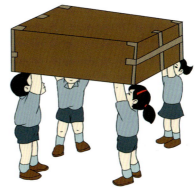

图 2-54

9. 空降物资

用手中的盒子去接空中落下的沙包。刚开始时用的盒子深一些，然后逐渐用浅的盒子来玩，比较高的水平是用盘子接弹性较大的包（图 2-55）。

10. 砸落盒子

用沙包、布球将垒起的纸盒一个一个砸掉（图 2-56）。

图 2-55

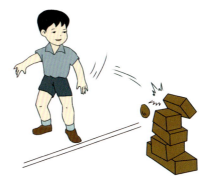

图 2-56

六、罐子游戏

圆筒形的空罐子，重量较轻，孩子可站在罐上练平衡或做推滚游戏，享受滚动的趣味。罐子滚动时可以发出不同的声音，孩子还可以自发地按照自己的方法玩出新的花样。但是要确保罐子稳固，注意安全。

1. 踩罐子

单脚或双脚踩在罐子上，使身体保持平衡（图 2-57）。

2. 罐子高跷

在结实的金属罐两侧钻孔，穿两条绳子，做成罐子跷。双脚踩上去，双手拎绳，向各个方向移动（图 2-58）。

图 2-57   图 2-58

3. 叮当响

绳的一端系一个结，穿进一个罐子，另一端牵在手里。人一跑，绳子碰在地上就发出当当当的声音，跑得越快声音越响（图 2-59）。

4. 踢罐子

朝着目标用脚踢滚罐子（图 2-60）。

图 2-59   图 2-60

5. 滚罐子

用手或棒子拨罐子，让其向指定的方向滚动（图 2-61）。

6. 转移罐子

将罐子转移倒另一处，跑回来击打同伴的手，依次进行。可以进行分组比赛（图 2-62）。

图 2-61

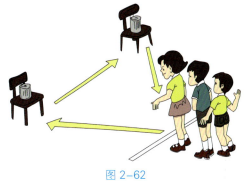

图 2-62

7. 罐子回家

用棍子挥击小罐，使其击中目标，或者让其从事先摆好的门里穿过去"回家"（图 2-63）。

8. 击罐子

用棒子挥击别人抛来的罐子（图 2-64）。

图 2-63

图 2-64

9. 击打吊罐

手持棒子击打用绳吊在架子上的罐子（图 2-65）。

10. 清洁运动

按规定用夹子将罐子夹放入背筐内，模仿清洁工人捡拾垃圾的劳动（图 2-66）。

图 2-65

图 2-66

七、圈的游戏

可利用呼啦圈进行游戏，或用竹藤制成藤圈，圈的大小、颜色等可酌情而定。可以单人玩或二人以及多人玩，有转动、踢、钻爬、套转、跳跃等多种玩法。圈的游戏不仅可以增加体力，提高动作灵敏度，还可以加强身体各部位的协调和反应能力。

1. 开汽车

用呼啦圈当方向盘，开着"汽车"到处跑。这是个给小孩子准备的游戏，大人可以在后面追逐，也可以指示前进方向，让孩子按照指令停、进、退和左右转弯（图2-67）。

2. 太空车

两人前后站，各自把呼啦圈持在腰部，后者用双手将自己的圈和前人的圈相连，两人好像坐上了太空车。可进行竞速比赛，要求两个人始终不能散开（图2-68）。

图2-67

图2-68

3. 转陀螺

将呼拉圈竖立，使它像陀螺那样打转，看准时机用手或脚穿进去（图2-69）。

4. 转呼啦圈

肢体协调地运动，使呼啦圈在各个部位转起来（图2-70）。

图2-69

图2-70

5. 钻圈

用身体的各个部位从滚动的圈里钻过。判断要准确，动作要轻快敏捷（图2-71）。

6. 钻隧道

连续迅速钻过呼啦圈摆成的隧道（图2-72）。

图 2-71   图 2-72

7. 连续跳跃

将几个呼啦圈摆放好，单脚、双脚交换一路跳过去（图 2-73）。

8. 滚圈

用手推着呼啦圈滚动。让圈平稳地滚动并不容易，需要很好地感觉和控制，所以开始玩不好不要气馁，多尝试几次就行了（图 2-74）。

图 2-73   图 2-74

9. 抛圈

接住同伴抛过来的呼啦圈，再抛回去（图 2-75）。

10. 套翻圈

1 人套圈，从头上至脚下穿过，或两个人面对面，各自用双手握住呼啦圈，喊"一、二、三"，同时向一侧翻转（图 2-76）。

图 2-75   图 2-76

11. 树懒

四肢着地，爬过呼啦圈阵，手和脚不能放在同样颜色的圈子里（图2-77）。

12. 爬行过障碍

将呼啦圈架起作障碍物，从障碍物下面迅速地爬过。障碍物越低，难度越大。可以追逐比赛，并要求无论是追者还是逃跑者都不能触障碍物（图2-78）。

图2-77　　　　　　　　　　　　　　　图2-78

八、袋子游戏

袋子有塑料的、纸制的、布制的，可利用袋子玩踢、推、抛、滚、走等游戏，还可以把轻物件往袋里放，也可在袋子上抓几个洞作眼睛鼻子，然后把袋子套在头上做蒙面人，孩子可从中体会到新奇感受。

1. 穿袋子鞋

双脚穿上袋子鞋，在地上滑走（图2-79）。

2. 走袋子

双脚踏入大袋子中，用手抓住袋子走或跑，当绕过标志后返回（图2-80）。

图2-79　　　　　　　　　　　　　　　图2-80

3. 抓袋子跑

单手抓大袋子一角向前跑，袋子里充满空气，袋子随着跑动会发出有趣的声音。也可双手抓住袋子。（图2-81）

4. 挑扁担

将装满气球的塑料袋绑在木棍上，两个人抬着走，或将袋子装满水提着走（图2-82）。

图 2-81　　　　　　　　　　　图 2-82

5. 袋子接力

在大塑料袋内装满气球，让孩子们背着大袋子快跑，绕过目标后返回（图2-83）。

6. 用脚夹袋子

可个人夹袋子玩，也可以多人边夹边传递给旁边的人（图2-84）。

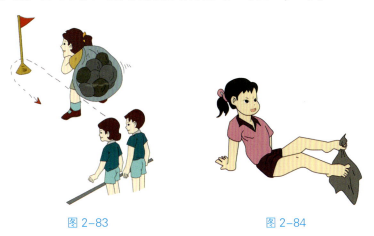

图 2-83　　　　　　　　　　　图 2-84

7. 塑袋球

用装满空气的塑料袋尝试不同动作，如推、踢、抓、抢、抛抓（图2-85）。

8. 手脚袋子爬行

双手、双脚套上塑料袋爬着走，绕过标志返回（图2-86）。

图 2-85　　　　　　　　　　　图 2-86

9. 流星锤

将装上 2/3 水的塑料袋外面套上个网兜，栓在高度合适的架子上，二人在一定距离对面站立。先由一人将袋推起使之摆动，接着二人轮流击袋。设法击得越远越好（图 2-87）。

10. 动物赛跑

用纸袋子制作猪、马、猴、鹿、牛等动物的假面具，然后学着所戴假面具的动物的叫声向前跑，绕过旗子后返回（图 2-88）。

图 2-87　　　　　　　　　　　　　　　　图 2-88

九、布的游戏

在布的游戏中，可利用各种不同色彩的布块或同色的布条，玩时轻松安全。可以用双抖动、抛布、搬运或者在布下钻行；也可用细长的布条挥舞抖动，做各种动作。这些全身运动不仅能培养柔韧性、节奏感，还可以培养协调能力，体验合作的快乐。

1. 抖蛇

持布人快速抖动布条，让它变得弯弯曲曲像蛇一样。另一人跳过布条，但不能碰到布。（图 2-89）

2. 抓尾巴

二人一组，每人腰上系一块长约 50 厘米长的布条或手绢作尾巴，然后双方各自移动脚步，尽力保护自己的"尾巴"，还要灵活快速地抓对方的"尾巴"（图 2-90）。

图 2-89　　　　　　　　　　　　　　　　图 2-90

130

3. 起床

一大块布盖在身上躺好，好像睡着了，然后站起来掀起"被子"高举过头顶（图2-91）。

4. 沙丽

转动身体，把长布块围在身上。印度女孩子的传统服装"沙丽"就是这样穿在身上的。将围到尽头时，同伴用力一扯布块，可以顺势旋转出去，但要注意安全，防止摔倒（图2-92）。

图 2-91

图 2-92

5. 装幽灵

将一大块布蒙在头上或身上，装扮成幽灵（图2-93）。

6. 卷春饼

一个人平躺在大布块上，让伙伴推着把自己卷起来。看，一个春饼做好了（图2-94）！

图 2-93

图 2-94

7. 自由搏击

把一块布抛在空中，抢在它落地前，用手脚或用各种物品击打（图2-95）。

8. 伸缩前进

四肢着地趴在浴巾上，轻巧地伸缩身体和四肢，带动浴巾前进。四肢各占浴巾的一个角，靠肢体动作使浴巾移动。注意随时将浴巾推平，不能弄皱（图2-96）。

9. 投降落伞

将一块方布用细线拴住，线下端拴一块小石头或沙包，用力向高远处投出，使布在空中打开，形成降落伞，飘摇落地。也可用手绢将四角用线束在一起，线下端拴住一块小石头，玩法同上（图2-97）。

10. 会变的大山

几个小伙伴一起钻到大布块下面，不断变化姿势，从外面看上去就会觉得山的形状在变。还可以作为一个小节目演出（图2-98）。

图 2-95

图 2-96

图 2-97

图 2-98

十、轮胎游戏

轮胎属于大而重的游戏用具，孩子很难直接搬运，但轮胎是圆形的，中心有洞，稳定安全。可利用带气的旧轮胎滚着玩，或把轮胎固定在地上，玩角力游戏等。轮胎游戏可提高孩子的平衡、协调、灵敏等能力，培养创造力与协作精神。

1. 运轮胎

在可以利用的道具中轮胎算是很重的了，利用它可以进行各种发展力量的游戏，例如搬运和推轮胎跑（图2-99）。

2. 推轮胎

推着平放的轮胎向前跑，绕过标志后返回（图2-100）。

图 2-99

图 2-100

3. 绕轮胎跑

顺着轮胎的外围跑步，先向左跑一圈，转身再向右跑一圈（图 2-101）。

4. 跨轮胎跑

一只脚跨进轮胎里，绕着轮胎小步跑。可向前跑，再转身后跑（图 2-102）。

图 2-101

图 2-102

5. 钻轮胎

在固定的直立轮胎中。钻来钻去，可以将许多直立轮胎并排排成一串，让孩子连续地钻来钻去（图 2-103）。

6. 走轮胎

在轮胎上顺时针、逆时针方向走，也可以放数个轮胎练习走（图 2-104）。

图 2-103

图 2-104

7. 二人搬轮胎

两个人同心协力高举轮胎走（图 2-105）。

8. 拖拉轮胎

拉着轮胎走或跑（图 2-106）。

图 2-105   图 2-106

9. 轮胎相撞

两个人踩在轮胎上玩角力游戏，站得稳，令对方失去平衡落地为胜（图 2-107）。

10. 二人角力

两个人将自行车旧轮胎套在腰上，两轮胎用绳子系好，然后站在固定的圆圈内，相互后拉，设法将对方拉出圆圈外为胜（图 2-108）。

图 2-107   图 2-108

第三节　集体协作游戏

游戏是少年儿童生活中最生动、最经常、最直接和富于激情的集体交往活动。集体游戏虽然也有个人的意愿、奋斗和技巧，反映着个人的情志和观念，但更多的是为了集体的目标需要参与者共同配合和努力，把自己和集体紧密地结合在一起。为建立诚挚的友谊，享受与同伴合作的快乐，要对伙伴容忍、体谅，和谐共处，为团队的成功积极协作。这正是培养少年儿童高尚品行、情操的理想途径之一。

1. 协力站起

数人一组背靠背、臂挽臂集体坐下，然后一起用力站起（图 2-109）。

2. 双龙会战

人数相等的两列纵队，每人两手扶前人腰，排头为龙头，排尾为龙尾，然后双方龙头追抓对方龙尾（图 2-110）。

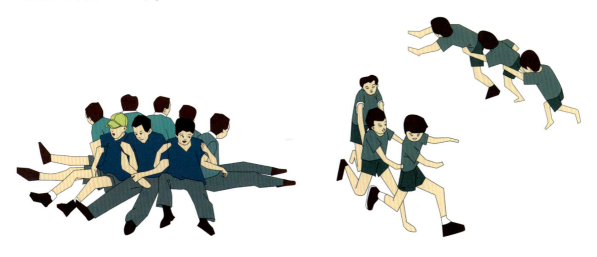

图 2-109　　　　　　　　　　　　　　　　　　图 2-110

3. 开动组列车

人数相等的两路纵队，队员双手搭前人肩上，两腿膝关节间夹住球（或包），然后集体双脚向前跳跃（图 2-111）。

4. 火车钻洞

每 2 人一组手拉手从搭洞人的臂下依次钻出洞外（图 2-112）。

135

图 2-111

图 2-112

5. 时尚装甲车

用横幅或废纸箱制成装甲车，孩子们排成纵队，双手高举，共同握住"装甲车"的边沿，然后步调一致地向前行进。可组织若干队进行比赛（图 2-113）。

6. 多人击鼓球

多人围成圈，分别用手拉住交叉于一点的绳子，绳中间系一面鼓，有节奏地合作用鼓垫球（图 2-114）。

图 2-113

图 2-114

7. 出水见芙蓉

多人围成圈，分别用手拉住交叉于一点的绳子，将站在绳中心的人托起。站在绳上的人可在保持平衡中做颠球（图 2-115）。

图 2-115

8. 过泸定桥

排成二路纵队，面对面跪地，同托一横梯，过桥人依次从横梯上通过（图2-116）。

9. 飞毯

多人同站在一块旧地毯上，站在地毯前的人向前拉地毯时，毯上人要同时跳起，使地毯快速向前移动（图2-117）。

图2-116

图2-117

10. 爬背墙

全小队面对肋木架排成一横队，靠紧，双手扶肋木架体前屈，组成一道人背墙。游戏开始，排头起身，从一端爬上人背墙，尽快爬至另一端，下来后排至队尾，大家一起朝前移动位置，再换新的排头做……直至每人都做过为止（图2-118）。

图2-118

第四节　趣味竞赛

趣味竞赛游戏是少年儿童的良师益友。少年儿童喜欢有对抗因素、趣味性强、竞争意识浓的游戏。竞赛一般都是夺取最后胜负的竞争，能激励少年儿童不畏艰难、拼博奋进的精神，能为少年儿童展示生活的理想和光彩，使其发展体力、智力，在欢乐的气氛中和谐发展身心，使体魄健壮，思维敏捷，富于创造。

1. 爱吹牛皮的人

弯着腰，用四肢支撑地面，一边向终点线爬行，一边通过长筒吹气球，先到终点为胜。世上有爱吹牛皮的人，而且什么场合都吹，既然要吹，那就请在运动场上作一番表演吧（图2-119）。

2. 夜间击剑赛

甲乙两人，蒙住眼睛，站在绳圈中，每人手中拿一条一端打结的浴巾，用浴巾击打对方，打中为胜（图2-120）。

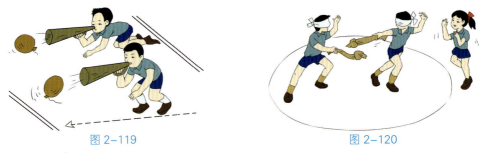

图2-119　　　　　　　　　　　　图2-120

3. 一长一短走

一只脚系上滑雪板，一只脚穿上木制拖鞋向前跑，绕过小旗返回（图2-121）。

4. 小骆驼投篮

扮骆驼弯腰用四肢前进，背上放一个排球，到达终点爬上椅子，将背上的排球装入挂在假人像前的筐中（图2-122）。

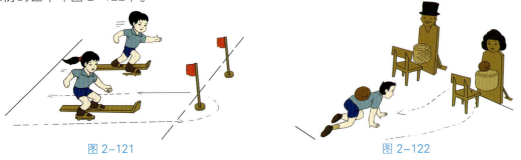

图2-121　　　　　　　　　　　　图2-122

5. 两人为一体

1名男生和1名女生为一组，女生戴面纱，男生戴礼帽，用绳子系在两人的腰部，跑到指定地点各自套在麻袋里，以双足跳，通过障碍到终点（图2-123）。

6. 共同滚铁桶

每2人一组，每人手持1根木棍，两人合作撬木桶使之前进（图2-124）。

图 2-123　　　　　　　　　　　　图 2-124

7. 愉快的劳动

用头巾包起头脸（只露眼睛），背上筐子，拿着夹子，听指挥，从起始线跑，用夹子从地上夹数个小纸球放进筐内，绕旗返回（图2-125）。

8. 巧过小溪

一人持两块竹板，将竹板轮换着放在脚下，踩着竹板走向终点（图2-126）。

图 2-125　　　　　　　　　　　　图 2-126

9. 猴子与艺人

扮猴子人腰系一根橡皮筋，蒙着眼睛，戴着高帽子，手持木棍，站在起始线后，"艺人"手握"猴子"腰上橡皮筋的另一端站在A线处。猴子在艺人指挥下走到A线，再走到B线，抱起B线处放的铁桶，用木棍敲打，再听艺人指挥返回A线，和艺人一同返回起始线（图2-127）。

10. 渔翁和鱼鹰

1人扮渔翁坐在椅子上，椅子旁放一小竹篓。数人扮鱼鹰蒙住双眼，每人腰上系一根绳，绳另一端由"渔翁"握着。然后"鱼鹰"用手和脚去摸索，寻找散在地上象征着鱼的各色纸球，找到球就拉绳通知"渔翁"，把小球放进竹篓中，再寻找（图2-128）。

图 2-127　　　　　　　　　　　　图 2-128

第五节　室内游戏

室内游戏是由智力、体力相融合的项目，在体育教学遇到风、雪、雨天时，体育课从户外转入室内，用教室仅有的条件做些有趣的游戏活动。其内容一般是民间流传的，儿童喜爱且易学的，如："传令""击掌传花""猜猜谁是领头人""抓拐"等。随着办学条件的改善，有的学校设有风雨操场、健身房、多媒体教室。室内课游戏内容形和式也有了很大的拓展，充分利用多媒体、信息技术对室内课进行整合，培养儿童对计算机的兴趣和探索创新的精神。室内游艺内容的编选要从实际出发，突出教育性、针对性、可行性、实效性，促进儿童身心全面发展。

一、编童话故事

选 5 张卡片，将每张卡片上写 1 个角色，每组派 1 人抽取 1 张卡片，给 3 分钟的思考时间，构思一则童话故事，并讲给大家听（图 2-129）。

二、一分钟作品

以 1 张电影票、1 瓶矿泉水、1 封信为道具，以"男女生之间"为主题，各队派 3 人参加演出，用 2 分钟的时间演出一个小品，要反映男女生之间的一件健康快乐的小事（图 3-130）。

图 2-129　　　　　　　　图 3-130

三、传球

学生们坐在教室里，每行为一组，每组排头人平持一个球，然后将球依次头上传递至排尾先完成且不掉球者为胜（图 2-131）。

四、打手背

2 人一组打手背，可以左右手交替进行。游戏规则：①掌心朝上者，无论做任何动作，只要未翻手掌，均可继续做进攻者；②掌心朝下者，可任意选择时机移开手掌；③击打时不可用力过大（图 2-132）。

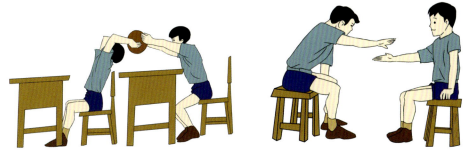

图 2-131　　　　　　　　　　　　　　　图 2-132

五、翻绳

二人一组玩翻绳，先由一人用双手拇指和小指将绳圈撑起形成网，然后由另一人运用挑、勾、撑等各种手法将绳翻出新花样，两人轮流翻绳，直至其中一人无法翻出新花样或失误为止。游戏规则：①两人轮流依次翻绳；②翻绳脱手，或撑开绳后成绳圈样者为失误（图 2-133）。

六、猜是谁

学生坐在教室里，选一人背向站在讲台上，然后一人上台从背后轻轻拍台上人的肩并改变声音呼台上人的名字，迅速回原位。台上人在指挥下转身猜是谁拍他的肩（图 2-134）。

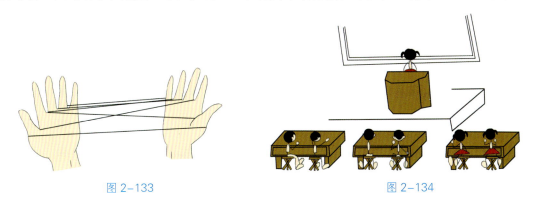

图 2-133　　　　　　　　　　　　　　　图 2-134

七、跷跷板接毽

准备学生用尺 1 把，大橡皮 1 块，毽子 1 只。将尺子和橡皮摆成跷跷板，一端放上毽子，用手拍翘起的一端，使毽子跳起，用手接住可得 1 分，积分多者为胜（图 2-135）。

八、造句游戏

学生坐在教室内，各组人数相等。组织者首先说出一个字，如"体"，要求各组游戏者均以该字开头每人写一个字组成一个句子。发令后，各组最后一人跑到黑板前写下第一个字，与此同时，其余游戏者依次向后换一个座次。第一位游戏者写完后迅速坐到空出的第一个座上，并将粉笔向后传递。当刚刚换坐到最后一排的游戏者接到粉笔后再迅速跑到黑板前接写第二字。游戏依次进行，最末一位游戏者可以写1~3个字，以使句子完整。最先写完并全部，坐回原位的组为胜（图2-136）。

图2-135   图2-136

九、拼两个字母

上面有4张字条，下面有5个字条。可以拼出2个字母。请队员抢答是哪两个字母（图2-137）？

十、冲过防线

桌上画一中线，线中间放一直尺，2人同用食指屈推直尺一端，将直尺推过中线一方为胜（图2-138）。

图2-137

图2-138

第六节　棋类游戏

棋类游戏在我国历代游戏中都是一个不小的家族，它的历史源远流长，种类繁多，分布民间各地。例如：走棋、五子棋、梅花棋、三棋、八仙棋、方格棋、宫棋、围棋等深受人们的喜爱。几千年来，棋文化不断发展。早期无数军事家、大臣和君主都是棋类游戏能手，并从棋中体会治国安邦之理。而广大民众也在棋子面前开启智慧，就连小孩子在模拟成人玩棋类游戏时，都会创造自己喜欢的"天下太平棋"。棋类游戏是少年儿童的良师益友，是发展智力的最佳途径。

一、天下太平

天下太平棋一般是 2 个小孩玩，在地上画好 2 个大"田"字，然后双方对站，用"锤子、剪刀、布"定输赢。锤子赢剪刀，剪刀赢布，布赢锤。玩时每赢一次在自己的田格内写一笔，田字的 4 个分格内被"天、下、太、平" 4 字填满，以先填满者为胜。（图 2-149）

二、五子棋

用树枝在地上画一棋盘，找几粒石子，一盘棋就开战啦。有的玩棋有的观棋，坐在地上，无拘无束。五子棋流传已久，八旗兵丁接触到中原文化，对围棋十分喜爱，只是玩围旗时间太长，于是用围棋盘下五子棋，既好学又省时间。五子棋玩法简单，2 人对弈。1 方黑子，1 方白子。黑先白后，轮流布子，无论横、竖、斜 3 个方向，5 个子连成一线为胜（图 2-150）。

图 2-139

图 2-140

三、麻雀棋

麻雀棋的棋盘是由四道弧线交合而成的。棋子共 6 枚，分黑白两色。每次两人游戏，每人 3

枚棋子。游戏开始前，各将自己的3枚棋子布置在棋盘上，（图2-141a）。接着，用猜拳或协商的方法分先后。两人轮流布棋。棋盘上每个交叉点就是一个棋位。走棋时，每次一步。布棋的目的，是以自己的棋子将对方的棋子分隔或包围起来，使其不能移动。图2-141b是白方获胜。在30着以内，如双方无法行动，便为和局。

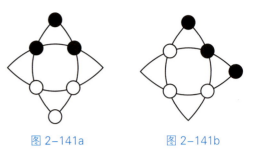

图2-141a   图2-141b

四、藏棋

藏棋叫"密芒"，意思是"多眼棋"，藏棋是围棋的同胞姐妹，在唐吐蕃王朝曾盛行一时。但藏棋与围棋有许多不同之处，它的棋盘纵横各17道线（围棋19道线）。对弈前要摆好12个子，黑白各6，交叉摆放，白子先走。藏棋可2人对下，还可4人对下、6人对下，没有时间限制。

五、象棋

象棋的走法："将"只能每次在"米"字格内走横竖一步；"士"只能在"米"字格内每次斜走一步；"象"走"田"字，（不能过河）；"马"跳"日"字；"车"走直线（每次步数不限，但不能越过其他棋子）；"炮"隔一棋子打对方之子或走直线（不越子，不吃子）；"兵"走直线（每次一步）。"马""车""炮""兵"都可过河，但"兵"过河前只能向前走，不能横走，过河后可以直走也可以横走，但不管过河与否都不许退着走。以先将死对方"将"者为胜。

六、扣下象棋

两个人各占一方，将自己一方的棋子扣放并来回推动数次，然后按一般放棋子的位置扣放好棋子。扣在什么地方的棋子，就按它所在位置"明子"的走法走棋。例如，扣在"马"位置的棋子，就走一"日"字，走一步后将这一棋子翻转过来，所有棋子都翻转完后，再走棋子就按棋子所标走棋了，如扣"马"跳"日"字后如翻转过来是个"炮"，再走它时便按炮的走法了。"将"可在自己一方横竖方向走，"士""象"可在自己一方按自己走法走。先"吃掉"对方"老将"者得胜利。

七、三点一线棋

按照图2-142的样子做一张棋盘。再准备18颗棋子，红的、蓝的每样9颗。玩的时候，甲乙两人各取一种颜色的棋子，轮流放一个在棋盘的某一点上。等到一方3只棋子连成了一条直线，他有权取走对方任何一只棋子（已经连成一线的不能取）。取走的棋子不必交还对手。18只棋子放完后，开始轮流走棋，每次可将己方一子走入空着的邻点，走出新的三点一线，又可取走对方一只棋子，直到一方的棋子全部被取出（图1-142）。

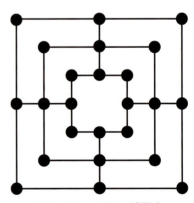

图2-142　三点一线棋盘

八、毛难棋

毛难族很早以前就创造了一系列的棋类活动，有三棋、射棋（二棋）、围母棋（母子棋）、圆棋（互围棋）、牛角棋、剪谷棋和王棋（夺旗棋）。

三棋的意思是三打一，是毛难棋中最高级的一种。中老年、青年人都喜欢下三棋，村头、坳上的石板上常刻有三棋的棋盘。三棋棋盘由4个大小不等的正方形，三正一歪地套在一起，有24条相互交叉的直线，和24个棋眼。双方各12个棋子。先把棋子布满棋眼，再走棋。谁3个子排成一线，就可吃掉对方任意1子。最后，谁的棋子无法摆成三子一线，或无路可走，就算输棋。如双方都不能打掉对方棋子，算和棋。

因三棋比较复杂，毛难人把三打一简化为二打一，叫"二棋"，也就是"射棋"，横盘是九宫格式的，双方各下6个棋子。棋子固定摆在四周各点上，以二对一把对方棋子吃掉，或堵死对方棋路，使之无法走动者为胜。

圆棋、牛角棋、剪谷棋、王棋都是妇女、少年儿童下的棋，比较简单。

九、五五跳棋

如图2-143，做一张4×4格的棋盘，共有25个交叉点。再准备黑色、白色棋子每样12颗。下棋前按图2-144的位置放好。玩的时候甲、乙两人各拿一种颜色的棋子，轮流走棋。黑棋子先走，白棋子后走。每次走一颗棋子，沿着线移到旁边的空点上。在同一连线上如果前面是对方的棋子，而越过它却是空点，那么这颗棋子就可以跳到空点里，并把被跳过的棋子吃掉。如果跳了以后还能连跳，就把所有被跳过的对方棋子都吃掉。谁先把对方的棋子吃完谁就是胜利者。

十、老虎棋

老虎棋棋盘如图2-145所示。两个人玩儿，一个人当羊，操纵15颗子，一个人当虎，控制一颗与"羊"有明显区别的子。"虎"放在大方格外的米字格中心点处，"羊"放在大方格底端三横行的15个点处。"羊"先走，可以向前或斜前方走一步，"虎"前后左右均可走。每人每次走一步，"羊"不能后退。"虎"邻"羊"时，"羊"之后为空点，"虎"即可跳过，"吃"掉"羊"。如"羊"将"虎"围困不能走动，则"羊"胜，否则"虎"胜。此游戏，可将棋盘画在纸上，但更多的是画在地上，随便找一些小瓦块、石子之类当棋子玩。

图2-143 五五跳棋棋盘

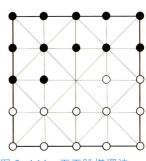

图2-144 五五跳棋摆法

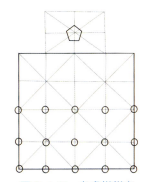

图2-145 老虎棋棋盘

第七节　快乐游戏宫

快乐有趣的游戏宫，其中的游戏丰富多彩。它会带你走进迷宫，让你寻找穿过路径；利用眼睛的错觉让你对事物做出正确的判断；又让你在纷乱的图案中迅速找出隐藏其中的奥妙；一会儿又让你剪拼，使原来的图案发生奇妙的变化。在这新奇、有趣、益智、益心的游戏中，会让你的生活变得更充实，从中学到知识，开阔思路，提高你的观察、想像、推理、判断能力，使你的思维敏捷。少年儿童朋友们，祝你们在游戏宫中玩得开心！

一、迷路的考察队

一支考察队在沙漠里迷失了方向。由于粗心，出发时他们忘记了带指南针。

他们记得营地是在南边，因此，夜里，他们靠北极星的指引寻找方向。可是，现在太阳已经升起来了，他们应该怎样走才能回到南边的营地呢？

二、绳结

如果将图 2-146 中的绳子拉直，将会留下多少个绳结呢？很容易看花眼，看仔细啊！

三、难倒巧木匠

一次，动物王国足球队请芳芳工程师设计一个空心箱子摆放足球。芳芳工程师决心以最完美的设计挽回上次的面子。她设计好了，兴冲冲地拿到木工房，让小猴师傅照图制作。不料，小猴师傅又把头摇得跟拨浪鼓似的："做不出来，做不出来！"芳芳工程师仔细一看图纸，惊叫起来："啊呀！果然又出了毛病！"聪明的小朋友，你知道毛病出在哪儿了吗？（图 2-147）

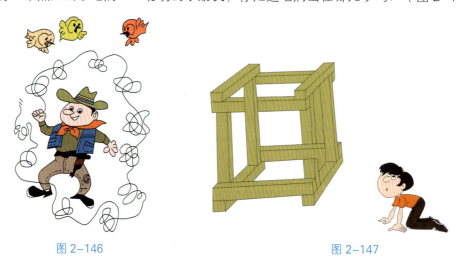

图 2-146　　　　　　　　　　　　　　　　图 2-147

四、古松年龄

李白贬官的时候，曾流落到安徽采石矶。庙中的道长经常和李白在古松下谈天。一天，道长问李白："先生，你可知这棵古松的年龄？"李白说："只要您讲出一些相关条件，我就可以猜出！"道长说道："古松的年龄是 4 位数，头和尾数字相同，中间两数字相同，中间两数字之和是头尾俩数字之和的 5 倍。先生，请猜！"李白拍手大笑："知道了！"（图 2-148）

五、巧布连环阵

孙悟空与悟空孙斗智。美猴王孙悟空向空中抛出一个连环套，这个套落到地面上，竟把悟空孙困在阵中。悟空孙大声喊道："哥哥，你我在这里斗智、斗勇、斗法，你困我在阵中干什么？"兄弟，这叫"算式连环阵！"孙悟空说，"只要你把这个算式解开，阵自然可破！"悟空孙说："哥哥，你这算式中连一个数也没有，让我如何破阵？"孙悟空说："兄弟，你先把 1、2、3、4、5、6、7、8 这 8 个数填入圆圈内，使它们正好组成 4 个可以成立的算式，这个算式就算有了答案，连环阵自然为你打开！"（图 2-149）

图 2-148

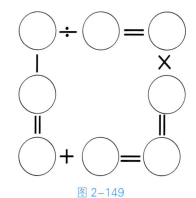

图 2-149

六、三角填数

胖小猪被小猕猴引进了一个等边三角形的园中园。小猕猴递给胖小猪一支笔："喂，朋友，这个三角形的边上都有一些空圆，你要在这些圆圈里填上合适的数，使每条直线上的 3 个数字加起来都得 10。填对了才让你从园子里走出来！"胖小猪拿着笔在园子里走来走去直转圈儿。小猕猴捂着嘴躲在园子外面偷偷地乐。最后，还是一位聪明的小朋友从园中园旁边路过，帮助胖小猪在圆圈里填上了合适的数。小猕猴这才放胖小猪从园中园出来。恢复了自由的胖小猪指着小猕猴说："小猕猴，你真坏！"小猕猴笑着说："我这是逗着你玩呢！"（图 2-150）

七、数字变位

在花园里，晓春和菲菲坐在草坪上玩开了数学游戏。晓春拿出 3 张纸牌，纸牌上分别写着 3 个数字：2、6、1。晓春说："菲菲，请你将这 3 张纸牌换一下位置，变成的新数字是能被 43 整除的三位数。"菲菲在地球上生活了些日子，对地球上人类掌握的各门科学都有了一定的了解，他又是聪明伶俐的外星小孩，稍微动了一下脑子，就说出了正确答案。小朋友，你知道菲菲讲的是哪个 3 位数吗？（图 2–151）

图 2–150　　　　　　　　　　　　　　图 2–151

八、错误百出的画

小不通用布克的画笔在画布上画了一张画，他对小狗说："我这张画不像你的画，你画的情景在自然界中是找不到的。"小狗不干了："尊敬的小主人，你画上的情景难道在自然界里可以找到吗？我不敢说你这幅作品是一幅错误百出的画，但起码有 3 处错误！""啊？"小不通大吃一惊。布克讲出了小不通画中的 3 处错误，小不通心服口服。小朋友，看出小不通的作品中有哪 3 处错误了吗？（图 2–152）

九、音乐会

夏天来了，池塘边举行消夏音乐会。怎么只见演员，不见听众呢？噢，原来听众隐藏在草丛中聆听演员们的演奏呢！听众都是谁呢？它们的身边还放着什么东西呢？（图 2–153）

图 2–152

图 2–153

十、青蛙巧变

小青蛙参加完荷塘音乐会的合唱，要休息了。可是，一张荷叶上只能站一只青蛙。现在只有 3 张荷叶，怎么办呢？（图 2-154）

十一、雪山"魔方"

这是一座巨大的冰垛，它由许多方冰组成。春天就要来了，雪山上的方冰就要融化了。猴哥、猴弟要利用化掉的冰水灌溉农田。他们必须计算一下，这座冰山上共有多少块方冰。为此，他们在嘹望台上进行了许多天的观测，终于得到了方冰的准确数字。小朋友，你有兴趣参加猴哥、猴弟的观测吗？（图 2-155）

图 2-154

图 2-155

十二、小小七巧板

豆豆送给佳佳一副小小七巧板。他说："这副七巧板是我自制的。你可以用它拼出各种图案。"佳佳说："现在你要求我拼什么呢？"豆豆说："请你先拼出平行四边形、梯形、长方形……"佳佳说："好啦，好啦，太多啦！"佳佳拼出了平行四边形后问小客人："谁帮我拼梯形、长方形？"绮绮帮她拼出了梯形，乐乐帮她拼出了长方形。小朋友，你喜欢这副小小七巧板吗？如果喜欢，请你也自制一副，用它还可以拼出许多小动物图案呢！（图 2-156）

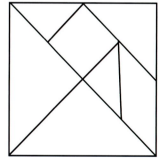

图 2-156

十三、避火

某村有个老猎手，一天，他刚要在荒草丛生的大草甸子里挖陷阱，不料有个老汉要开荒种地，放一把火，一时，火呼呼地燃烧起来，猎手要跑，已无路可走。怎样躲开这越来越近的大火呢？沉着、冷静又机敏的老猎手终于想出了一个避开火势的好办法。你想想，老猎手用什么办法脱险的？

十四、卓别林的道具

幽默大师卓别林的道具藏在住宅图里，你能找到吗？（图2-157）

十五、金字塔

年久失修的金字塔，裂缝很多。可巧，其中两块碎片的形状是一模一样的。你看是哪两块呢？（图2-158）

十六、你能一目了然吗

小玩闹来到神奇宫，神奇宫的主人万事通博士从背后拿出一张纸说："小玩闹，只许你看一眼，请问，你看见了什么？"小玩闹自信自己看清楚了，干脆利落地作了回答。万事通博士笑着说："仅对了一半！"小朋友，你看清楚了吗？（图2-159）

图2-157

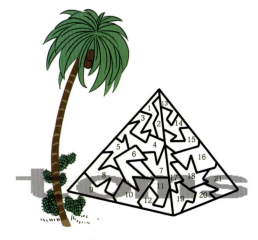

图2-158

图2-159

【答案】

1. 只要面朝太阳升起的方向站着，就可以辨别出东西南北来，也就是面朝东，背向西，左北右南。考察队辨明了方向，向右就可以找到营地了。

2. 10个绳结。

3. 这张图纸设计的各个接合部位都不科学。左后立柱下端是在后面，上部却从前横梁过来，显然不对。右前立柱上端是在前面，下部却又从后横梁后面立起，这又是一个错误。

4. 古松有1551岁。

5. 巧布连环阵（图2-160）。

6. 三角填数（图2-161）。

7. 数字变位：1、2、9。

8. 错误百出的画：①海中不能有金鱼；②比目鱼应画在水面上；③螃蟹多画了触角。

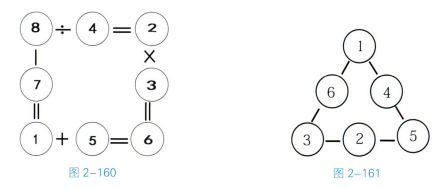

图 2-160　　　　　　　　　　　　图 2-161

9. 音乐会：狐、蜗牛、狮、鸡、金鱼、喇叭、水壶、太阳帽、捕虫网。

10. 青蛙巧变：将两片侧面青蛙合成一只整体青蛙，这样还余下一片荷叶呢！

11. 19 块方冰。

12. 小小七巧板（图 2-162）。

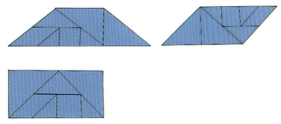

图 2-162

13. 避火：老猎手用随身带的小铁锹挖一个大圆圈，自己站在圈内，然后再用火从圆圈的周围慢慢烧出去。这样圈不断扩大，老猎手安全脱险了。

14. 卓别林的道具：帽子在前门上方，领结在屋前花丛中，胸花在后门上方，拐杖在树上，靴子在后门墙上倒放着。

15. 金字塔：10 和 16 相同。

16. 你能一目了然吗：这张纸上的图案，竖着看，中间那一行字是数字 12、13、14，但是，中间的那个字也可以看成是字母 B。所以，横着看，中间的那一行，又变成了字母 A、B、C。

（注：快乐游戏宫由《学与玩》刊物　许延风编写）

第八节 户外健身类

少年儿童走出校门到大自然中去，在阳光下做游戏。户外健身游戏一般可用于学校组织的春游、秋游等户外活动，也有由团队组织的夏令营、冬令营。这些以游戏为主题的户外活动最受少年儿童的喜爱。走进大自然，了解自然界的美妙，以美好的景物做背景，与团队互动能激发灵感，思考创编出与大自然相关的有趣游戏。丰富的团队生活不仅启迪智慧，还能健身强体，提高战胜各种困难的能力。

一、传送带

二路纵队，每二人互握手臂对面站立（两脚开立）组成一条传送带。然后从排尾开始依次从"传送带"上爬行到前面，组带人下蹲将爬行人抛出（有2-3人保护）（图2-163）。

二、滚山坡

利用稍有坡度的自然环境（如长满草的山坡），也可使用海棉垫。滚坡人成俯卧或仰卧姿势，在保护下由上到下做侧滚翻（图2-164）。

图2-163   图2-164

三、行驶盘山路

数人各自蒙面站在椅子上，在指挥下由排尾依次向前移动并将自己的椅子也随之向前传，在椅子摆成的盘山路上前进，排头人迅速跑到排队尾站在椅子上，依次移动，在规定时间内完成运输任务（图2-165）。

四、庐山仙人洞

数人同握约3~4米高的梯子，梯子顶端系一个呼拉圈，由一人攀登上横梯顶端小心地钻过呼拉圈，不得碰触，然后从梯子另一面下来。再轮换下一人进行，直至每人都体验过为止（图2-166）。

图 2-165　　　　　　　　　　　　　图 2-166

五、信任后倒

利用一定高度的栅栏或台子一人背向站在高处，下方数人，二人一组面对面互握腕组成臂网，或多人互拉一块帆布。当台上人后倒时，由臂网或布网接住。大家依次做，共同尝试成功和信任的体验（图 2-167）。

六、轨道列车

多人组成跪撑纵队，双肩杠着粗竹竿形成一条高架轨道。在指挥与帮助下，游戏者依次走过高架轨道。轨道高度和通过姿势（跪、蹲、坐）可酌情而定（图 2-168）。

图 2-167　　　　　　　　　　　　　图 2-168

七、翻越求生墙

这是一个经典拓展项目，它来源于二次世界大战时某国战俘利用空袭的短暂机会逃出集中营的故事。"求生墙"可利用一定高度的平台，也可采取搭人梯等方法，没有任何辅助物，完全依靠团队的智慧和力量，全体用最快速度爬上去（图2-169）。

八、板桶过河

各小队利用4块长3米、宽30厘米的木板和6只废汽油桶（小学生队员，可将桶对半切开使用，以降低高度）在规定的时间内，架起可移动的桥，通过一条宽15米的"河流"，要求全体队员必须都站在桶板上，不得失足落水（图2-170）。

图 2-169   图 2-170

九、孤岛采宝

利用自然环境或在一定高度的台上，采宝人依次俯卧台上，用自己的智慧和方法快速从下面筒（或筐）中采宝（用报纸圈代替）（图2-171）。

十、钻铁丝网

利用足球门或在两棵树中间，用藤圈和绳子组合系出不同形状的网格，格子有大有小，有高有低，要想每人都能安全通过，需要凭借集体智慧的力量，在优势互补互助下完成（图2-172）。

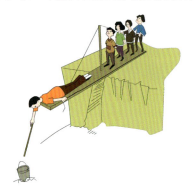

图 2-171

图 2-172

第九节　冰雪、水中游戏

冰雪、水中的娱乐项目是富有娱乐性、趣味性、竞技性的游戏活动。冬季滑冰、滑雪，夏季水中嬉戏是少年儿童的最爱，既能亲近大自然，又能全面发展体能，也提高了适应自然环境的能力。例如"滑冰车"，在一块坐板下面装上铁条，就是一架冰车。儿童坐在上面双手持短木棒用力撑冰面，冰车便飞速前进。滑冰车就像划船，既锻炼了身体各大肌肉群的力量，又锻炼了平衡、协调和灵活性。

一、冰上游戏

1. 跑冰鞋

滑冰在我国具有悠久历史，是我国北方民族爱好的一项体育活动。在清代，滑冰曾作为八旗兵丁必须训练的军事项目，也是满族青少年十分喜爱的冰上竞技游戏。最早的冰鞋是将兽骨缚于鞋下，用以滑冰行军，后来演变为用一根铁条嵌在木板上，称之"冰滑子"。到了冬天，青少年就在冰面上滑冰，以此为乐，后来满族民间广为流行"跑冰鞋"活动，创造了很多滑法并流传至今（图 2–173）。

2. 滑冰车

满族人民在冬季除了爱玩"跑冰鞋"外，还创造了不少有趣的冰上游戏。滑冰车就是其中之一。冰车用木板制作，板下安有两根铁条；准备两根小木棍，棍端镶一铁钉。滑冰车时坐或蹲在板上均可，双手各握带钉的木棍向后使劲撑冰面，使冰车向前滑行（图 2–174）。

图 2–173　　　　　　　　　　　图 2–174

3. 冰嘎

冰嘎俗称陀螺，也是满族冰上游戏的一种。冬季到来，儿童们在冰上打嘎，玩得非常开心。陀螺木制，小于拳头，圆锥状，锥端镶一凸形钉或铁珠。在冰面上，儿童手持一小绳鞭抽打冰嘎，使其快速旋转（图 2-175）。

4. 多人滑冰赛

人数相等两队，每队再分人数相等的两组各成纵队，在规定距离的甲乙两端相对站立。比赛开始，甲端第 1 人迅速滑行至本组乙端第 1 人，立即搭肩倒滑退回，乙端第 1 人也随倒滑人滑到甲端。甲端第 2 人扶第 1 人肩，三人滑至乙端，乙端第 2 人再随之滑到甲端。依此类推，先完成的队为胜。此游戏适于初学滑冰者（图 2-176）。

图 2-175　　　　　　　　　　　　　　　图 2-176

二、雪上游戏

5. 堆雪人

冬季到来，孩子们就盼着大雪降临，因为雪天可以玩堆雪人。每逢大雪天，孩子们就兴奋地聚集一起，一边扫雪，一边堆积大大小小的雪人，用涂上颜色的乒乓球做眼睛，用胡萝卜做鼻子，还给雪人戴上一顶帽子，大家高兴地围着雪人又唱又跳，十分热闹（图 2-177）。

6. 打雪仗

鄂温克族的聚居地素有"猎民之乡"的美誉。那里的男人几乎都是勇敢的猎手，孩子们从七八岁起就学习骑马打猎，每年二月都穿上滑雪板进行隆重的滑雪比赛。有时还把雪攥成团作为武器，分两拨进行激烈地交战，打雪仗打得浑身雪渣，满头大汗（图 2-178）。

图 2-177　　　　　　　　　　　　　　　图 2-178

7. 雪球打靶

大雪降临，孩子们除了喜欢堆雪人、打雪仗，还喜欢打靶。在雪堆上插上画好标志的木牌做靶，用捏紧的雪球向靶上投准。比赛打靶距离自己决定，看谁打靶打得准（图2-179）。

8. 皮爬犁

鄂伦春族常把野兽皮钉在爬犁底下，毛向外，阻力小、滑行快，叫"皮爬犁"。每逢冬季大雪纷飞，孩子们忘记寒冷，坐在皮爬犁上，你追我赶地爬上山坡，争先恐后地从山坡上往下滑，好似一群野兽托着孩子们从山坡上飞奔而下，十分有趣；有时还比赛看谁滑得快，看谁滑得远（图2-180）。

图2-179

图2-180

9. 拖日气

赫哲语的"拖日气"是狗拉雪橇的意思。到了冬天，一般车辆无法通行时，拖日气却畅通无阻。拖日气结构简单、轻便，尤为儿童喜爱，已成为冬季必备的交通玩具，无论是到野外打柴，还是到江上钓鱼、玩耍，孩子们都要驾上自己心爱的拖日气（图2-181）。

10. 捉鸭子（抓石子）

京族男女都擅长游泳、潜水，在夏秋两季，人们经常搞捉鸭子活动。把鸭子放到河塘、海湾里，然后由人下水去捉，看谁捉得多。有单人赛，有集体赛。一群鸭子在水中闹得呱呱地乱叫，被人追抓得乱飞或潜水躲逃，要想捉住鸭子就得有熟练的游泳技巧。男孩子们在炎热的夏天里模仿大人下水捉鸭子，用石头当鸭子，看谁摸得多（图2-182）。

图2-181

图2-182

11. 打水漂

仫佬族人多会游泳，青少年中一直盛行潜水活动。常把水果或石子抛在河里，限定时间看谁先摸上来。儿童们常在河旁观看，饶有兴趣，常拾起瓦片往水中投去，玩起打水漂，投进水中的瓦片在水面上一跳一跳地，随即就出现一个一个水圈，越玩越高兴。他们比赛打水漂，看谁的瓦片接触水面次数多，且飞得远（图2—183）。

12. 持物过河

游戏者成一列横队踩水浮在起点线前，左右一臂间隔，每人以单手持自己的一件上衣或裤子，举过肩部。听到组织者信号后，用两脚踩水、单臂划水游向对岸终点（图2—184）。

图2—183   图2—184

13. 水中骑马战

每二人一组，组成"战马"（一人骑在另一人的肩上，头戴帽子；下面人两手紧抱住上面人的两小腿）。游戏开始，双方手靠近，设法摘掉对方"骑兵"头上的帽子（图2—185）。

14. 其他游戏

水上游戏内容很好，从实际出发可自创各种玩法。但要有安全措施。

例如 水中玩"珍珠球"，水中竞走或踩水赛，扶扳蹬水（图2—186），双人爬水（图2—187），鲤鱼跳龙门（图2—188），仰流侧泳（图2—189）。

图2—185

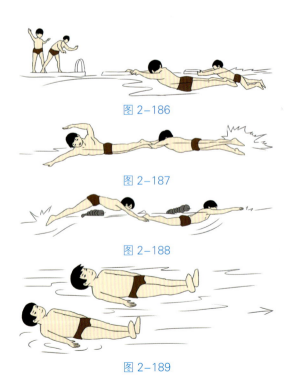

图2—186

图2—187

图2—188

图2—189

第十节　器械活动类

我们开发了不同民族的荡秋千作为基本运动方法的项目。不同样式秋千器械有不同的玩法，不同的玩法反映着不同民族的生存状态和民族性格。秋千器械基本上分两类。一类是全木质的，类似车轮样结构，可竖立起来或平放在支架上，人在上面做上下摆动或平面转动。另一类是以绳索拴住荡扳，人在上面做前后摆动或旋转。器械不同玩法不同，风格相异。如朝鲜族荡秋千飘逸潇洒，维吾尔族的荡秋千则是惊险豪放。荡秋千深受少年儿童喜爱。这类项目对人体的平衡器官有突出的锻炼价值兼具培养勇敢、顽强意志的教育价值。

一、沙哈尔地（维族）

维族沙哈尔地区又称此为"空中转轮"。转轮的主轴约 15 米高，与木轮、轮杆以绳索连结。主轴垂直竖立于地面，轮杆套于主轴底部，主轴顶端装木轮，木轮与主轴底部轮杆用铁索相连，推动轮杆就可带动木轮旋转。木轮两侧各系两条长绳供玩者牵附。8 人向同一方向推动轮杆，使木轮转动，带动绳端二人旋转，木轮转得越快，人飞得越高（图 2-190）。

二、八人秋（苗族）

苗族人民传统的赶秋节，除了打花鼓、舞狮子、耍灯等活动外，最有趣的就是荡八人秋，男女老少都喜欢。荡秋千的规定是"竖秋千八人坐，谁转上面就唱歌"。就是当快速旋转的秋千突然停下来，谁在最上面就要唱支歌。传说苗族青年巴贵达惹为了寻找一位会绣花鞋姑娘，依照水车做了一架八人秋，供赶秋的男女青年游戏，赛苗歌（图 2-191）。

图 2-190

图 2-191

三、打磨秋（哈尼族）

打磨秋是哈尼族的一项传统活动，每当一年一度的"苦扎扎"节时，各村寨民众聚在秋场上欢庆丰收，都要玩打磨秋。磨秋用一约2米高坚硬木，顶端削细作轴心立起，再用一横木杆中间凿凹，架在轴上。玩时二人伏扑在杆上或骑坐，先是低杆来回旋转，继而一头升起一头落地，此起彼落，上上下下，悠悠荡荡，颇有乐趣（图2-192）。

四、轮子（土族）

土族人民喜爱转轮子，男女老少都勇跃参加。娱乐时每次2人坐轮，有人推轮使之加快转动。当地老人说：一年转上几次轮子，腰不痛、腿不酸。转轮子既锻炼，又娱乐，还寄托着土族人吉祥如意、平安康乐的心愿。过去轮子是用大板车的车棚、轱辘等制成，后来有很大改进，用钢管做轮盘，套上滚珠轴承，饰以彩旗飘带，使古老的轮子焕发了青春（图2-193）。

图2-192　　　　　　　　　　　图2-193

五、车秋（阿昌族）

车秋是秋千的一种，形状略似纺车。它以4根木柱分立两边作为支架，中间横担着秋辊，左右各用两根木柱交叉地镶在秋棍上，类似车的幅条，在顶端左右相连，挂着秋千绳。游戏人由着地的人轮流用脚蹬地，车秋像车轮一样飞快地转动，别有情趣（图2-194）。

六、二人秋（柯尔克孜族）

柯尔克孜族的荡秋千与众不同。在2架近3米高的支架中间系上3股缰绳，2人相对，腰背部搭上一股缰绳，手臂展开，扶住绳子，两人双脚一齐踏在另一根绳子上。一方用脚蹬地使绳悠起，然后轮流用劲，秋千可以荡得很高。2人还可比赛看谁能拾起放好的手绢、毽子等物（图2-195）。

图2-194

图2-195

七、风车秋（壮族）

"风车秋"是广西隆林县壮族男女青年在每年农历正月初一和三月初三举行的一项传统娱乐活动。秋千是用坚硬的木头搭架，像风车。风车架上可坐 4 人，风车围绕中轴旋转，当坐在架上的人谁旋转到地面时，就用脚蹬地面，使风车越转越快，比赛时看哪一个组（4 人一组）转动的速度最快（规定一定的时间）。如今在一些中小学校和幼儿园，也开展了风车秋这项活动。

八、打秋千（拉祜族）

拉祜族人打秋千更有特色，在自做的木架上，两手、肘紧紧抱着木棍；在木架另一端专门有人抱着木架用力蹬地、离地，落地后，再用力蹬地，使木架上的人高低起伏地荡秋千（图 2-196）。

九、秋千（纳西族）

荡伙千是纳西族传统的活动。平时，大小村寨都竖有秋千架，或在大树的枝干上挂起竹绳和麻绳开展活动。每年春节，村头、村尾还要竖起两个高大的秋千架，全村男女老少以及外来的客人都会聚拢来荡秋千。纳西族竖秋千架同盖新房一样隆重。每年除夕上午，由有经验的木匠师傅指挥上架。按习惯，由男青年伐木支架，女青年献麻结绳，篾匠合编竹绳。先用 6 根长约 12 米、粗 70 厘米的松木扎成 2 个三角架，再担上 1 根木头作横梁。把两根竹绳套在横梁上，其另一稍分别结扎在一根 1.5 米左右的硬木棒的两端，然后用两根粗麻绳接至离地面 1 米处，打上结，就做成了。秋千架立起时，全村群众都来庆贺，大家欢呼、鸣放鞭炮。当年新婚的夫妇，男的要在秋千两端的顶上插上小红旗，女的把红棉线绕在秋千绳的抓手处，还要给群众分送茶、糖块、瓜子等。大家都为他们祝福。开秋要请身体健康的长者试荡，预示全村大吉大利，繁荣昌盛。春节期间，秋千场上人来人往，络绎不绝，单荡、双荡，交替频繁，青年男女竞相比赛，以时间长短和荡绳高低评比优胜，观看的人群连声喝彩，热闹异常。正月二十日下午卸下秋千，秋绳分赠给出力最多的青年男女，以资鼓励（图 2-197）。

图 2-196

图 2-197

十、溜索（怒族）

过去怒江地区交通十分不便。怒江两岸高山峭壁千仞，危崖嶙峋，怒江穿流其间，汹涌澎湃，水流湍急，落差极大，难以行舟摆渡。多年来，两岸的怒族人民只有依靠溜索往来。怒族老人们说：怒族的祖先为了渡江，徘徊在江岸，看见蜘蛛在树间织网，来回爬行，于是受到启发，使用竹篾扭成竹索，将竹索拴在箭上，用力射到对岸，再把横在江上的竹索固定架牢，这样就发明了溜索。

溜索有平溜、陡溜两种。平溜用一根溜索，它基本平直，没有倾斜度，来往都可溜渡。陡溜需要一来一往两根溜索，它有一定的斜度，一头高一头低，溜渡省力、快速，但雨天溜索过滑，溜渡时容易撞伤，就得格外小心。溜渡时要将溜板扣在溜索上，把3米多长的麻布溜带从溜板孔中穿过，向臂部、腰部各绕一圈，最后一圈系在脖子上，然后用手紧扶溜板，同时用力蹬固定溜索的柱子，顺势下溜，霎时即可飞越江面。滑至对岸时，随着溜索上倾，溜板徐徐停止，溜渡人则需脚蹬溜索，并用手上攀，直到溜索尽头的溜柱旁，则可解带下地。溜渡可以带人，甚至携带牲畜、货物。解放以后，怒江两岸架起多座吊桥，还架设了数十条钢丝溜索，取代了竹索。每逢赶街和节日，青年们还在溜索上比赛溜速，前后追逐，极为热闹。

十一、跳板（朝鲜族）

朝鲜族的跳板是一项妇女喜爱的弹跳竞技游戏。关于跳板的来历，有一种民间传说：在很早以前，有一个朝鲜族的青年男子因蒙受不白之冤而入狱。他的爱妻对丈夫日夜思念，但又无法见面。为了能越过监狱的高墙见到自己的丈夫，她冥思苦想，终于想出了跳板望夫这一绝妙办法。后来，她的这种殷切思念之情感动了民众，天长日久，跳板就成为妇女们所喜爱的娱乐游戏了（图2-198）。

十二、踩棍（怒族）

踩棍是小孩们喜爱的娱乐游戏。在松软地或草坪上，一定距离放3根短棒做枕术，在短木上放一根长圆木。游戏时1人或2人站在木上，两脚依次向前、向后踩棍，使圆棍在枕木上滚动。脚不落地、滚动时间长为胜（图2-199）。

图2-198　　　　　　　　　　　　　　图2-199

第三章　民族民间体育健身操

儿童模仿操／中小学生健力操／中小学生秧歌操／中小学生健舞操／武术操与搏击操／中小学生太极扇操／椅上健身操

第一节　儿童模仿操

这是一套模拟民族民间体育项目的徒手模仿操。在欢快的音乐伴奏下，模拟踢毽子、压压板、游泳与跳水、练举重、练跳绳等，从中学习体育知识技能、锻炼身体。在充满阳光的多彩文化教育园地里为儿童营造适合其自由快乐成长的环境，让儿童充分享受"智慧人生""健康人生"，这是学校体育教育追求的永恒目标。

一、自由体操（上肢运动，4×8拍）

预备姿势：直立。

1. 第1个八拍

1~2拍，两臂侧上举，掌心向下，脚跟提起（图3-1）。

3~4拍，两臂做侧波浪，同时两腿屈膝半蹲（图3-2）。

5~6拍，左脚前出一步，右脚尖点地，同时两臂斜上举，掌心向下（图3-3）。

7~8拍，还原成直立（图3-4）。

2. 以上动作再做3个八拍，只是第2和第4个八拍出右脚。

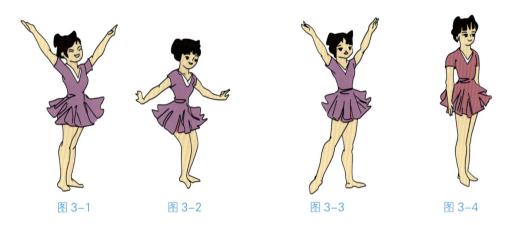

图3-1　　　　图3-2　　　　图3-3　　　　图3-4

二、踢毽子（下肢运动，4×8拍）

预备姿势：直立。

1. 第1个八拍

1~2拍，两手叉腰，左脚向上踢，微低头（图3-5）。

3~4拍，同1~2拍，方向相反（图3-6）。

5~6拍，两臂右斜下举，左腿提膝向外侧踢，同时目视左脚（图3-7）。

7~8拍，同5~6拍，方向相反（图3-8）。

2. 以上动作再做3个八拍。

图 3-5

图 3-6

图 3-7   图 3-8

三、压压板（体侧屈运动，4×8 拍）

预备姿势：直立。

1. 第 1 个八拍

第 1 拍，两臂侧举同时向左侧屈体，左臂低，右臂高，掌心向下，两腿并拢屈膝半蹲（图 3-9）。

第 2 拍，直立，两臂侧举（图 3-10）。

3~4 拍，同 1~2 拍，方向相反。

5~6 拍，左脚向左侧出，脚跟着地，右腿微屈，上体向左侧屈。同时两手在左前屈臂击掌一次（图 3-11）。

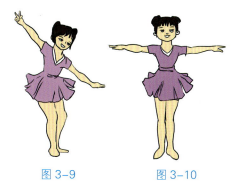
图 3-9   图 3-10

7~8 拍，同 5~6 拍，方向相反（图 3-12）。

2. 以上动作再做 3 个八拍。只是第 2 和第 4 个八拍出右脚。

四、拉力（扩胸运动，4×8 拍）

预备姿势：直立。

1. 第 1 个八拍

1~2 拍，左手在内，右手在外，屈臂，手胸前连续向外绕环 4 周（图 3-13）。

3~4 拍，左脚向左侧出一步，同时扩胸 2 次（可以边扩胸，边喊：嗨！嗨！）（图 3-14）。

5~8 拍，同 1~4 拍，方向相反。

2. 第 2~3 个八拍同第 1 个八拍。

以上动作再做 3 个八拍。

图 3-11   图 3-12

五、吹号（转体运动，4×8 拍）

预备姿势：直立。

1. 第 1 个八拍

1~2 拍，左脚侧出一步并向左转体 90 度，右脚尖着地，同时左手叉腰拇指向后，右手经体

图 3-13   图 3-14

侧半握拳屈臂于胸前，拳眼对着嘴（图3-15）。

3~4拍，还原成直立。

5~8拍，同1~4拍，方向相反（图3-16）。

2. 以上动作再做3个八拍。

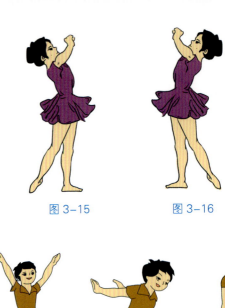

图 3-15　　　　图 3-16

六、跳水（腹背运动，4×8拍）

预备姿势：直立。

1. 第1个八拍

1~2拍，两臂侧上举，掌心向外，同时上体微向后仰（图3-17）。

3~4拍，两臂交叉向内绕至斜后举，同时上体前屈，两腿并拢成半蹲（图3-18）。

5~6拍，同1~2拍。

7~8拍，还原成直立（图3-19）。

2. 以上动作再做3个八拍。

图 3-17　　　　图 3-18　　　　图 3-19

七、举重（全身运动，4×8拍）

预备姿势：直立。

1. 第1个八拍

1~2拍，两臂侧屈，半握拳，拳心向前（图3-20）。

3~4拍，两臂上举拳心向前，同时两腿前后开跳成左弓步，抬头挺胸（图3-21）。

5~6拍，动作成同1~2拍。

7~8拍，还原成直立。

2. 以上动作再做3个八拍，只是第2和第4个八拍出右脚。

图 3-20　　　　图 3-21

八、跳绳（跳跃运动，4×8拍）

预备姿势：直立。

1. 第1个八拍

1~4拍，两臂侧下伸，两手仿握绳状，原地并脚跳4次（图3-22）。

5~8拍，身体转向右前方向，左右脚交替向后踢，同时上体微右侧倾。手同1~4拍（图3-23）。

2. 以上动作再做3个八拍，只是第2、第4个八拍方向相反。

图 3-22　　　　图 3-23

九、自由体操（放松运动，4×8拍）

预备姿势：直立。

1. 第1个八拍

1~2拍，两臂向左侧做波浪动作，同时屈膝，第二拍直立（图3-24）。

3~4拍，同1-2拍，方向相反（图3-25）。

5~6拍，原地踏步，两臂由下至上（图3-26）。

7~8拍，原地踏步，两臂由上至下举（图3-27）。

2. 以上动作再做3个八拍。

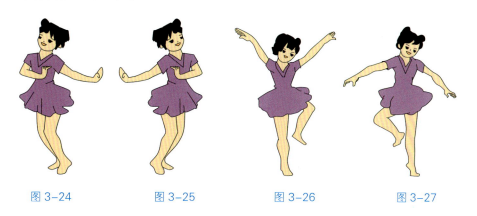

图3-24　　　　图3-25　　　　图3-26　　　　图3-27

儿童模仿操音乐

前　奏

$1= C \frac{2}{4}$

$\dot{1}$ $\dot{3}$ $\dot{2}$ $\dot{1}$ 5 | $\dot{1}$ $\dot{3}$ $\dot{2}$ $\dot{1}$ 5 | $\dot{3}$ $\dot{3}$ $\dot{2}$ $\dot{1}$ 6 | 5 4 3 2 |

1 2 3 4 5 6 7 | $\dot{1}$ 6 3 3 $\dot{1}$ | $\dot{1}$ $-$ | $\dot{1}$ $-$ | $\overset{567}{\dot{1}}$ 0 0 |

踏　步

$1= C \frac{2}{4}$

5 5 3 3 | 5 5 3 3 | 5 $\dot{1}$ 3 | 5 6 5 | $\dot{1}$ 5 5 $\dot{1}$ |

5 3 3 5 | 3 1 3 | 2 1 2 | 3 3 2 1 3 | 6 6 6 |

$\dot{1}$ $\dot{1}$ 7 6 $\dot{1}$ | 5 5 5 | $\dot{1}$ 5 5 $\dot{1}$ | 5 3 3 5 | $4. 3$ 2 5 | $\dot{1}$ $\overset{567}{\dot{1}}$ |

第一节 自由体操

l= C 2/4

| i 7.6 | 5 4 | 3.2 1 3 | 5 - | i 7 6 | 5 4 | 3 5.6 | 2 - |

| 1. 4 5 | 6 7 | i. i 7 6 | 2 - | 5 3 2 | i i 7 6 | 5.5 2 3 | 1 - |

第二节 踢毽子

l= F 2/4

| 6 i 3 5 | 2 i 6 6 | 6.6 5 2 | 3 - | 6 6 5 5 | 3 3 i i | 6 i 3 5 | 6 - |

| i 6 6 6 | i 3 3 0 | 6 i i 6 | 2. 3 | 5 3 6 5 | 3 5 i 0 | 3. i i 3 | 6 - |

第三节 压压板

l= C 2/4

| 6 6 6 3 6 | i 3 6 i | 3 2 3 2 5 | 5 2 3 0 | 3 6 6 6 5 |

| 3 5 3 i | 6 i 2 3 5 | 6 6 6 0 | 6 3 3 2 i 2 | i 2 6 6 |

| 6 6 6 5 3 5 | 3 5 3 3 0 | 6 5 5 3 5 | 3 i 6 i | 2 i 2 3 5 | 6 3 5 6 |

第四节 拉力

l= G 2/4

| 5 i i | 3 i i | 3 3 2 i 3 | 2 5 5 | 5 5 5 |

| 6 6 5 | 4. 3 2 i | 5 - | 5 i i | 3 i i | 3 3 2 i 3 |

| 2 5 5 | i. 5 i 5 | 3 0 2 0 | i 2 3 4 5 6 7 | i 0 |

第五节 吹号

l= G 2/4

| 5 i | i 5 i | 5 i 3 | 3 i 3 | 5 5 3 i | 5 5 3 i | 5 5.5 | 5 - |

| 5 i | i 5 i | 5 i 3 | 3 i 3 | 5 5 3 i | 5 5 3 i | 5 5.5 | i - |

第六节 跳水

1= G 2/4

$$\underline{1\ 3}\ \underline{4\ 5}\ 5\ |\ \dot{1}\ \underline{7\ 6}\ 5\ |\ \dot{1}\cdot\underline{\dot{3}}\ \underline{2\ 5}\ |\ \dot{1}\ -\ |\ \dot{3}\cdot\underline{\dot{3}}\ \underline{\dot{2}\ \dot{1}}\ |\ 7\ \underline{2\ 6}\ |\ \dot{2}\cdot\underline{\dot{1}}\ \underline{7\ \dot{2}}\ |\ 5\ -\ |$$

$$\underline{3\ 1}\ \underline{1\ 3}\ |\ \underline{5\ 5}\ \underline{5\ 0}\ |\ \dot{1}\ \dot{1}\ \underline{7\ 5}\ |\ \underline{6\ 6}\ \underline{6\ 0}\ |\ \dot{3}\ \dot{1}\ \underline{1\ 5}\ |\ \underline{5\ 3}\ \underline{3\ 1}\ |\ 5\cdot\underline{5}\ \underline{6\ 7}\ |\ \dot{1}\ \underline{5\ 1}\ 0\ |$$

第七节 举重

1= G 2/4

$$\dot{1}\ \underline{7\cdot\underline{6}}\ |\ 5\ 4\ |\ \underline{3\cdot\underline{2}}\ \underline{1\ 3}\ |\ 5\ -\ |\ \dot{1}\ \underline{7\ 6}\ |\ 5\ 4\ |\ 3\ \underline{5\cdot\underline{6}}\ |\ 2\ -\ |$$

$$1\cdot\underline{4\ 5}\ |\ 6\ 7\ |\ \dot{1}\cdot\underline{\dot{1}}\ \underline{7\ 6}\ |\ \dot{2}\ -\ |\ \underline{5\ 3}\ \dot{2}\ |\ \dot{1}\ \dot{1}\ \underline{7\ 6}\ |\ 5\cdot\underline{5}\ \underline{2\ 3}\ |\ 1\ -\ |$$

第八节 跳绳

1= C 2/4

$$\underline{5\ 5}\ \underline{3\ 3}\ |\ \underline{5\ 5}\ \underline{3\ 3}\ |\ \underline{5\ \dot{1}}\ 3\ |\ \underline{5\ 6}\ 5\ |\ \dot{1}\ \underline{5\ 5}\ \dot{1}\ |\ \underline{5\ 3}\ \underline{3\ 5}\ |\ \underline{3\ 1}\ 3\ |\ \underline{2\ 1}\ 2\ |$$

$$\underline{3\ 3}\ \underline{2\ 1}\ 3\ |\ \underline{6\ 6}\ 6\ |\ \dot{1}\ \dot{1}\ \underline{7\ 6}\ \dot{1}\ |\ \underline{5\ 5}\ 5\ |\ \dot{1}\ \underline{5\ 5}\ \dot{1}\ |\ \underline{5\ 3}\ \underline{3\ 5}\ |\ 4\cdot\underline{3}\ \underline{2\ 5}\ |\ \dot{1}\overset{\underline{5\ 6\ 7}}{\frown}\dot{1}\ |$$

第九节 自由体操

1= C 2/4

$$1\cdot\underline{3}\ |\ 5\ \dot{1}\ |\ \dot{2}\ \underline{\dot{1}\ 7}\ |\ 6\ -\ |\ \underline{5\ \dot{3}}\ \underline{\dot{2}\ \dot{1}}\ |\ \underline{5\ 6}\ \underline{7\ \dot{1}}\ |\ \underline{\dot{2}\ \dot{2}}\ \underline{\dot{3}\ \dot{2}}\ \underline{0\ 7}\ 6\ |\ \dot{2}\ -\ \underline{5\ 4}\ \underline{3\ 2}\ |$$

$$\dot{3}\cdot\underline{\dot{2}}\ |\ \dot{1}\ 7\ |\ 6\ \underline{4\ 5}\ |\ 6\ \underline{\dot{1}\ 0}\ |\ \underline{5\ 3}\ \underline{\dot{2}\ \dot{1}}\ |\ 7\ \underline{5\ 6\ 7}\ |\ \dot{1}\ \dot{1}\ \underline{3\ 5}\ |\ \dot{1}\ \underline{\dot{1}\ 0}\ |$$

踏　步

1= C 2/4

$$\underline{1\ 3}\ \underline{4\ 5}\ 5\ |\ \dot{1}\ \underline{7\ 6}\ 5\ |\ \dot{1}\cdot\underline{\dot{3}}\ \underline{2\ 5}\ |\ \dot{1}\ -\ |\ \dot{3}\cdot\underline{\dot{3}}\ \underline{\dot{2}\ \dot{1}}\ |\ 7\ \underline{2\ 6}\ |\ \dot{2}\cdot\underline{\dot{1}}\ \underline{7\ \dot{2}}\ |\ \dot{5}\ -\ |$$

$$\underline{3\ 1}\ \underline{1\ 3}\ |\ \underline{5\ 5}\ \underline{5\ 0}\ |\ \dot{1}\ \dot{1}\ \underline{7\ 5}\ |\ \underline{6\ 6}\ \underline{6\ 0}\ |\ \dot{3}\ \dot{1}\ \dot{1}\ |\ \underline{5\ 3}\ \underline{3\ 3}\ |\ \underline{5\ 5}\ \underline{6\ 7}\ |\ \dot{1}\ \dot{3}\ \dot{1}\ |$$

扫描看视频

第二节　中小学生健力操

中小学生健力操以短绳或有弹性的胶管为道具，便于教学、便于活动。可充分利用器械的功能给体育课、课间、课外活动增添新的锻炼方式，通过坚持锻炼，短期内能明显提高学生身体素质。健力操是根据中小学生生理、心理特点编创的，主要能增强上肢、肩带、腰腹肌肉群的力量，提高肌体能力，使身体变得健壮、匀称，使各关节都能得到充分活动，促进学生身体健康发育。通过健力操的练习，能培养学生的节奏感、韵律感，亦是美育教育的一种手段。我们希望更多的学校都能参加试用，不断总结健力操的应用经验，为提高学生身体素质、造福于中华民族而努力。

一、小学生健力操

1. 头部运动（2×8 拍）

预备姿势：两腿并拢，胶管对折挂在颈后，两手握住胶管两端，两臂自然弯曲。

（1）第 1 个八拍（图 3-28、图 3-29）

1 拍，左腿弯曲的滚动步 1 次，同时两臂弯屈胸前交叉，拳心向内，头前屈。

2 拍，右腿弯曲的滚动步 1 次，同时头还原成直立。

3 拍，左腿弯曲的滚动步 1 次，同时两臂打开至侧平举，拳心向下，头后屈。

4 拍，右腿弯曲的滚动步 1 次，同时头还原成直立。

5 拍，左腿弯曲的滚动第 1 次，同时右臂胸前平屈、左臂侧平举，头右转。

6 拍，腿还原成并腿立，两臂成侧平举，头还原成直立。

7~8 拍，同 5~6 拍，但方向相反。

图 3-28　　　　图 3-29

（2）第 2 个八拍同第 1 个八拍，最后一拍还原成预备姿势。

2. 腕肘运动（2×8 拍）

预备姿势：两腿并拢踩住胶管，两手握手柄于体侧。

（1）第 1 个八拍（图 3-30、图 3-31）

1 拍，两臂伸直向前屈腕提拉胶管至体前 30 度。

2 拍，两臂向上立腕提拉胶管至体前 60 度。

3 拍，两臂再向上提腕提拉胶管至体前平举。

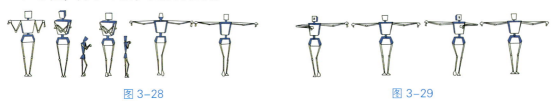

4 拍，两手翻转成拳心向上的前平举。

5 拍，前臂屈肘成大小臂夹角约 90 度，大臂与身体约 45 度的胸前屈，拳心向内。

6 拍，还原成两臂前平举。

7 拍，同 5 拍。

8 拍，还原成预备姿势。

图 3-30

图 3-31

（2）第 2 个八拍（图 3-32、图 3-33）

1 拍，两臂伸直向侧屈腕提拉胶管至侧下举 30 度。

2 拍，两臂向上立腕提拉胶管至侧下 60 度。

3 拍，两臂再向上屈腕提拉胶管屈体侧平举。

4 拍，两手外翻成拳心向上的侧平举。

5 拍，两臂屈肘成小臂垂直于地面的肩侧平屈，拳心向内。

6 拍，还原成两臂侧平举。

7 拍，同 5 拍。

8 拍，还原成直立，两手握拳屈肘于腰际，拳心向外。

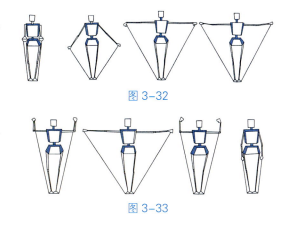

图 3-32

图 3-33

3. 上肢运动（2×8 拍）

预备姿势：同第二节结束姿势。

（1）第 1 个八拍（图 3-34、图 3-35）

1 拍，屈膝半蹲同时提拉胶管，将胶管绕至肘外成两臂胸前平屈。

2 拍，还原成预备姿势。

3~4 拍，同 1~2 拍。

5 拍，屈膝半蹲，同时左臂向上推至上举（拳心向前）。

6 拍，还原成预备姿势。

7~8 拍，同 5~6 拍，但方向相反。

图 3-34

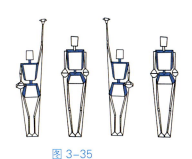

图 3-35

（2）第2个八拍，同第1个八拍。

4.肩部运动（2×8拍）

预备姿势：两腿并拢踩住胶管，两手握手柄于体侧。

（1）第1个八拍（图3-36）

1~2拍，屈膝半蹲同时左臂从前经上向后绕环一周，还原成预备姿势。

3~4拍，同1~2拍，但方向相反。

5~6拍，屈膝半蹲同时两臂从前经上向后绕环一周，还原成预备姿势。

7~8拍，同5~6拍。

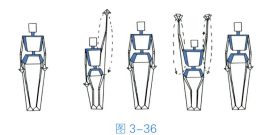

图3-36

（2）第2个八拍，同第1个八拍。

5.扩胸运动（2×8拍）

预备姿势：两腿并拢踩住胶管，两手握手柄于体侧。

（1）第1个八拍（图3-37）

1拍，两臂屈肘于胸前交叉，两手触肩，同时头前屈。

2拍，两臂经前打开至侧平举后振一次，拳心向前。

3拍，同1拍。

4拍，还原成预备姿势。

5~8拍，同1~4拍。

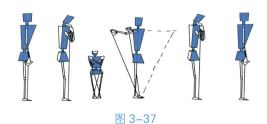

图3-37

（2）第2个八拍（图3-38）

1拍，左腿向前一步成右脚踩住胶管的左前弓步，同时两臂提拉胶管至前平举，拳心向下。

2拍，两臂向侧至侧平举后振一次。

3拍，同1拍。

4拍，还原成预备姿势。

5~8拍，同1~4拍，但方向相反。

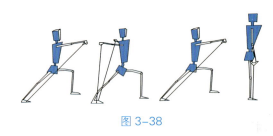

图3-38

6.体侧运动（2×8拍）

预备姿势：两腿并拢踩住胶管，两手握手柄于体侧。

（1）第1个八拍（图3-39）

1拍，两臂屈肘提拉胶管成左臂体前展臂，拳心向里，右臂体后屈臂。

2拍，屈膝半蹲同时左臂伸直经下向侧提拉胶管至侧平举，拳心向上。

3拍，左腿向左1步踩住胶管成分腿立，同

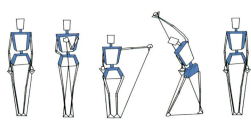

图3-39

时左臂提拉胶管至上举并向右侧屈振1次，拳心向里。

4拍，还原成预备姿势。

5~8拍，同1~4拍，但方向相反。

（2）第2个八拍，同第1个八拍。

7. 体转运动（2×8拍）

预备姿势：两腿并拢踩住胶管，两手握手柄于体侧。

（1）第1个八拍（图3-40、图3-41）

1拍，屈膝半蹲，两臂屈肘提拉胶管成左臂体后屈臂、右臂体前屈臂，同时上体向左转90度。

2拍，还原成预备姿势。

3拍，同1拍，但方向相反。

4拍，还原成两臂屈肘至腰际的站立姿势。

5拍，屈膝半蹲，上体向左转90度，同时两臂提拉胶管推出成右臂前平举（立腕），左臂侧平举（立腕）。

6拍，同4拍。

7拍，同5拍，但方向相反。

8拍，还原成预备姿势。

（2）第2个八拍，同第1个八拍。

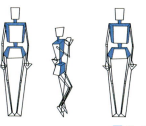

图 3-40

图 3-41

8. 踢腿运动（2×8拍）

预备姿势：两腿并拢踩住胶管，两手握手柄于体侧。

（1）第1个八拍（图3-42）

1拍，左腿向后撤出胶管与右腿并拢站立，同时两臂提拉胶管成前平举，拳心向下。

2拍，右脚向前上方踢起，同时两臂向侧伸拉胶管至侧平举。

3拍，还原成1拍姿势。

4拍，还原成预备姿势。

5~8拍，同1~4拍，但方向相反。

（2）第2个八拍（图3-43）

1拍，右脚踩住胶管，左腿向前撤出胶管与右腿并拢站立，同时两臂提拉胶管成侧平举。2拍，右腿向后上方踢起，同时两臂胸前平屈，将胶管绕至肘外。

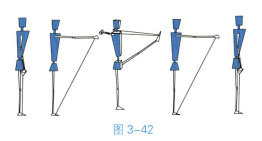

图 3-42

图 3-43

3 拍，还原成 1 拍姿势。

4 拍，还原成预备姿势。

5~8 拍，同 1~4 拍，但方向相反。

9. 腹背运动（2×8 拍）

预备姿势：两腿并拢踩住胶管，两臂弯曲交叉背于体后，两手握手柄。

（1）第 1 个八拍（图 3-44）

1 拍，两腿屈膝半蹲，抬头挺胸。

2 拍，还原成预备姿势。

3 拍，两腿伸直，体前屈，两手不动。

4 拍，还原成预备姿势。

5~8 拍，同 1~4 拍。

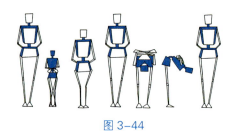
图 3-44

（2）第 2 个八拍（图 3-45）

1 拍，两腿屈膝半蹲，上体前屈至水平部位，同时两臂提拉胶管成成臂前平举，左臂后举，头向左转，眼看左手。

2 拍，还原成预备姿势。

3~4 拍，同 1~2 拍，但方向相反。

5~8 拍，同 1~4 拍。

图 3-45

10. 全身运动（2×8 拍）

预备姿势：两腿并拢踩住胶管，两手握手柄于体侧。

（1）第 1 个八拍（图 3-46）

1 拍，两臂经体侧提拉胶管至上举，拳心相对。

2 拍，屈膝全蹲，同时两臂屈肘将胶管绕至肘后，双手扶膝，手指相对，眼看前方。

3 拍，左腿向前迈出，右脚踩住胶管，呈左前弓步，同时两臂经前提拉胶管至侧上举，拳心向外。

4 拍，还原成预备姿势。

5~8 拍，同 1~4 拍，但方向相反。

（2）第 2 个八拍，同第一八拍。

图 3-46

11. 跳跃运动（4×8 拍）

预备姿势：两腿并拢踩住胶管，将胶管交叉于体前，两手握手柄于体侧。

（1）第 1 个八拍（图 3-47、图 3-48）

1 拍，双脚跳起 1 次，同时左手提拉胶管至左侧腰际，拳眼向前。

2 拍，双脚再跳起 1 次，同时右手提拉胶管至右侧腰际，拳眼向前。

3 拍，双脚再跳起 1 次，同时左手提拉胶管至右肩侧屈，拳心向前。

4 拍，双脚再跳起 1 次，同时右手提拉胶管至右肩侧屈，拳心向前。

5 拍，双脚再跳起 1 次，同时左手提拉胶管至上举，拳心向前。

6 拍，双脚再跳起 1 次，同时右手提拉胶管至上举，拳心向前。

7~8 拍，双脚连续跳 2 次，同时上举击环 2 次。

（2）第 2 个八拍，同第 1 个八拍，但方向相反。

（3）第 3、第 4 个八拍，同第 1、第 2 个八拍。

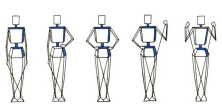

图 3-47

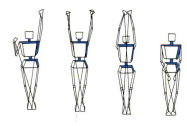

图 3-48

12. 整理运动（4×8 拍）

预备姿势：两腿并拢直立，右手握住四折胶管。

（1）第 1 个八拍（图 3-49）

1～4 拍，原地踏步，两臂放松，自然摆动。

5 拍，两臂经侧放松下摆至腹前交叉。

6 拍，两臂向外摆至侧举。

7 拍，两臂屈肘成双手触肩的肩侧屈。

8 拍，两臂经侧还原成预备姿势。

（2）第 2～4 个八拍，同第 1 个八拍。

图 3-49

小学生健力操曲谱

1= G 4/4

$\dot{1}\ \dot{1}\ \dot{1}\ \dot{1}\ \dot{1}\ \dot{1}\ -\ |\ 6\ 6\ 6\ 6\ 6\ 6\ -\ |\ 7\ 7\ 7\ 7\ 7\ 7\ 7\ 7\ |\ \dot{1}\ \dot{1}\ \dot{1}\ \dot{1}\ \dot{1}\ \dot{1}\ 0\ 5\ \dot{1}\ |$

$3\ 5\ 5\ 5\ \dot{1}\ 3\ 5\ 5\ \dot{1}\ 2\ |\ 5.\ 4\ 3\ 2\ 2.\ \underline{\dot{1}\ 3}\ |\ 4\ 6\ 6\ \dot{1}\ 3\ 4\ 6\ 6\ 5\ 6\ |$

转 1=C

$7.\ 6\ 5\ 4\ 3.\ \underline{\dot{1}\ 2}\ |\ 3\ 3\ 3\ \dot{1}\ 3\ 4\ 6\ 6\ |\ 5\ 6\ 5\ 4\ 3\ 4\ 3\ 2\ \dot{1}\ -\ |\ \dot{1}\ 3\ 2\ \dot{1}\ |$

$5.\ 6\ 5\ 6\ 5\ 6\ |\ \dot{2}\ 4\ 3\ 2\ |\ 5\ -\ -\ \dot{1}\ |\ 4\ 6\ 5\ 4\ |\ 3.\ 4\ 5\ 4\ 3\ |$

转 1=F

$\dot{2}\ 3\ \dot{2}\ \dot{1}\ 7\ |\ \dot{1}\ -\ -\ -\ |\ 0\ 0\ 0\ 0\ |\ 0\ 0\ 0\ 0\ |\ \dot{1}\ \dot{1}\ \dot{1}\ 5\ 5\ 5\ |$

$\sharp 2\ 2\ \natural 2\ 2\ \dot{1}\ -\ |\ \dot{3}\ \dot{3}\ \dot{2}\ \dot{2}\ \dot{1}\ \dot{1}\ 7\ 7\ |\ \dot{1}\ \dot{2}\ \dot{1}\ 7\ 6\ 7\ 3\ |\ \dot{1}\ \dot{1}\ \dot{1}\ 5\ 5\ 5\ |$

转 1=♭E

$\dot{3}\ \dot{3}\ \dot{2}\ \dot{2}\ \dot{1}\ -\ |\ 5\ 5\ \dot{1}\ \dot{1}\ 6\ 6\ 5\ 5\ |\ 3\ 3\ 5\ 3\ 2\ 1\ 1\ 3\ 5\ |\ \dot{3}\ \dot{3}\ \dot{2}\ \dot{1}\ |$

$5.\ 6\ 5\ \dot{1}\ 2\ |\ 3\ 3\ 2\ 1\ \dot{1}\ |\ 5\ -\ 0\ 1\ 3\ 5\ |\ 6\ 6\ 5\ 4\ |\ 3.\ 4\ 5\ 4.\ 3\ |$

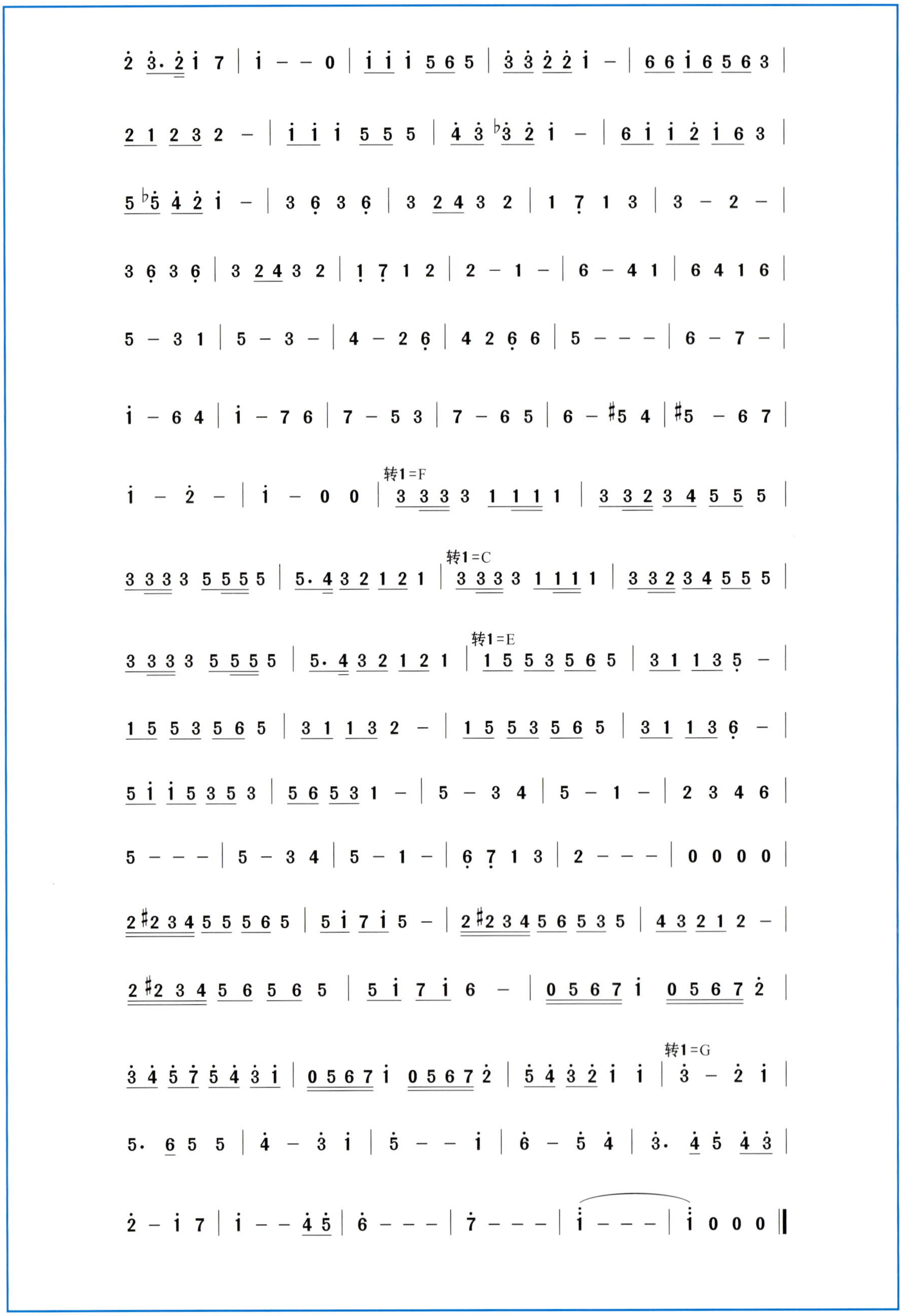
转1=F
转1=C
转1=E
转1=G

二、中学生健力操

1.伸展运动（2×8拍）

预备姿势：两腿并拢踩住胶管，两手握手柄于体侧。

（1）第1个八拍（图3-50）

1拍，左脚向后撤一步，脚尖点地，右脚踩住胶管，同时两臂提拉胶管至前平举，拳心向下。

2~3拍，两臂经侧，拳心向下，向后向下向前绕至上举，拳心向前，同时抬头挺胸。

4拍，左脚向前迈一步，同时两臂经前向下还原成预备姿势。

5~8拍，同1~4拍，但方向相反。

（2）第2个八拍，同第1个八拍。

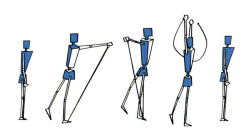

图3-50

2.四肢运动（2×8拍）

预备姿势：两腿并拢踩住胶管，两手握手柄于体侧。

（1）第1个八拍（图3-51、图3-52）

1拍，左臂直臂提拉胶管经前至侧平举，拳心向下，同时头向左转，跟看左手。

2拍，还原成预备姿势。

3~4拍，同1~2拍，但方向相反。

5拍，两臂直臂向侧提拉胶管至侧平举。

6拍，屈膝半蹲，同时两臂直臂向前至前平举。

7拍，还原成5拍的姿势。

8拍，还原成预备姿势。

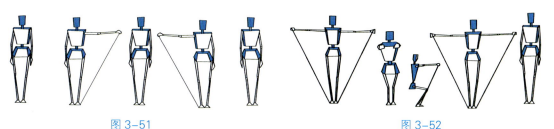

图3-51　　　　　　　　　　　　　　图3-52

（2）第2个八拍，同第1个八拍，但开始时面对方向相反。

3.扩胸运动（2×8拍，图3-53）

预备姿势：两腿并拢踩住胶管，两手握手柄于体侧。

（1）第1个八拍

1拍，左脚向后撤1步，右脚踩住胶管，前后开立，同时两臂屈臂提拉胶管成大小臂夹角约90度，大臂与身体夹角约为45度的胸前屈，拳心向里。

2拍，右腿弯屈成前弓步屈伸1次，同时两臂向侧成小臂垂直于地面的肩侧屈，后振1次，然后还原成1拍姿势，拳心向前，胶管绕至肘后。

图3-53

3 拍，同 2 拍。

4 拍，还原成预备姿势。

5~8 拍，同 1~4 拍，但方向相反。

（2）第 2 个八拍

1 拍，左脚向后撤一大步成右脚踩住胶管，前后开立，同时两臂提拉胶管至前平举。

2 拍，右腿弯屈成右弓步屈伸一次，同时两臂向侧至侧举后振一次，然后回到前平举，拳心向下。

3 拍，同 2 拍。

4 拍，还原成预备姿势。

5~8 拍，同 1~4 拍，但方向相反。

4. 体侧运动（2×8 拍）

预备姿势：两腿并拢踩住胶管，两手握手柄于体侧。

（1）第 1 个八拍（图 3-54）

1 拍，左脚向左侧横跨一步成左右开立，上体向左侧屈，同时右手提拉胶管至腋下，掌心向上，左臂侧下举，眼看左手。

2 拍，还原成分腿开立姿势。

3 拍，上体向左侧屈，同时右臂经侧提拉胶管至上举，掌心向内，左手提拉胶管至腰际，拳心向上。

4 拍，还原成预备姿势。

5~8 拍，同 1~4 拍，但方向相反。

（2）第 2 个八拍，同第 1 个八拍。

图 3-54

5. 体转运动（2×8 拍）

预备姿势：两脚并拢踩住胶管，两手握手柄于体侧。

（1）第 1 个八拍（图 3-55、图 3-56）

1 拍，左脚向左横跨一步，左右开立，上体向左转 90 度，同时两臂屈臂提拉胶管经腰际，拳眼向外，左臂向前推出成前平举，拳心向下。

2 拍，上体向右转 90 度，同时右臂收回屈肘于腰际，拳眼向外。

3 拍，同 1 拍，但方向相反。

4 拍，还原成分腿站立姿势。

5 拍，上体向左转体 90 度，同时两臂侧平举。

6 拍，还原成分腿站立姿势。

7 拍，同 5 拍，但方向相反。

8 拍，还原成预备姿势。

（2）第 2 个八拍，同第 1 个八拍，但方向相反。

图 3-55

图 3-56

6.踢腿运动（2×8拍）

预备姿势：两腿并拢踩住胶管，两手握手柄于体侧。

（1）第1个八拍（图3-57）

1拍，左腿向后撤一步，右脚踩住胶管，前后开立，同时两臂屈臂提拉胶管成大小臂夹角约90度，大臂与身体夹角约45度的胸前屈，拳心向里。

2拍，重心移至左腿，右腿向前上方踢起90度，同时两臂向侧成小臂垂直于地面的肩侧屈，拳心向前，胶管绕至肘后。

3拍，同1拍。

4拍，还原成预备姿势。

5~8拍，同1~4拍，但方向相反。

图3-57

（2）第2个八拍（图3-58）

1拍，左腿后撤一步，前后开立，同时两臂提拉胶管成前平举。

2拍，重心移至左腿，右腿向前上踢起，同时两臂向侧至侧举。

3拍，还原成1拍姿势。

4拍，左腿向前收回成立正姿势，同时两臂经前还原成预备姿势。

5~8拍，同1~4拍，但方向相反。

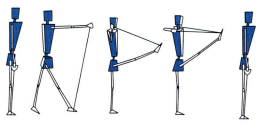

图3-58

7.腹背运动（2×8拍）

预备姿势：两腿并拢踩住胶管，两手握住在体后交叉的手柄于肩上，掌心向前，立环。

（1）第1个八拍（图3-59）

1~2拍，上体前屈至水平，抬头、挺胸、立腰。

3~4拍，还原成预备姿势。

5~6拍，同1~2拍。

7~8拍，还原成预备姿势。

（2）第2个八拍（图3-60）

1~2拍，两臂上举的同时抬头挺胸立腰，上体前屈至水平部位。

3~4拍，还原成两臂上举的直立姿势。

5~6拍，同1~2拍。

7~8拍，还原成预备姿势。

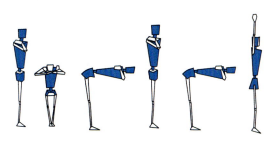

图3-59

8.跳跃运动（4×8拍）

预备姿势：胶管由外向内绕一周踩于脚下，两手握手柄取直立姿势，用4拍完成。

（1）第1个八拍（图3-61、图3-62）

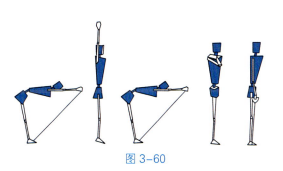

图3-60

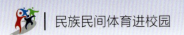

中学生健力操曲谱

l= C 4/4

5 5 5 5 6 5 — | 5 5 5 5 6 5 — | 5 5 5 5 6 5 5 6 5 5 6 | 5 5 5 5 0 |

5 3. 4 5 6 5 | 5 3 3 2 1 — | 6 4. 5 6 7 6 | 5. 6 5 4 3 — |

转1 = F
3. 4 5 4. 5 6 | 7. 7 6 7 1 — | 1. 2 3 1 | 5 — 3 1 | 2. 3 5 6 |

4 — 3 — | 1. 2 3 1 | 7 — 6 5 | 3 5 4 3 2 | 1 — — — |

转1 = ♭B
3. 4 5 5 3 2 | 1. 2 3 1 | 6. 1 4 6 | 5 — — — | 5. 6 5 3 3 2 |

1. 2 3 1 | 2. 3 4 7 | 1 — — — | 3 3 2 1 5 | 6. 7 1 2 1 — |

3 3. 2 1 6 | 5 — — — | 6 6. 5 4 1 | 2. 3 2 5 | 3 3. 2 1 7 |

转1 = ♭E
1 — — — | 6 6. 5 4 6 | 5. 4 3 2 3 | 4 4. 3 2 6 | 5 — — 2 3 4 5 |

6 6. 5 4 0 | 1. 7 6 5 6 | 7 5 6 7 | 1 — — 0 1 2 | 3 1 2 1 6 5 6 5 |

3 4 5 1 7 — | 4 1 6 3 1 5 | 6 7 1 3 2 — | 3 1 2 1 6 5 6 5 |

转1 = F
3 4 5 1 6 — | 7 1 2 2 3 4 | 3 2 1 7 1 — | 3 3 3 3 4 5 3 5 |

5 1 7 1 5 — | 6 6 6 6 5 5 5 5 | 5. 4 3 2 2 — | 2 3 3 3 4 5 6 5 |

5 1 7 1 6 — | 6 6 7 1 7 7 1 2 | 3. 2 1 7 1 1 1 | 0 0 0 0 |

转1 = ♭B   转1 = ♭E
3. 4 3 2 | 1 — 5 1 2 | 3. 4 3 2 | 5 — 0 5 7 2 | 3. 4 3 2 |

1 — 5 1 2 | 3. 4 3 2 | 5 — 0 1 4 5 | 6. 5 4 3 5 4 3 2 | 1 — — — |

转1 = ♭A
1 5 6 5 4 3 4 5 | 5 1 7 1 5 — | 6 4 5 6 6 5 3 4 5 5 | 5. 4 3 2 2 — |

1 5 6 5 4 3 4 5 | 5 1 7 1 6 — | 6 6 7 1 7 7 1 2 | 3 3 4 5 4 3 2 1 7 |

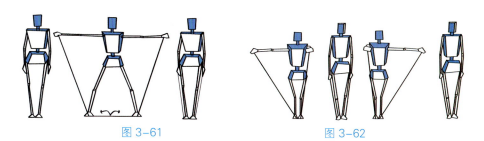

图 3-61   图 3-62

1 拍，跳成分腿开立，同时两臂提拉胶管至侧平举。

2 拍，跳成并腿立，同时两臂还原成预备姿势。

3 拍，同 1 拍。

4 拍，同 2 拍。

5 拍，跳成并腿半蹲姿势，同时两臂提拉胶管成左臂前平举，右臂侧平举。

6 拍，跳起还原成预备姿势。

7 拍，同 5 拍，但方向相反。

8 拍，同 6 拍。

（2）第 2~4 个八拍，同第 1 个八拍。

9. 整理运动（3×8 拍）

预备姿势：并腿立，右手握住四折的胶管。

（1）第 1、第 2 个八拍，原地踏步。（图 3-63）

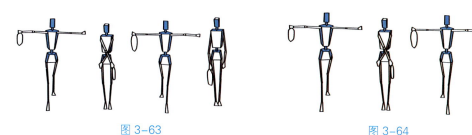

图 3-63   图 3-64

（2）第 3 个八拍（图 3-64）

1 拍，左腿屈膝抬平，小腿自然下垂，同时两臂向侧摆至侧平举。

2 拍，左腿还原成直立，同时两臂放松下摆至腹前自然交叉。

3 拍，同 1 拍，换右腿做。

4 拍，同 2 拍。

5~8 拍，同 1~4 拍。

（注：中小学生健力操由北京朝阳区教研中心　孙卫华编写）

転1=C

6 67 1̲ 7̲ 7̲ 1̲ 2 | 3̲ 2̲ 1̲ 7̲ 1̲ 1̲ 1̲ | 5 - 4̲ 3 | 3· 1̲ 1̲ 7 | 1 - 2̲ 3 |

3̇ - 2̇ 6 | 6̇ - 5̇ ♭5̇ | 3̇· 2̲ 2̲ 3 | ♭5̲ 5̲ 5̲ 5̲ ♭6̲ ♭6̇ | 7̇ - - - |

1̇ 1̇ 1̇ 1̇ - - | 2̇ 2̇ 2̇ 2̇ - - | 3̇ 3̇ 3̇ 3̇ 3̇ 3̇ 3̇ 3̇ 3̇ 3̇ 3̇ 3̇ | 3̇ 0 0 0 ‖

扫描看视频

第三节 中小学生秧歌操

这是两套手持彩绸的秧歌操，是将秧歌舞的基本步伐与基本体操相结合而创编的。通过秧歌操的练习，学生不仅增强了体质，而且对我国的民间广场文体艺术得到进一步的了解。小学秧歌操的特点是轻盈活泼，在队形变化基础上动作起伏大。音乐以东北秧歌为主，风格明快，节奏有力。中学秧歌操的主要特点是动作幅度大，步伐平稳有弹性，手臂的摆动有韧性，动律变化鲜明，情绪欢快豪放。

一、小学生秧歌操

1. 头部运动（4×8拍）

预备姿势：两腿并拢，两手分别握绸一角，臂在体侧自然下垂。

（1）第1个八拍

1~4拍，半蹲，两手叉腰，头向左转，还原直立，然后半蹲向右转头还原直立。（图3-65）

5~8拍，直立，头向左侧前上方仰头，右臂随之向左侧上方伸出还原，然后向相反方向做一次。（图3-66）

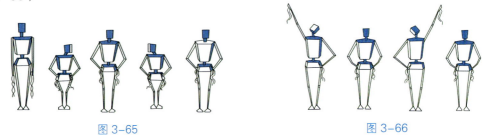
图3-65   图3-66

（2）第2个八拍

1~4拍，半蹲，低头两臂体前交叉抱肘二拍，直立，抬头两臂向体侧上方举2拍。（图3-67）

5~8拍，同1~4拍动作。

（3）第3个八拍（图3-68）

1~4拍，半蹲，两手叉腰，头向左转，还原直立，然后向相反方向再做1次。

5~8拍，直立，两臂侧平举，头从左起绕动1周。

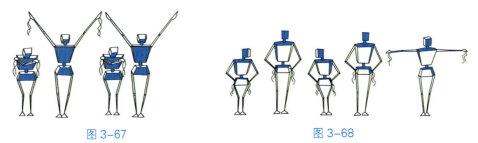
图3-67   图3-68

（4）第4个八拍，同第3个八拍，方向相反。

2. 伸展运动（4×8拍）

预备姿势：直立。

（1）第1个八拍（图3-69）

1~4拍，走秧歌步由散点队形变成密集纵队。

秧歌步跳法如下：①左脚向右前上1步，两臂微屈在胸前向左摆动。②右脚向左前上1步，两臂微屈在胸前向右摆动。③左脚向左后退1步，两臂微屈在胸前向左摆动。④右脚向右后退1步，两臂微屈在胸前向右摆动。

5~8拍，原地踏步2次，下蹲，两手体侧撑地。

（2）第2个八拍（图3-70）

1~4拍，每纵队单数人不动，双数人随拍起立两臂在头上向左右摆动各两次。

5~8拍，双数人原地左后转弯走一周，同时两臂在头上向左右摆动。

图 3-69　　　　　　　　　　　　图 3-70

（3）第3个八拍

同第2个八拍，唯有单双数人互换动作。

（4）第4个八拍

全体做秧歌步，由一路纵队变成密集二路纵队，单、双数人背向站立（图3-71）。

注：该节起伏动作，两臂先头上或胸前摆动均可以。

图 3-71

3. 肩胸运动（4×8拍）

预备姿势：直立，臂下垂。

（1）第1个八拍（图3-72）

1~4拍，直立，两手反叉腰，向上提肩2次。

5~8拍，直立，两手反叉腰，向前、向后扣肩各1次。

（2）第2个八拍（图3-73）

1~4拍，左脚向前成弓步，两臂侧平举，上体正直，向前做绕肩2次。

5~8拍，上体正直，两臂侧平举，向后做绕肩2次。

（3）第3、第4个八拍，同第1、第2个八拍。

图 3-72

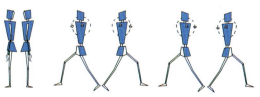

图 3-73

4.四肢运动（4×8拍）

预备姿势：直立、臂下垂。

（1）第1个八拍图

1~4拍，原地走秧歌步，成二人一横排面向前。（图3-74）

5~8拍，直立，两臂经体前交叉向斜上方绕臂（稍蹲）至二人外侧臂斜上举，内侧臂斜下举，同时内侧脚向外伸出点地。（3-75）

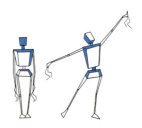

图3-74　　　　　　　　　　　　图3-75

（2）第2个八拍（图3-76）

1~4拍，二人均由外侧脚开始走秧歌步一周。

5~8拍，同第一八拍的5~8拍，动作相反。

（3）第3、第4个八拍，同第1个、第2个八拍。

5.踢腿运动（4×8拍）

预备姿势：直立，臂下垂。

（1）第1个八拍（图3-77）

1~4拍，秧歌步走回散点队形成向左方向。

5~8拍，向前踢外侧腿，同时两臂向前平举，然后向后踢腿，同时双臂用力上举，抬头。

（2）第2个八拍（图3-78）

1~4拍，秧歌步原地由外侧走成向右方向。

5~8拍，同第1个八拍的5～8拍。

（3）第3个八拍同第1个八拍。

（4）第4个八拍同第2个八拍。

图3-76

图3-77　　　　　　　　　　　　图3-78

6.肩臂运动（4×8拍）

预备姿势：直立，臂下垂。

（1）第1个八拍（图3-79、图3-80）

1~4拍，左脚向左侧迈一步，右脚随之向左脚并拢，下蹲，两臂向左侧前平举，然后向相反方向做一次。

5~6拍，半蹲，同时两臂由体右前经头上绕臂一周。

7~8拍，左脚支撑，右脚点地，同时左臂斜上举，右臂斜下举。

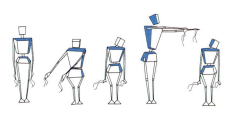

图 3-79

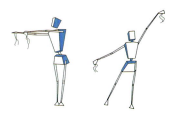

图 3-80

（2）第2个八拍，同第1个八拍，动作相反。

（3）第3个八拍同第1个八拍。

（4）第4个八拍同第2个八拍。

7. 体侧运动（4×8拍）

预备姿势：直立，臂下垂。

（1）第1个八拍（图3-81、图3-82）

1~4拍，原地走秧歌步。

5~6拍，屈右膝同时左臂侧举右臂上举，上体左侧屈左脚侧出点地。

7~8拍，屈右膝，左脚向右后方伸出点地，两臂从下经左、上、到右臂侧举左臂上举，还原预备姿势。

图 3-81

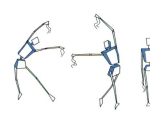

图 3-82

（2）第2个八拍，同第1个八拍，方面相反。

（3）第3个八拍同第1个八拍。

（4）第4个八拍同第2个八拍。

8. 体转运动（4×8拍）

预备姿势：直立，臂下垂。

（1）第1个八拍（图3-83、图3-84）

1拍，左脚从前向右侧迈一步成交叉步转体，双手经右侧至头上向左甩绸。

2拍，踏点步。

图 3-83

图 3-84

3 拍，同 1 拍方向相反。

4 拍，同 2 拍方向相反。

5~8 拍，向左转体 1 周。

（2）第 2 个八拍，同第 1 个八拍，方向相反。

（3）第 3 个八拍同第 1 个八拍。

（4）第 4 个八拍同第 2 个八拍。

9. 腹背运动（4×8 拍，图 3-85）

预备姿势：直立，臂下垂。

（1）第 1 个八拍

1~4 拍，秧歌步走成每 4 人一组的小圆圈，面向圆心站立。

5~6 拍，左脚向圆心迈出成弓步，同时两臂由体侧向前平伸上体随之前倒。

7~8 拍，上体向后仰，同时两臂斜上举。

（2）第 2 个八拍

1~4 拍，左脚开始，左后转，走秧歌步成面向圆外。

5~8 拍，同第 1 个八拍第 5~8 拍，唯有右脚向前迈出成弓步。

（3）第 3 个八拍

1~4 拍，右脚开始，右后转，走秧歌步成面向圆心。

5~8 拍，同第 1 个八拍 5~8 拍。

（4）第 4 个八拍，同第 2 个八拍。

图 3-85

10. 全身运动（4×8 拍）

预备姿势：直立，臂下垂，面向圆外。

（1）第 1 个八拍（图 3-86）

1~4 拍，左脚开始点地，右脚踏步，左后转向圆心，同时两臂向前摆动两次。

5~6 拍，直立，两臂向头上甩绸。

7~8 拍，全蹲，低头，两手扶脚面。

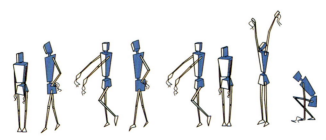

图 3-86

（2）第2个八拍（图3-87）

1~2拍，提臂。

3~4拍，下蹲。

5~6拍，同1~2拍。

7~8拍，同3~4拍。

（3）第3个八拍，同第1个八拍，但方向相反。

（4）第4个八拍，同第2个八拍。

11. 跳跃运动（4×8拍）

预备姿势：直立，臂下垂。

（1）第1个八拍（图3-88）

1拍，左脚落地，右脚屈膝后踢，右臂上摆甩绸，左臂下摆甩绸。

2拍，同1拍方向相反。

3拍，同1拍。

4拍，同2拍，回散点队形。

5~7拍，向左原地跑跳一周，两臂稍屈胸前摆动。

8拍，两腿并拢稍屈膝面向圆心，两臂侧举。

（2）第2个八拍（图3-89）

1~4拍，两腿并拢向左双足跳3次，然后停步。

5~7拍，两腿并拢向右双足跳3次。

8拍，面向前还原站立。

（3）第3个八拍同第1个八拍。

（4）第4个八拍同第2个八拍。

12. 整理运动（4×8拍）

预备姿势：直立，臂下垂。

（1）第1个八拍（图3-90）

1~4拍，原地秧歌步。

5拍，两臂经侧到上举，充分伸展，伸膝提踵。

6拍，两膝微屈，两臂经侧向下摆。

7拍，右腿支撑，左脚右前点地，右臂上举，左臂侧举，抬头挺胸。

8拍，还原。

（2）第2个八拍，同第1个八拍，方向相反。

（3）第3个八拍同第1个八拍。

（4）第4个八拍同第2个八拍。

图 3-87

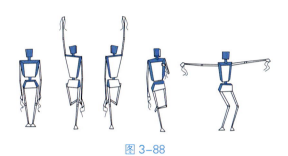

图 3-88

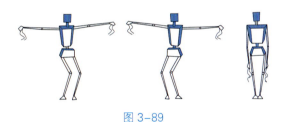

图 3-89

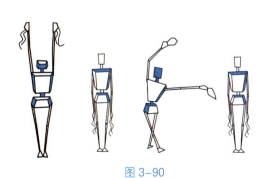

图 3-90

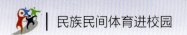

小学生秧歌操曲谱

1= C 4/4

张 伟曲

$\overset{\sim}{\underset{2}{\text{·}}}$ - - - | 5 - 6 $\dot{1}$ | $\dot{2}$ - - - | $\dot{2}$ - - - | $\dot{2}$ - - - | $\dot{2}$ 0 0 0 |

0 0 0 0 | 0 0 0 0 ‖: 2 5 5 6 $\dot{1}$ | 6 5 3 2 - | $\dot{1}$ $\dot{1}$ 6 $\dot{1}$ $\dot{2}$ $\dot{3}$ |

$\dot{2}$ - - - | $\dot{1}$. $\dot{2}$ 5 5 $\dot{3}$ | $\dot{2}$. $\dot{3}$ $\dot{2}$ $\dot{1}$ 0 | $\dot{2}$ $\dot{2}$ $\dot{3}$ $\dot{2}$ $\dot{1}$ 6 | 5 - - - |

5 5 6 2 - | 5 5 6 2 - | 5 5 5 3 3 $\dot{2}$ | $\dot{1}$ - - - | $\dot{2}$ $\dot{2}$ $\dot{1}$ 6 - |

$\dot{2}$ $\dot{2}$ $\dot{2}$ $\dot{1}$ 6 - | $\dot{2}$ $\dot{2}$ $\dot{2}$ $\dot{3}$ $\dot{2}$ $\dot{1}$ 6 | 5 - - - :‖: 2 5 5 6 $\dot{1}$ 6 5 2 |

2 5 6 $\dot{1}$ $\dot{2}$ 0 0 | $\dot{2}$ 5 5 $\dot{2}$ 5 $\dot{2}$ $\dot{1}$ 6 | $\dot{2}$ $\dot{2}$ $\dot{1}$ 6 5 0 0 :‖ 2 5 5 6 $\dot{1}$ 6 5 2 |

2 5 5 6 $\dot{1}$ 6 5 2 | 5 $\dot{1}$ $\dot{1}$ $\dot{2}$ $\dot{3}$ $\dot{2}$ $\dot{1}$ 6 | 5 $\dot{1}$ $\dot{1}$ $\dot{2}$ $\dot{3}$ $\dot{2}$ $\dot{1}$ 6 | $\dot{2}$ $\dot{1}$ 6 $\dot{2}$ $\dot{1}$ 6 |

$\dot{2}$ $\dot{1}$ 6 $\dot{2}$ $\dot{1}$ 6 | $\dot{2}$ - - - | $\dot{2}$ - - $\dot{2}$ $\dot{3}$ | 5 - $\dot{3}$. $\dot{2}$ $\dot{3}$ $\dot{1}$ | $\dot{2}$ - - $\dot{2}$ $\dot{3}$ |

5 - $\dot{3}$. $\dot{5}$ $\dot{3}$ $\dot{1}$ | $\dot{2}$ - - - | 5 . 5 5 $\dot{2}$ 5 | $\dot{3}$ $\dot{2}$ $\dot{3}$ $\dot{1}$ - | $\dot{2}$. $\dot{3}$ $\dot{2}$ 5 $\dot{1}$ |

6 - - $\dot{2}$ $\dot{3}$ | 5 - $\dot{3}$. $\dot{2}$ $\dot{3}$ $\dot{1}$ | $\dot{2}$ - - $\dot{2}$ $\dot{3}$ | 5 - $\dot{3}$. $\dot{5}$ $\dot{3}$ $\dot{1}$ | $\dot{2}$ - - - |

5 . 5 5 $\dot{2}$ 5 | $\dot{3}$ $\dot{2}$ $\dot{3}$ $\dot{1}$ - :‖ $\dot{2}$. $\dot{3}$ $\dot{2}$ $\dot{1}$ 6 | 5 - - - ‖: 2 5 5 6 $\dot{1}$ 6 5 2 |

2 5 6 $\dot{1}$ $\dot{2}$ 0 0 | $\dot{2}$ 5 5 $\dot{2}$ 5 $\dot{2}$ $\dot{1}$ 6 | $\dot{2}$ $\dot{2}$ $\dot{1}$ 6 5 0 0 :‖ 2 5 5 6 $\dot{1}$ 6 5 2 |

2 5 5 6 $\dot{1}$ 6 5 2 | 5 $\dot{1}$ $\dot{1}$ $\dot{2}$ $\dot{3}$ $\dot{2}$ $\dot{1}$ 6 | 5 $\dot{1}$ $\dot{1}$ $\dot{2}$ $\dot{3}$ $\dot{2}$ $\dot{1}$ 6 | $\dot{2}$ $\dot{1}$ 6 $\dot{2}$ $\dot{1}$ 6 |

$\dot{2}$ $\dot{1}$ 6 $\dot{2}$ $\dot{1}$ 6 | $\dot{2}$ - - - | $\dot{2}$ - - $\dot{2}$ $\dot{3}$ | $\dot{2}$ $\dot{2}$ $\dot{1}$ 6 $\dot{2}$ $\dot{1}$ | $\dot{2}$ $\dot{1}$ $\dot{1}$ 6 $\dot{2}$ - |

$\dot{3}$ $\dot{3}$ $\dot{2}$ $\dot{1}$ $\dot{2}$ $\dot{3}$ | $\dot{2}$ - - - | 5 5 6 5 5 6 | $\dot{2}$ $\dot{2}$ $\dot{3}$ $\dot{2}$ $\dot{1}$ 6 | $\dot{2}$ $\dot{2}$ $\dot{3}$ $\dot{2}$ $\dot{1}$ 6 |

5 - - - | $\dot{2}$ 5 5 6 $\dot{1}$ | 6 5 3 2 - | $\dot{1}$ $\dot{1}$ 6 $\dot{1}$ $\dot{2}$ $\dot{3}$ | $\dot{2}$ - - - |

$\dot{1}$. $\dot{2}$ 5 5 $\dot{3}$ | $\dot{2}$. $\dot{3}$ $\dot{2}$ $\dot{1}$ 6 | $\dot{2}$ $\dot{2}$ $\dot{3}$ $\dot{2}$ $\dot{1}$ 6 | $\dot{2}$ - - - | $\dot{2}$ 0 0 0 ‖

二、中学生秧歌操

1. 头部运动（4×8拍）

预备姿势：两脚起踵立，两手插腰。

（1）第1个八拍（图3-91）

1拍，左脚跟落下，右脚屈膝起踵立，滚动步，同时低头。

2拍，右脚跟落下，左脚屈膝起踵立，滚动步，同时头还原。

3拍，滚动步，同时头后屈。

4拍，滚动步，同时头还原。

5拍，滚动步，同时头左转。

6拍，滚动步，同时头还原。

7拍，滚动步，同时头右转。

8拍，滚动步，同时头还原。

图3-91

（2）第2个八拍，同第1个八拍，但第8拍成直立。

（3）第3个八拍（图3-92）

1拍，左脚向左侧迈步，同时两臂向左摆动，横扭步，头向左转。

2拍，右脚向左前交叉步，同时两臂经下向右摆动，横扭步，头向右转。

3~4拍，左脚向左迈出踏步，接着右、左脚跳步，同时两臂向下经左绕环至左臂侧举。右臂胸前平屈，头随臂绕环方向转动。

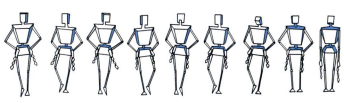

图3-92

5~8拍，同1~4拍动作，但方向相反。

（4）第4个八拍，同第3八拍，但第8拍成直立。

2. 伸展运动（4×8拍）

预备姿势：直立。

（1）第1个八拍（图3-93、图3-94）

1拍，左脚向右前方迈1步，同时两臂左摆（十字步）。

2拍，右脚向左前方迈1步，同时两臂右摆（十字步）。

3拍，左脚向后撤，同时两臂左摆（十字步）。

4拍，右脚向后撤，同时两臂右摆（十字步）。

5拍，两腿屈伸1次，上体向左转45度，同时两臂经前向上甩臂1次。

6拍，两腿屈伸1次，上体向右转45度，同时两臂经前向上甩臂1次。

7~8拍，用5~6拍。

图3-93

图3-94

（2）第2个八拍，同第1个八拍

（3）第3个八拍（图3-95、图3-96）

1~4拍，左脚步开始向前2步，第3步左脚后退一步，第4步右脚后退一步成直立，同时两臂左右摆动（进二退步）。

5拍，左脚向前一步，重心前移成后点地立，同时两臂经前至侧上举，抬头。

6拍，重心后移成后弓步，同时两臂经前至后举，掌心向上。

7拍，同5拍动作。

8拍，还原成直立，同时两臂落下成胸前平屈。

（4）第4个八拍，同第3个八拍。

图3-95

图3-96

3.肩部运动（4×8拍）

预备姿势：直立。

（1）第1个八拍（图3-97）

1~4拍，从左向后转体180度，左脚开始向前迈3步（平扭步），第4步成直立，同时左臂开始两臂伸直依次向前绕环（左臂绕2周半，右臂绕1周半）。

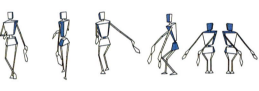
图3-97

5~8拍，蹲转180度，同时两臂向下左右摆动。

（2）第2个八拍

1~4拍，向前走四步，两臂胸前平屈，掌心向外，同时从右臂开始，以胸带肩依次向前绕环。（图3-98）

5~8拍，原地顿步，同时两臂上举左右摆动。（图3-99）

图3-98

图3-99

（3）第3个八拍，同第1个八拍。

（4）第4个八拍，同第2个八拍。

4.扩胸运动（4×8拍）

预备姿势：直立。

（1）第1个八拍（图3-100、图3-101）

1~4拍，十字步。

5 拍，向右转体 45 度，左脚向前迈出一步成后点地立，同时两臂体前交叉经前至侧举，掌心向前。

6 拍，重心后移成前点地立，右腿微屈，同时两臂还原成体前交叉。

7 拍，重心前移成 5 拍的姿势。

8 拍，向左转体 45 度还原成直立。

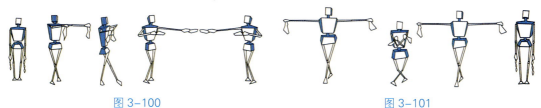

图 3-100　　　　　　　　　　　　　图 3-101

（2）第 2 个八拍

1~4 拍，左腿起步的十字步。

5~8 拍，同第 1 个八拍的 5~8 拍的动作，但方向相反。

（3）第 3 个八拍（图 3-102）

1~4 拍，二进二退步，同时两臂左右摆动。

5 拍，左脚向前迈出一步成后点地立，同时两臂体前交叉经前于侧举（掌心向前）扩胸。

6 拍，重心后移成前点地立（右腿微屈），同时两臂还原成体前交叉。

7 拍，重心前移成 5 拍的姿势。

8 拍，还原成直立。

（4）第 4 个八拍（图 3-103）

1~4 拍，左腿起步的二进二退步。

5~8 拍，同第 3 个八拍的 5~8 拍的动作。

图 3-102　　　　　　　　　　　　　图 3-103

5. 体侧运动（4×8 拍）

预备姿势：直立。

（1）第 1 个八拍（图 3-104、图 3-105）

1~3 拍，向左转体 90 度，左脚开始向前迈 3 步，两臂左右摆动（平扭步）。

4 拍，左腿直立，右腿贴近左腿后屈，同时两臂经下向右绕至左臂侧举，右臂上举托掌。（顺风旗）上体左侧屈。

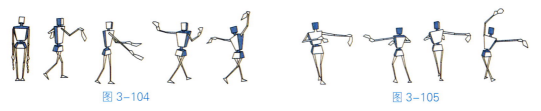

图 3-104　　　　　　　　　　　　　图 3-105

5~7拍，向左转体90度，右脚开始的平扭步3步。

8拍，右腿直立，左腿贴近左腿后屈，同时两臂经下向左绕至右臂侧举，左臂上举托掌，上体右侧屈。

（2）第2个八拍，同第1个八拍，但第8拍成直立。

（3）第3、第4个八拍，同第1个八拍，但向右转体，右脚开始。

6.体转运动（4×8拍）

预备姿势：直立。

（1）第1个八拍（图3-106、图3-107）

1~2拍，向左转体90度，平扭第二步，两臂向左右摆动。

3拍，左脚落地同时向右转体90度，两臂向左摆动。

4拍，向右转体90度，同时右腿向后撤一步成后弓步，上体前倾，左臂前摆，右臂后摆。

5拍，两臂经下摆至右臂前摆，左臂后摆，同时上体左转。

6拍，两臂经下摆至右臂前摆，右臂后摆，同时上体右转。

7拍，同5拍。

8拍，左腿蹬地还原成直立。

图3-106　　　　　　　　　　　　　图3-107

（2）第2~4个八拍，同第1个八拍，但第4个八拍的第8拍向右转体90度还原成直立。

7.踢腿运动（4×8拍）

预备姿势：直立。

（1）第1个八拍（图3-108、图3-109）

1~4拍，十字步成直立，膝稍屈。

5拍，两腿伸直右腿起踵，左腿向前踢起至90度，同时左臂侧举，右臂上举，掌心向下。

6拍，还原成4拍的姿势。

7拍，同5拍的动作，但方向相反。

8拍，还原成直立。

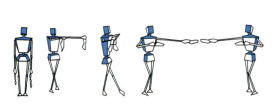 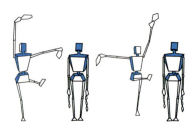

图3-108　　　　　　　　　　　　　图3-109

（2）第2个八拍，同第1个八拍。

（3）第3个八拍（图3-110）

1~2拍，向左横扭步。

3拍，右腿后踢，同时两臂上摆。

4拍，成直立，掌心向前。

5~8拍，同1~4拍，但方向相反。

（4）第4个八拍，同第3个八拍。

8. 全身运动（4×8拍）

预备姿势：直立。

（1）第1个八拍（图3-111）

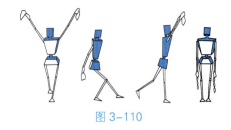

图 3-110

1~3拍，十字步2步，第3步左腿向后撤一大步成前弓步，同时左臂后摆，右臂经屈肘经胸前绕至前举，掌心向上。

4拍，右脚蹬地收回成右侧点地立，两臂侧举。

5~8拍，同1~4拍，但从右脚开始，动作方向相反。

（2）第2~4个八拍，同第1个八拍，但最后一拍成直立。

图 3-111

9. 跳跃运动（4×8拍）

预备姿势：直立。

（1）第1个八拍（图3-112、图3-113）

1拍，左脚向前迈1步，两臂左摆。

2拍，右脚向前跳1步，同时收左腿靠在右小腿，并向左转体90度。两眼看右手。

图 3-112

3~4拍，向左转体90度向前跑2步，两臂左右上摆。

5拍，原地左脚跳，右腿腿微屈，右膝靠近左腿，左臂侧摆右臂上摆。

6拍，同5拍方向相反。

7~8拍，原地跳2次，两臂左右上摆。

（2）第2个八拍（图3-114、图3-115）

图 3-113

1拍，左腿向前跳1次，右腿靠近左腿，两臂左摆，同时向右转体90度，两眼看左手。

2拍，右腿向右侧跳1步，左腿靠近右腿，两臂右摆，两眼看右手。

3~4拍，身体向左转体90度，向前跑2步，两臂上举左右摆动。

5~6拍，同第1个八拍5~6拍。

7~8拍，同第1个八拍7~8拍。

图 3-114

图 3-115

（3）第3个八拍，同第1个八拍。

（4）第4个八拍，同第2个八拍。

10.整理运动（4×8拍）

预备姿势：直立。

（1）第1个八拍，原地两个十字步。（图3-116）

（2）第2个八拍，原地顿步。（图3-117）

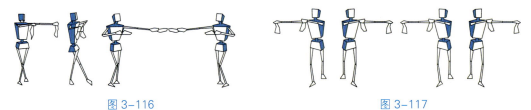

图3-116　　　　　　　　　　　　　图3-117

（3）第3个八拍，原地向前踢腿摆臂。（图3-118）

（4）第4个八拍（图3-119）

1~2拍，左腿向前迈一步，重心随之前移，两臂经两侧斜上举，稍抬头。

3~4拍，右腿微屈左腿伸直，重心移到右腿，两臂从斜上举经前至斜下举。

5~6拍，同1~2拍。

7~8拍，两腿还原成直立，两臂从斜上举经上举慢慢往下按掌至腹前。

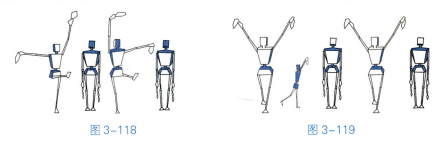

图3-118　　　　　　　　图3-119

（注：中小学生秧歌操由首都体育学院王少甫、北京工业大学江辉编写）

中学生秧歌操曲谱

张 伟曲

$1= C \frac{4}{4}$

0 0 0 $\underline{5\,6}$ | $\dot1$ — — $\underline{5\,6}$ | $\dot1$ — — $\underline{5\,6}$ | $\dot1$ — $\dot1\,6$ | $\dot1$ — $\dot2$ — |

$\dot5$ — — — | $\dot5$ — — — | $\dot5$ 0 0 0 | 0 0 0 0 | $\underline{5 \cdot \underline{3}}\,\underline{5\,6}\,\underline{\dot1 \cdot \underline{6}}$ |

$\underline{\dot1 \cdot \underline{\dot2}}\,\underline{\dot3\,\dot2}\,\dot1$ — | $\underline{\dot1 \cdot \underline{\dot2}}\,\underline{\dot3\,\dot5}\,\underline{\dot3\,\dot2}\,\dot1$ | $\underline{6 \cdot \underline{5}}\,\underline{6\,3}\,5$ — | $\underline{3 \cdot \underline{5}}\,\underline{6\,3}\,\underline{5 \cdot \underline{6}}$ |

$\underline{3 \cdot \underline{5}}\,\underline{6\,\dot1}\,5$ — | $\underline{3 \cdot \underline{5}}\,\underline{6\,\dot1}\,\underline{5\,6}\,\dot1\,\dot7$ | $\underline{6\,4}\,\underline{3\,2}\,\dot1\,\dot2$ | $\underline{5 \cdot \underline{3}}\,\underline{5\,6}\,\underline{\dot1 \cdot \underline{6}}$ |

$\underline{\dot1 \cdot \underline{\dot2}}\,\underline{\dot3\,\dot2}\,\dot1$ — | $\underline{\dot1 \cdot \underline{\dot2}}\,\underline{\dot3\,\dot5}\,\underline{\dot3\,\dot2}\,\dot1$ | $\underline{6 \cdot \underline{5}}\,\underline{6\,3}\,5$ — | $\underline{3 \cdot \underline{5}}\,\underline{6\,3}\,\underline{5 \cdot \underline{6}}$ |

3. 5 6 i 5 － ｜ 3. 5 6 i 5 6 i 7 ｜ 6 4 3 2 1 i 2̇ ｜ 3̇ － － i 2̇ ｜ 3̇ － － i 2̇ ｜

3̇. 5̇ 3̇. 5̇ 3̇ 2̇ ｜ i － － 6 i ｜ 2̇ － － 6 i ｜ 2̇ － － 6 i ｜ 2̇. 3̇ 7. 2̇ 7 6 ｜

5 － － － ｜ 3. 5 6 3 5. 6 ｜ 3. 5 6 i 5 － ｜ 3. 5 6 i 6 5 6 i ｜ 2̇ － － 0 3̇ ｜

2̇ 0 3̇ 2̇ 0 3̇ ｜ 2̇ 0 2̇ 0 2̇ 0 2̇ 0 ｜ 2̇ 2̇ 2̇ 2̇ 2̇ 2̇ 2̇ 2̇ ｜ 2̇ － － 2̇ 3̇ ｜

5. 6̇ 5 3 5 ｜ 3̇. 5̇ 3̇ 2̇ i － ｜ 5 6 i 6 5 3 ｜ 2 － － 2 3 ｜ 5. 6̇ 5 3 5 ｜

3̇. 5̇ 3̇ 2̇ 3̇ － ｜ i 2̇ 3̇ 2̇ i 6 5 ｜ 6 － － － ｜ 5. 6 5 6 i. 6 ｜ 5. i 6 5 3 － ｜

5 6 i 3 5 2 ｜ i － － i 2̇ ｜ 3̇ 3̇ 3̇ 3̇ 2̇ i i 2̇ ｜ 3̇ 3̇ 3̇ 3̇ 2̇ i － ｜

i. 2̇ 3̇ 5 3̇ 2̇ i 6 ｜ 2̇ － － i 2̇ ｜ 3̇ 3̇ 3̇ 3̇ 2̇ i 2̇ ｜ 3̇ 3̇ 5 3̇ 2̇ i － ｜

i. 2̇ 3̇ 5 3̇ 2̇ 7 6 ｜ 5 － － ｜ 5. 3̇ 5 6 i. 6 ｜ i. 2̇ 3̇ 2̇ i － ｜ i. 2̇ 3̇ 5 3̇ 2̇ i ｜

3. 5 6 3 5 － ｜ 3. 5 6 3 5. 6 ｜ 3. 5 6 i 5 － ｜ 3. 5 6 i 5 6 i 7 ｜

6 4 3 2 1 i 2̇ ｜ 3̇ 3̇ 3̇ 3̇ 2̇ i i 2̇ ｜ 3̇ 3̇ 3̇ 3̇ 2̇ i － ｜ i. 2̇ 3̇ 5 3̇ 2̇ i 6 ｜

i. 2̇ 3̇ 5 3̇ 2̇ 7 6 ｜ 5 － － ｜ 5. 3̇ 5 6 i. 6 ｜ i. 2̇ 3̇ 2̇ i － ｜ i. 2̇ 3̇ 5 3̇ 2̇ i ｜

3. 5 6 3 5 － ｜ 3. 5 6 3 5. 6 ｜ 3. 5 6 i 5 － ｜ 3. 5 6 i 5 6 i 7 ｜

6 4 3 2 1 i 2̇ ｜ 3̇ 3̇ 3̇ 3̇ 2̇ i i 2̇ ｜ 3̇ 3̇ 3̇ 3̇ 2̇ i － ｜ i. 2̇ 3̇ 5 3̇ 2̇ i 6 ｜

第四节　中小学生健舞操

这是一套以民族舞蹈基本动作为主的徒手体操。选用了民族舞蹈的典型动作，包括了藏族、蒙古族、维吾尔族、苗族、黎族、高山族、傣族等舞蹈素材。健舞操结合民族舞蹈的基本手臂动作、基本步伐、身体姿态的基本韵律，以徒手操的形式贯穿编创，以学生心理、生理年龄与教育特征为基础，可起到增强学生体质，发展学生协调能力和柔韧性，陶冶情操，振奋民族精神等教育作用，达到全面发展学生身心健康的目标。其特点是在以民族歌曲为主旋律的伴奏下进行。这种选用民族音乐、舞蹈素材的体操是为丰富中小学校大课间活动的一种尝试，仅供各中小学校广大师生参考试用。

一、小学生健舞操

1. 上肢运动（4×8拍）

预备姿势：小八字位站立，双臂自然下垂。

动作特点：维族舞蹈风格，女子动作挺拔向上，男子动作活泼、开朗。身体动律形成微颤而不蹿的风格。

（1）第1个八拍（图3-120）

1~2拍，右脚踏点步，同时双手于体前击掌。

3~4拍，继续踏点步，双臂于左侧上方翻腕，至掌心向上。

5~6拍，反复1~2拍动作。

7~8拍，同3~4拍，方面相反。

（2）第2个八拍（图3-121）

1~2拍，双脚成小八字位，做1次压脚跟，同时右手于头后"托帽"，左手上举掌心向外。

3~4拍，双脚继续压1次脚跟，双臂与1~2拍动作相反。

5~6拍，同1~4拍。

图3-120　　　　　　　　　　图3-121

（3）第3、第4个八拍，脚步不变，上肢做第1、第2个八拍的相反动作。

2. 肩胸运动（4×8 拍，图 3-122）

预备姿势：小八字位站立，双臂自然下垂。

动作特点：蒙族硬肩舞蹈风格，动作强劲、奔放。

（1）第 1 个八拍

1~2 拍，向左转体 45 度，做蹦跳步 1 次，成半蹲状，同时双手叉腰，低头含胸。

3~4 拍，双腿保持半蹲状态，展胸。

5~8 拍，脚不动，同 1~4 拍。

（2）第 2 个八拍

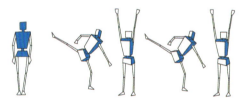

图 3-122

1~2 拍，脚不动，身体仰起，左肩自前向后绕环 1 次。

3~4 拍，脚不动，右肩自前向后绕环 1 次。

5~8 拍，双肩下压 3 次。

（3）第 3、第 4 个八拍，面向右前方做第 1、第 2 个八拍的右起动作。

3. 四肢运动（4×8 拍）

预备姿势：小八字位站立，双臂自然下垂。

动作特点：蒙族安代舞蹈风格，动作活泼，欢快、幅度大。

（1）第 1 个八拍（图 3-123）

1 拍，右脚向左前方跺一步，同时左腿向后屈膝抬起，右臂及身体由右肩带动下压。

2 拍，左脚落地微屈膝，右脚微离地；身体回到正面，双臂下垂。

3~4 拍，右脚跺步，同时双臂上扬。

5~8 拍，同 1~4 拍。

（2）第 2 个八拍（图 3-124）

1~8 拍，向左转体 90 度，马步蹲跳 8 次（要求每跳二下转体 90 度）；双手叉腰，头左右自然摆动（一拍一动）。

（3）第 3、第 4 个八拍，做第 1、第 2 个八拍的相反动作。

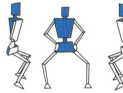

图 3-123

图 3-124

4. 髋部运动（4×8 拍）

预备姿势：小八字位站立，双臂自然下垂。

动作特点：苗族舞蹈风格，髋部动作较夸张，身体呈 S 形，动作欢快活泼。

（1）第 1 个八拍（图 3-125）

1~4 拍，左起旁走步摆髋（左脚向左迈 1 步，右脚跟上轻垫于左脚旁）连续 2 次，双臂直臂下垂，掌心向内，左右顺方向摆动，同时髋部随手方向自然摆动。第 4 拍回到预备位。

5~8 拍，做 1~4 拍的相反动作。

（2）第2个八拍（图3-126）

1~4拍，原地摆髋，双臂体前下垂左右摆动4次。

5~8拍，原地摆髋，双臂叉腰左右摆动3次，第8拍收右脚回到预备位。

（3）第3、第4个八拍，向右做第1个、第2个八拍的相反动作。

图3-125　　　　　　图3-126

5．踢腿运动（4×8拍）

预备姿势：小八字位站立，双臂自然下垂。

动作特点：苗族舞蹈风格，髋部动作较夸张，身体呈三道弯儿状，动作欢快、活泼。

（1）第1个八拍（图3-127）

1~2拍，左脚原地跺一步轻跳起，同时右脚屈膝勾脚向左前方踢起；左臂于头上举，掌心向上，右臂侧举，掌心向外。

3~4拍，换右脚跺步跳起，左脚勾踢；双臂保持姿势。

5~8拍，原地连续踢右腿2次。双臂保持姿态。

（2）第2个八拍（图3-128）

1~2拍，跺右脚原地跳起，同时左腿屈膝向后踢腿；双手自胸前向外推击掌。

3~4拍，做1~2拍反方向动作。

5~8拍，同1~4拍。

图3-127　　　　　　图3-128

（3）第3、第4个八拍，做第1、第2个八拍的相反动作。

6．体侧运动（4×8拍，图3-129、图3-130）

预备姿势：小八字位站立，双臂自然下垂。

动作特点：黎族舞蹈风格，动作欢快、轻巧、活泼、喜庆。

（1）第1个八拍

1~4拍，"三步一踢"（左脚起步向左走3步，第4步右腿勾脚屈膝向左前方踢起）；双臂于体侧下方45度交替画小圈。

5~8拍，做1~4拍的相反动作。

（2）第2个八拍

1~2拍，左脚落地屈膝，右脚勾脚离地；同时双臂自右向左绕环；

3~4拍，右脚勾脚落至右侧；身体向右侧屈，左臂上举掌心向上，右臂侧举掌心向外。

5~8拍，下肢不动；身体自右向左转动，同时，双手抖动。

（3）第3、第4个八拍，做第1个、第2个八拍的相反动作。

图 3-129　　　　　　　　图 3-130

7. 体转运动（4×8拍）

预备姿势：小八字位站立，双臂自然下垂。

动作特点：黎族舞蹈风格，动作欢快、轻巧、活泼、喜庆。

（1）第1个八拍（图1-131）

1~2拍，"前点步"（左脚向前迈一步，右脚紧跟于左脚旁点地）；双臂叉腰，身体向左自然拧动。

3~4拍，做1~2拍的相反动作。

5~6拍，同1~4拍。

（2）第2个八拍（图1-132）

1~2拍，吸右腿；同时身体向右拧转，双手于身体右侧腰部"掏手"推出，掌心向上。

3~4拍，做1~2拍的相反动作。

5~8拍，同1~4拍。

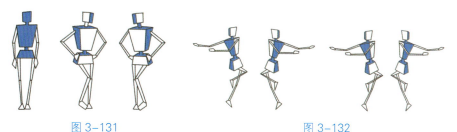

图 3-131　　　　　　　　图 3-132

（3）第3、第4个八拍，反复第1、第2个八拍的动作。

8. 全身运动（4×8拍）

预备姿势：小八字位站立，双臂自然下垂。

动作特点：台湾高山族舞蹈风格，欢快，活泼，动作幅度较大。

（1）第1个八拍（图1-133）

1~2拍，右脚向前迈一步，左脚跟于右脚旁点地；左小臂前举握拳拳心向内，右臂于右侧下方握拳。

3~4拍，做1~2拍的相反动作。

5~8拍，同1~4拍。

（2）第2个八拍（图1-134）

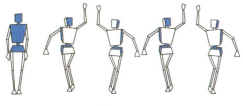

图 3-133

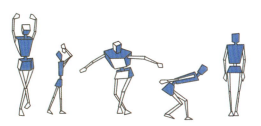

图 3-134

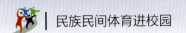
1~4拍，左脚起做进退步2个；进步时，双手握拳上举，仰头身体上展。退步时，双手握拳下落至体后，体前屈。

5~6拍，反复1~2拍动作。

7~8拍，立正。

（3）第3、第4个八拍，做第1、第4个八拍的相反动作。

9.跳跃动作（4×8拍，图3-135）

预备姿势：小八字位站立，双臂自然下垂。

动作特点：彝族舞蹈风格，动作欢快、活泼、跳跃性强。

（1）第1个八拍

1~2拍，迈左脚跳起，右脚屈膝后踢；双臂上举，掌心向上，以手腕为轴向外转动1圈。

3~4拍，迈右脚跳起，左脚屈膝后踢，双手叉腰。

5~8拍，同1~4拍。

（2）第2个八拍（图3-135）

1~4拍，向左转体45度，双膝微屈小碎步；同时左臂于体前掌心向前立掌，五指分开自然抖动；右臂手背后。

5~8拍，双脚蹦跳步2次（二拍一跳）；双臂下垂于身体两侧掌心向下；手腕弹动2次。

图3-135

（3）第3、第4个八拍，向右做第1、第2个拍的相反动作。

10.整理运动（4×8拍）

预备姿势：小八字位站立，双臂自然下垂。

动作特点：傣族舞蹈风格，动作平稳，脚下步伐有力，身体姿态形成S形。

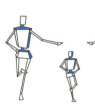

图3-136

（1）第1个八拍（图3-136）

1~8拍，做傣族平步4次（落左脚，髋部滑至左边，右脚左踢起，左臂于体侧自然摆动，然后做反方向动作）来回2次。

（2）第2个八拍（图3-137）

1~2拍，右脚向右迈1步，重心右移；双臂下垂。

3~4拍，身体慢慢下蹲，左脚于左侧屈膝点地，膝盖向左侧；身体成S形；双手叉腰。

5~8拍，做1~4拍的相反动作。

（3）第3、第4个八拍，同第1、第2个八拍。

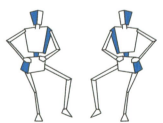

图3-137

小学生健舞操曲谱

张 伟 曲

$1= F$ $\frac{4}{4}$

谱例图（简谱）

$$6. \underline{5\,3\,2\,3} \mid 2. \underline{3\,2\,1\,6} \mid 2. \underline{3\,2\,1\,6\,5} \mid 6 - - - \mid \underline{1\,1\,3\,1\,3\,5\,3\,0} \mid$$

$$\underline{5\,5\,6\,5\,1\,3\,0} \mid \underline{1\,1\,3\,1\,3\,5\,1\,5\,3} \mid \underline{1\,5\,5\,5\,1\,2\,0} \mid \underline{1\,1\,{}^{\flat}3\,1\,3\,5\,3\,0} \mid$$

$$\underline{5\,5\,1\,5\,1\,{}^{\flat}3\,0} \mid \underline{5\,1\,1\,1\,5\,3\,5\,5\,5\,3} \mid \underline{2\,5\,5\,5\,2\,1\,0} \mid \underline{1\,1\,3\,1\,3\,5\,3\,0} \mid$$

$$\underline{5\,5\,6\,5\,1\,3\,0} \mid \underline{1\,1\,3\,1\,3\,5\,1\,5\,3} \mid \underline{1\,5\,5\,5\,1\,2\,0} \mid \underline{1\,1\,{}^{\flat}3\,1\,3\,5\,3\,0} \mid$$

$$\underline{5\,5\,1\,5\,1\,{}^{\flat}3\,0} \mid \underline{5\,1\,1\,1\,5\,3\,5\,5\,5\,3} \mid \underline{2\,5\,5\,5\,2\,1\,5\,5} \mid 1\,0\,0\,0 \parallel$$

二、中学生健舞操

1.上肢运动（4×8拍）

预备姿势：小八字位，双手自然下垂，头正直，眼看正前方。

动作特点：蒙族硬腕风格、动作豪迈、挺拔、舒展。手型要求：扳手（四指并拢，拇指张开）。提压手腕、臂波浪动作要有力度。

（1）第1个八拍（图3-138）

1～2拍，体前90度提、压腕1次。

3～4拍，体侧90度提、压腕。

5～8拍，同1～4拍。

（2）第2个八拍（图3-139）

1～8拍，左脚向后迈1步成支撑脚，右脚前点地；双臂侧举做交替"臂波浪"（左臂先起）3次，第8拍回到准备位。

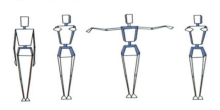 

图3-138   图3-139

（3）第3、第4个八拍，做第1、第2个八拍的相反动作。

2.肩胸运动（4×8拍，图3-140）

预备姿势：小八字位，直立。

动作特点：蒙族硬肩风格，动作挺拔、豪放、有力度、节奏鲜明。"勒马步"含胸、展胸动作幅度要大。

（1）第1个八拍

1～2拍，身体转向左前45度右脚进一步；同时双手握拳（左臂在前）自右向左画圈于体前含胸"拉缰绳"。

3~4 拍，右脚后退 1 步，同时身体后展成勒马状。

5~8 拍，同 1~4 拍。

（2）第 2 个八拍

1~8 拍，右脚在前"小踏步位"。双手叉腰做蒙族"硬肩"动作 3 次。

图 3-140

（3）第 3、第 4 个八拍，面向右前 45 度做第 1、第 2 个八拍的相反动作。

3. 四肢运动（4×8 拍）

预备姿势：小八字位，直立。

动作特点：蒙族硬腕风格，动作豪迈、挺拔、舒展。手型要求：扳手。

（1）第 1 个八拍（图 3-141）

1~4 拍，左脚起步向左横移两步；同时双臂由内向外交叉绕环 1 周成 90 度平举（掌心向下）。

5~6 拍，左脚向左横向迈 1 步成左侧弓步，同时双臂侧平举提压腕 1 次。

7~8 拍，左脚收回成小八字位。继续 1 次提压腕，只是左臂上提至斜上举。

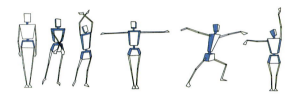

图 3-141

（2）第 2 个八拍，做第 1 个八拍的相反动作。

（3）第 3、第 4 个八拍，反复第 1、第 2 个八拍的动作。

4. 髋部运动（4×8 拍）

预备姿势：小八字位，直立。

动作特点：苗族舞蹈风格，动作欢快、活泼。髋部动态较大，女生身体呈 S 形。

（1）第 1 个八拍（图 3-142）

1~4 拍，左转 90 度迈右脚双脚开立，并右、左摆髋来回 2 次，同时双臂同方向"托按掌位"（右臂上举，掌心向上，左臂于胸前掌心向下）右左摆动来回 2 次（一拍一动）。

5~8 拍，右脚先起步做"苗族垫步" 2 次（右脚迈 1 小步，左脚跟随于右脚旁点地）；双臂于体侧下 30 度向前画圈，同时身体随髋、胸前后画圈。

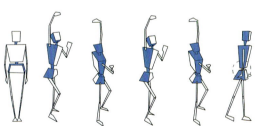

图 3-142

（2）第 2~4 个八拍，反复第 1 个八拍的动作，要求每一个八拍转体 90 度，最后一拍回到预备位。

5. 踢腿运动（4×8 拍）

预备姿势：小八字位，直立。

动作特点：苗族舞蹈动作风格，欢快、活泼。后踢腿时要求大腿尽可能高抬起。

（1）第 1 个八拍（图 3-143）

1 拍，左脚前踢成"踢毽"状；左小臂上举，右臂于斜下方，双手握拳。

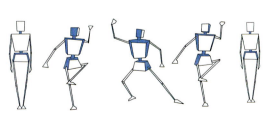

图 3-143

2 拍，双臂相反，左脚后撤成侧弓步。

3 拍，反复 1 拍动作。

4 拍，立正。

5~8 拍，做 1~4 拍的相反动作。

（2）第 2 个八拍（图 3-144）

1~2 拍，右脚踏跳 1 步，同时，左腿向后踢起弯曲；双手于体前击掌（要求击掌时手从体前向外用力）。

3~4 拍，做 1~2 拍的相反动作。

5~6 拍，反复 1~2 拍的动作。

7~8 拍，回到预备位。

（3）第 3、第 4 个八拍，做第 1、第 2 个八拍的相反动作。

图 3-144

6. 体侧运动（4×8 拍，图 3-145）

动作要求：新疆维吾尔族舞蹈风格，女子挺拔、高傲；男子活泼、开朗；身体动律微颤而不蹿。

（1）第 1 个八拍

1~2 拍，左脚原地跺一步；同时，双手于体下方翻腕。

3~4 拍，右脚后点地；左臂左上举，掌心向外，右臂于头后"托帽"，抬头、挺胸，身体随动律自然摆动（一拍一动重拍向左）。

5~6 拍，姿势不变，身体继续摆动。

7~8 拍，收右脚。

（2）第 2 个八拍

1~2 拍，左脚原地踏一步；双臂自左向右绕环。

3~4 拍，女生左腿弯屈，右脚旁点地；双臂落至左臂头上举，掌心向上，右臂右侧举，掌心向外；同时腰向右屈。男生左腿弯屈，右脚于右侧勾脚；双手于身体右侧握拳拇指翘起。同时腰向右屈。

图 3-145

5~6 拍，女生：身体随动律向左摆动 1 次。男生：身体向右摆动 1 次。

7~8 拍，收回预备位

（3）第 3、第 4 个八拍，向右做第 1、第 2 个八拍的相反动作。

7. 体转运动（4×8 拍）

预备姿势：小八字位，直立。

动作特点：新疆维吾尔族舞蹈风格，女子挺拔、高傲；男子活泼、开朗；身体动律微颤而不蹿。

（1）第 1 个八拍（图 3-146）

1 拍，右脚进一步，重心移至右脚，左脚微离地；同时，双手臂于体前交叉。

2 拍，左脚落地；双臂向身体两侧打开。

3 拍，右脚后退一步，重心移至右脚，左脚微离地；同时，右手扶左肩，左手背后。

4 拍，左脚落地。

5~6 拍，反复 1~2 拍动作。

7~8 拍，左手扶右肩，右手背后。

（2）第 2 个八拍（图 3-147）

图 3-146

1~8拍，以左脚为动力腿，原地"踏点步"右转360度（一拍一动）。

（3）第3、第4个八拍，做第1、第2个八拍的相反动作。

8.全身运动（4×8拍）

预备姿势：小八字位，直立。

动作特点：藏族弦子舞风格，粗犷、豪放。双膝颤动，重心较向下，双臂甩袖动作要舒展。

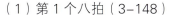

图 3-147

（1）第1个八拍（3-148）

1~4拍，藏族"三步一撩"（左脚起步向左走3步，第4步右脚向左前方撩踢起）；双臂于身体两侧，掌心向下，第4步右手自下向左上方甩袖。身体自然摆动。

5~8拍，做1~4拍的相反动作。

（2）第2个八拍（图3-149）

1~2拍，左脚后退一步，同时右脚微离地，双臂于体侧向下甩袖；身体前屈。

3~4拍，双臂向斜上方甩袖。

5~8拍，同1~4拍。

（3）第3、第4个八拍，向右做第1、第2个八拍的相反动作。

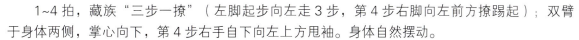

图 3-148　　　　　　　　　　　　图 3-149

9.跳跃运动（4×8拍）

预备姿势：小八字位，直立。

动作特点：藏族踢踏风格，动作要有节奏；上体保持不动，下肢幅度要大。

（1）第1个八拍（图3-150）

1~6拍，右脚经后勾踢落至左前方，同时左脚原地跳4次；双臂于体侧下方随节奏前摆3次（二拍一动）。

7~8拍，收右脚，成并步；双手侧平举掌心向下。

（2）第2个八拍（图3-151）

1拍，双脚、左脚、右脚依次跳起落地，重心在左脚。双臂保持侧举。

2拍，双脚回到正步位；上体保持不动。

3~6拍，反复1~2拍动作2次。

7~8拍，收至预备姿势。

（3）第3、第4个八拍，做第1、第2个八拍的相反动作。

图 3-150

图 3-151

10. 整理运动（4×8拍，图 3-152）

预备姿势：小八字位，直立。

动作特点：藏族弦子风格，上身松弛，脚下有弹性。

（1）第1个八拍

1~8拍，左脚起步向前"三步一撩"2次，双臂慢慢上举，掌心向上。

（2）第2个八拍

1~2拍，向右迈右脚，轻轻落地，双手叉腰。

3~4拍，左脚落在右脚旁，脚跟落地。

5~8拍，做 1~4 拍的相反动作。

（3）第3个八拍

1~8拍，向后退做"三步一撩"2次，双臂慢慢下落于体侧掌心向上。

（4）第4个八拍

1~8拍，动作同第2个八拍。

图 3-152

中学生健舞操曲谱

张 伟曲

1= F 4/4

（曲谱）

2 5 5 5 2 1 5 6 7 | i － － 7 6 7 | i － － － | 7. 2 2 3 2 i 7 6 |

7 5. 5 5 6 7 | i － － 7 6 7 | i － － － | 7. i 7 6 5 4 3 4 | 4 2. 2 － |

5 5 5 i. 7 6 7 i. 6 | 5 5 5 i. 6 5 6 5 4 3 | 5 5 6 5 4 3. 2 3 4 | 5 － － － |

5 5 5 i. 7 6 7 i. 6 | 5 5 5 i i 6 5 6 5 4 3 | 1 1 2 3 5 4 3 4 | 4 2. 2 2 3 |

5 － － 6 i | i － － － | i. 2 2 i 6 5 | 5 － － － | 5 － － 6 i |

1 － － 6 i | 2. 3 5 5 3 2 3 2 1 | 1 － － － | 1 1 3 1 3 5 3 0 |

5 5 6 5 1 3 0 | 1 1 3 1 3 5 i 5 3 | 1 5 5 5 1 2 0 | 1 1 3 1 3 5 3 0 |

5 5 i 5 1 3 0 | 5 i i i 5 3 5 5 5 3 | 2 5 5 5 2 1 0 | 1 1 3 1 3 5 3 0 |

5 5 6 5 1 3 0 | 1 1 3 1 3 5 i 5 3 | 1 5 5 5 1 2 0 | 1 1 3 1 3 5 3 0 |

5 5 i 5 1 3 0 | 5 i i i 5 3 5 5 5 3 | 2 5 5 5 2 1 5 5 | i 0 0 0 ‖

（注：中小学生健舞操由北京市丰台区教育学院　朱雪平编写）

第五节　武术操与搏击操

一、小学生武术操

1.马步冲拳（4×8拍，发声）

预备姿势：两腿并拢两臂体侧自然下垂。

（1）第1个八拍（图3-153）

1~2拍，开左腿，举右拳，左手按掌。

3~4拍，并右腿砸拳。

5拍，出右腿成开步打右拳。

6拍，腿不动，打左拳。

7拍，并左脚抱拳。

8拍，还原到立正姿势。

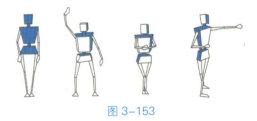

图3-153

（2）第2个八拍，同第1个八拍，方向相反。

（3）第3个八拍（图3-154）

1~2拍，开左腿，举右拳，左手按掌。

3~4拍，并右腿砸拳。

5~6拍，出右腿成马步，体侧双出拳。

7拍，并左脚抱拳。

8拍，还原到立正姿势。

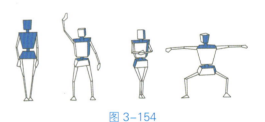

图3-154

（4）第4个八拍

同第3个八拍，方向相反。

2.虚步架掌（4×8拍，图3-155）

预备姿势：直立。

第1个八拍，插掌、虚步架掌。

第2个八拍，同第1个八拍，方向相反。

第3个八拍，双摆掌。

第4个八拍，同第3个八拍，方向相反。

图3-155

3.开步勾手（4×8拍，图3-156）

预备姿势：直立。

第1个八拍，勾手。

第2个八拍，同第1个八拍，方向相反。

第3个八拍，虚步亮掌。

第4个八拍，同第3个八拍，方向相反。

4.格挡冲拳（4×8拍，图3-157）

预备姿势：直立。

图3-156

第1个八拍，格挡冲拳。

第2个八拍，同第1个八拍，方向相反。

第3个八拍，提膝穿掌，仆步，第7拍抱拳起立。

第4个八拍，同第3个八拍，方向相反。

图 3-157

5. 上步鞭拳（4×8拍，图 3-158）

预备姿势，直立。

第1个八拍，鞭拳。

第2个八拍，同第1个八拍，方向相反。

第3个八拍，提膝虎爪。

第4个八拍，同第3个八拍，方向相反。

图 3-158

6. 马步推掌（4×8拍，图 3-159）

预备姿势：直立。

第1个八拍，马步推掌。

第2个八拍，同第1个八拍，方向相反。

第3个八拍，马步撑掌。

第4个八拍，同第3个八拍，方向相反。

图 3-159

7. 歇步冲拳（4×8拍，图 3-160）

预备姿势：直立

第1个八拍，歇步冲拳。

第2个八拍，同第1个八拍，方向相反。

第3个八拍，歇步穿掌。

第4个八拍，同第3个八拍，方向相反。

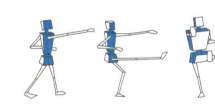

图 3-160

8. 弹踢冲拳（4×8拍，图 3-161）

预备姿势：直立

第1个八拍，向前弹踢冲拳，踢右腿。

第2个八拍，向左弹踢冲拳，踢右腿。

第3个八拍，向前弹踢冲拳，踢左腿。

第4个八拍，向右弹踢冲拳，踢左腿。

9. 跳跃运动（4×8拍，图 3-162）

预备姿势：直立。

（1）第1个八拍

1~4拍，前出拳，2拍1拳。

5~8拍，侧出拳，2拍1拳。

（2）第2个八拍

1~4拍，前出拳，1拍1拳。

5~8拍，侧出双拳，1拍1拳。

（3）第3个八拍，同第1个八拍，方向相反。

（4）第4个八拍，同第2个八拍，方向相反。

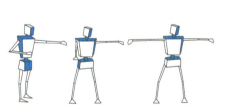

图 3-162

图 3-161

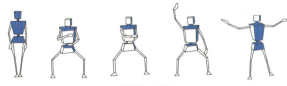

图 3-163

10. 整理运动（4×8 拍，图 3-163）

预备姿势，直立。

第 1 个八拍，马步五花手。

第 2 个八拍，太极收势。

第 3 个八拍，马步五花手。

第 4 个八拍，太极收势。

小学生武术操曲谱

1= G 4/4

张 伟 曲

```
6 - - i | 6 - 5 - | 6 - - - | 6 - - - | 6 - - i | 6 - 5 - |

3 - - - | 3 - - - | 6. i 6 5 6 0 | 6. i 6 5 6 0 | 6. i 6 5 6 5 |

3 - - - | 6. i 6 5 6 0 | 6. i 6 5 6 0 | 6. i 6 5 3 2 1 7 |

6 - - 1 2 | 3 - - 2 3 | 5 6 5 3 2 3 | 5 - - 3 5 | 6 7 6 5 3 5 |

6 - - 5 6 | i 2 6 i 6 i | 2. 6 i 2 | 3 - - - | 6. i 6 5 6 0 |

6. i 6 5 6 0 | 6. i 6 5 6 5 | 3 - - - | 6. i 6 5 6 0 | 6. i 6 5 6 0 |

6. i 6 5 3 2 1 7 | 6 - - 5 6 | 1 - - 6 | 1 - 2 3 | 5 - 6 5 |

3 - - 3 5 | 6 - - 5 | 6 - 6 i | 2 - i 6 | 5 - - - |

6. i 6 5 6 0 | 6. i 6 5 6 0 | 6. i 6 5 6 5 | 3 - - - | 6. i 6 5 6 0 |

6. i 6 5 6 0 | 6. i 6 5 3 2 1 7 | 6 - - 0 5 6 | 1 0 6 1 1 6 |

1 0 6 1 1 0 6 1 | 2 0 1 3 3 2 | 2 0 1 3 3 0 2 3 | 5 0 3 5 5 3 |

5 0 3 5 5 0 3 5 | 6 0 5 i i 6 | 6 0 5 i i 5 6 | i - - 6 i |

2 - - i 2 | 3 - 2 i 6 | 5 - - 3 5 | 6 - - 5 6 | i - - 6 i |
```

$$\dot{2} - 1 \underline{\dot{2}\dot{3}} | \dot{2} - - - | \underline{\dot{1}\dot{2}\dot{3}\dot{2}} \underline{\dot{1}\dot{2}\dot{2}\dot{2}} | \dot{2} 0 \underline{\dot{2}\dot{2}\dot{2}} |$$

$$\underline{\dot{1}\dot{2}\dot{3}\dot{2}} \underline{\dot{1}\dot{2}\dot{2}\dot{2}} | \dot{2} 0 \underline{\dot{2}\dot{2}\dot{2}} | \underline{\dot{1}\dot{2}\dot{3}\dot{2}} \underline{\dot{1}\dot{2}\dot{3}\dot{2}} | \underline{\dot{1}\dot{2}\dot{3}\dot{2}} \underline{\dot{1}\dot{2}} |$$

$$\dot{3} - - - | \dot{3} - - - | \underline{6 \cdot \dot{1}} \underline{6 5 6 0} | \underline{6 \cdot \dot{1}} \underline{6 5 6 0} | \underline{6 \cdot \dot{1}} \underline{6 5 6 5} |$$

$$3 - - - | \underline{6 \cdot \dot{1}} \underline{6 5 6 0} | \underline{6 \cdot \dot{1}} \underline{6 5 6 0} | \underline{6 \cdot \dot{1}} \underline{6 5 3 2 1 \dot{7}} | \dot{6} - - - |$$

$$\underline{6 \cdot \dot{1}} \underline{6 5 6 0} | \underline{6 \cdot \dot{1}} \underline{6 5 6 0} | \underline{6 \cdot \dot{1}} \underline{6 5 6 5} | 3 - - - | \underline{6 \cdot \dot{1}} \underline{6 5 6 0} |$$

$$\underline{6 \cdot \dot{1}} \underline{6 5 6 0} | \underline{6 \cdot \dot{1}} \underline{6 5 3 2 1 \dot{7}} | \dot{6} - - \underline{\overset{>}{3}\overset{>}{3}} | \overset{>}{6} 0 0 0 \|$$

二、中学生搏击操

前奏：2×8 拍

1. 准备运动（4×8 拍，图 3-164）

第 1、第 2 个八拍，随音乐前后跳动。

第 3、第 4 个八拍，随音乐左右跳动。

2. 头肩运动（8×8 拍）

预备姿势：半蹲，双手放于腰侧。

（1）第 1~4 个八拍，头部运动。

第 1 个八拍，头向左、右拧转各 1 次。

第 2 个八拍，摆头，1、2 拍同 5、6 拍左摆，3、4 拍同 7、8 拍右摆。

第 3 个八拍，同第 1 个八拍。

第 4 个八拍，同第 2 个八拍。

（2）第 5~8 个八拍，肩部运动（图 3-165）

第 5 个八拍，1、2 拍与 5、6 拍出左肘，3、4 拍与 7、8 拍出右肘。

第 6 个八拍，1、2 拍与 5、6 拍出左拳，3、4 拍与 7、8 拍出右拳。

第 7 个八拍，同第 5 个八拍。

第 8 个八拍，同第 6 个八拍。

3. 体转运动（4×8 拍，图 3-166）

预备姿势：半蹲，双手成掌放于面前耳侧。

第 1 个八拍，1~2 拍向左转，3~4 拍向右转，5~6 拍向左出右掌，7~8 拍向右出左掌。

第 2 个八拍，同第 1 个八拍。

图 3-164

图 3-165

图 3-166

第3个八拍，1~2拍向左转，3~4拍向右转，5~6拍向左出右拳，7~8拍向右出左拳。

第4个八拍，同第3个八拍。

4.上肢运动（4×8拍，图3-167）

预备姿势：半蹲，双拳放于胸前。

（1）第1个八拍

1~2拍，向左上1步出左拳。

3~4拍，向左再上1步出左拳。

5~6拍，向右退1步出左拳。

7~8拍，向右再退1步出左拳。

（2）第2个八拍，同第1个八拍，方向相反。

（3）第3个八拍

1~2拍，左脚向前上1步，出左拳。

3~4拍，向前再上1步，出左拳。

5~6拍，向后退1步，出左拳。

7~8拍，向后再退1步，出左拳。

（4）第4个八拍

1~2拍，右脚向前上1步出右拳。

3~4拍，向前再上1步，出右拳。

5~6拍，向后退1步，出右拳。

7~8拍，向后再退1步，出右拳。

图3-167

5.四肢运动（4×8拍，图3-168）

预备姿势：马步

第1个八拍，向左出拳提膝。1~2拍出左拳，3~4拍出右拳，5~6拍出右拳，7~8拍提左膝。第2个八拍，向右出拳提膝，同第1个八拍，方向相反。

第3个八拍，向左出拳提膝，同第1个八拍。

第4个八拍，向右出拳提膝，同第2个八拍。

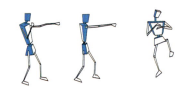

图3-168

6.踢腿运动（4×8拍，图3-169）

预备姿势：马步。

第1个八拍：1~2拍左腿前蹬，3~4拍还原，5~6拍右腿前蹬，7~8拍还原。

第2个八拍：前蹬，同第1个八拍。

第3个八拍：1~2拍右脚做后插步，3~4拍左脚侧踹，5~6拍左脚做后插步，7~8拍还原。

第4个八拍：向右侧踹，同第3个八拍，方向相反。

图3-169

7.腹背运动（4×8拍，图3-170）

预备姿势：马步。

（1）第1个八拍

1~2拍，左脚向左迈一步，同时伸左手。

3~4拍，右脚向左脚后做插步，同时右手向上。

5~6 拍，左脚并向右脚，同时做大背。

7~8 拍，还原。

（2）第 2 个八拍，同第 1 个八拍，方向相反。

（3）第 3 个八拍，同第 1 个八拍。

（4）第 4 个八拍，同第 2 个八拍。

8.腰部运动（4×8 拍，图 3-171）

图 3-170

预备姿势：直立。

（1）第 1 个八拍

1~4 拍，向左闪躲。

5~8 拍，向右闪躲。

（2）第 2 个八拍，同第 1 个八拍。

（3）第 3 个八拍

1~2 拍，左手向下格挡，同时向右转。

3~4 拍，右手向下格挡，同时向左转。

5~6 拍，同 1~2 拍。

7~8 拍，同 3~4 拍。

图 3-171

（4）第 4 个八拍

1~2 拍，左手向上格挡，同时向右转。

3~4 拍，右手向上格挡，同时向左转。

5~8 拍，同 1~4 拍。

9.全身运动（4×8 拍，图 3-172）

预备姿势：马步。

第 1 个八拍，向左连续提膝 3 次，出拳 1 次。

第 2 个八拍，同第 1 个八拍，方向相反。

第 3 个八拍，同第 1 个八拍。

第 4 个八拍，同第 2 个八拍。

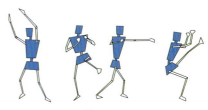

图 3-172

第 5 个八拍，1~2 拍向左直拳，3~4 拍拍向右直拳，5~8 拍踢脚 2 次。

第 6 个八拍，同第 5 个八拍，方向相反。

第 7 个八拍，同第 5 个八拍。

第 8 个八拍，同第 6 个八拍。

10.跳跃运动（4×8 拍）

预备姿势：马步。

（1）第 1 个八拍（图 3-173、图 3-174）

1~2 拍，向左跳动两次。

3~4 拍，向左跳出右拳。

5~6 拍，向右跳动两次。

7~8 拍，向右出左拳。

（2）第 2 个八拍，同第 1 个八拍。

（3）第 3 个八拍

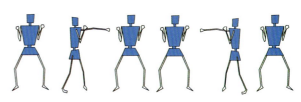

图 3-173

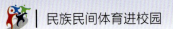

1~2拍，左脚向前跃步直拳。

3~4拍，左脚向左跃步直拳。

5~8拍，两臂向上举2次。

（4）第4个八拍

1~2拍，右脚向前跃步直拳。

3~4拍，右脚向右跃步直拳。

5~6拍，两臂向上举2次。

11.整理运动（8×8拍，图3-175）

预备姿势：直立。

第1、第2个八拍，左搂膝拗步。

第3、第4个八拍，右搂膝拗步。

第5个八拍，左倒卷肱。

第6个八拍，右倒卷肱。

第7个八拍，太极开合。

第8个八拍，按掌收脚。

图3-174

图3-175

（注：武术操与搏击操由北京航空航天大学张洋、北京朝阳区教研中心孙卫华编写）

中学生搏击操曲谱

张 伟曲

1= G 4/4

3 0 0 0 | 0 0 1 2 | 3 0 0 0 | 0 0 1 2 | 3 - 5 - | 3 5 3 2 |

3 - - - | 3 - 3 5 | 6 - i - | 6 i 6 5 | 6 - - - | 6 - - - |

3 3 5 3 2 3 3 2 | 3 3 5 3 2 3 3 2 | 3 3 5 3 2 3 5 i | 6 - - - |

6 6 i 6 5 6 6 5 | 6 6 i 6 5 6 6 5 | 6 6 i 6 5 6 2 5 | 3 - - 1 2 |

3 3 5 3 2 1 7̣ | 3 3 5 3 2 1 7̣ | 3 3 5 3 2 1 2 3 6 | 5 - - 3 5 |

6 6 i 6 5 6 5 3 | 6 6 i 6 5 6 5 3 | 6 6 i 6 5 3 2 1 5̣ | 6̣ - - - |

3 3 5 3 2 3 3 2 | 3 3 5 3 2 3 3 2 | 3 3 5 3 2 3 5 i | 6 - - - |

6 6 i 6 5 6 6 5 | 6 6 i 6 5 6 6 5 | 6 6 i 6 5 6 2 5 | 3 - - 1 2 |

3 3 5 3 2 1 7̣ | 3 3 5 3 2 1 7̣ | 3 3 5 3 2 1 2 3 6 | 5 - - 3 5 |

$$\underline{6\ \underline{6\ \dot{1}}\ \underline{6\ 5}\ \underline{6\ 5}}\ 3\ |\ \underline{6\ \underline{6\ \dot{1}}\ \underline{6\ 5}\ \underline{6\ 5}}\ 3\ |\ \underline{6\ \underline{6\ \dot{1}}\ \underline{6\ 5}\ \underline{3\ 2}}\ \underline{1\ \underline{5}}\ |\ \underline{6}\ -\ 3\ 5\ |$$

$$6\cdot\ \underline{\dot{1}}\ 6\ 5\ |\ 6\ -\ 3\ 5\ |\ 6\cdot\ \underline{\dot{1}}\ 6\ 5\ |\ 6\ -\ 3\ 5\ |\ 6\cdot\ \underline{\dot{1}}\ 6\ 5\ |\ 6\ -\ 2\ 5\ |$$

$$3\ -\ -\ -\ |\ 3\ -\ 3\ 5\ |\ 6\cdot\ \underline{\dot{1}}\ 6\ 5\ |\ 6\ -\ 3\ 5\ |\ 6\cdot\ \underline{\dot{1}}\ 6\ 5\ |\ 6\ -\ 3\ 5\ |$$

$$6\cdot\ \underline{\dot{1}}\ 6\ 5\ |\ 3\ 2\ 1\ \underline{5}\ |\ \underline{6}\ -\ -\ -\ |\ \underline{6}\ -\ -\ -\ |\ 3\ \underline{3\ 2}\ 3\ \underline{3\ 2}\ |$$

$$3\ 5\ 3\ \underline{3\ 2}\ |\ 3\ \underline{3\ 2}\ 3\ 6\ |\ 3\ -\ -\ -\ |\ 3\ \underline{3\ 2}\ 3\ \underline{3\ 2}\ |\ 3\ 6\ 3\ \underline{3\ 1}\ |$$

$$2\ \underline{2\ 3}\ 2\ 1\ |\ \underline{6}\ -\ -\ -\ |\ 6\ \underline{6\ 5}\ \underline{6\ 5}\ |\ 6\ \dot{1}\ \underline{6\ 5}\ |\ 6\ \underline{6\ \dot{2}}\ \dot{1}\ 6\ |$$

$$5\ -\ -\ -\ |\ 3\ \underline{3\ 2}\ 3\ \underline{3\ 2}\ |\ 3\ 6\ 3\ \underline{3\ 1}\ |\ 2\ \underline{2\ 3}\ 2\ 1\ |\ \underline{6}\cdot\ 0\ 0\ 0\ \underline{3\ 5}\ |$$

$$6\ -\ -\ \dot{1}\ |\ 6\cdot\ \underline{\dot{1}}\ 6\ 5\ |\ 6\ -\ \dot{2}\ \dot{1}\ |\ 6\cdot\ \underline{\dot{1}}\ 6\ 5\ |\ 6\ -\ -\ \dot{1}\ |\ 6\ 5\ 2\ 5\ |$$

$$3\ -\ -\ -\ |\ 3\ -\ -\ \underline{\underline{6}\ 1}\ |\ 2\ -\ -\ 3\ |\ 5\cdot\ \underline{6}\ 5\ 3\ |\ 2\ -\ 2\ 3\ |$$

$$5\cdot\ \underline{6}\ 5\ 3\ |\ 2\ -\ 3\ 5\ |\ 6\ \dot{2}\ \dot{1}\ 6\ |\ 5\ -\ -\ -\ |\ 5\ -\ -\ 3\ 5\ |\ 6\ -\ -\ \dot{1}\ |$$

$$6\cdot\ \underline{\dot{1}}\ 6\ 5\ |\ 6\ -\ \dot{2}\ \dot{1}\ |\ 6\cdot\ \underline{\dot{1}}\ 6\ 5\ |\ 6\ -\ -\ \dot{1}\ |\ 6\ 5\ 2\ 5\ |\ 3\ -\ -\ -\ |$$

$$3\ -\ -\ \underline{\underline{6}\ 1}\ |\ 2\ -\ -\ 3\ |\ 5\cdot\ \underline{6}\ 5\ 3\ |\ 2\ -\ 2\ 3\ |\ 5\cdot\ \underline{6}\ 5\ 3\ |\ 2\ -\ 2\ 5\ |$$

$$3\ 2\ 1\ \underline{5}\ |\ \underline{6}\ -\ -\ -\ |\ \underline{6}\ -\ -\ -\ |\ \underline{3\ 3\ 5}\ \underline{3\ 2}\ 3\ \underline{3\ 2}\ |\ \underline{3\ 3\ 5}\ \underline{3\ 2}\ 3\ \underline{3\ 2}\ |$$

$$\underline{3\ 3\ 5}\ \underline{3\ 2}\ 3\ \underline{5\ \dot{1}}\ |\ 6\ -\ -\ -\ |\ \underline{6\ \underline{6\ \dot{1}}\ \underline{6\ 5}\ 6}\ \underline{6\ 5}\ |\ \underline{6\ \underline{6\ \dot{1}}\ \underline{6\ 5}\ 6}\ \underline{6\ 5}\ |$$

$$\underline{6\ \underline{6\ \dot{1}}\ \underline{6\ 5}\ 6}\ \underline{6\ 5}\ |\ \underline{6\ \underline{6\ \dot{1}}\ \underline{6\ 5}\ \underline{6\ 2}}\ 5\ |\ 3\ -\ -\ 1\ 2\ |\ \underline{3\ 3\ 5}\ \underline{3\ 2}\ 1\ \underline{7\ \underline{6}}\ |$$

$$\underline{3\ 3\ 5}\ \underline{3\ 2}\ 1\ \underline{7\ \underline{6}}\ |\ \underline{3\ 3\ 5}\ \underline{3\ 2}\ 1\ \underline{2\ 3}\ 6\ |\ 5\ -\ -\ 3\ 5\ |\ \underline{6\ \underline{6\ \dot{1}}\ \underline{6\ 5}\ \underline{6\ 5}}\ 3\ |$$

$$\underline{6\ \underline{6\ \dot{1}}\ \underline{6\ 5}\ \underline{6\ 5}}\ 3\ |\ \underline{6\ \underline{6\ \dot{1}}\ \underline{6\ 5}\ \underline{3\ 2}}\ \underline{1\ \underline{5}}\ |\ \underline{6}\ -\ -\ 5\ 5\ |\ 6\ 0\ 0\ 0\ \|$$

第六节　中小学生太极扇操

一、单人操

1.起势

（1）第1个八拍

1~2拍：起势，左脚开立，左手抱拳腰间，右手反执扇前平举（图3–176、图3–177）。

3~4拍：双手同时举于头顶，将扇子传于左手反执（图3–178）。

图3–176　　　　　　　　图3–177　　　　　　　　图3–178

5~6拍：左手由头顶向左侧劈落，与肩平，右手收抱腰间。同时，头向左侧快速摆动（图3–179）。

7~8拍：双手收抱腰间，左脚收回并立（图3–180）。

（2）第2个八拍，与第1个八拍动作相同，方向相反。

2.震脚挑扇

1~2拍：左脚开立，右手反执扇上撑于头顶，左掌撑于体侧，目视前方（图3–181）。

图3–179　　　　　　　　图3–180　　　　　　　　图3–181

3~4 拍：双手屈臂，收于胸前，将扇子由右手传于左手（图 3-182）。

5~6 拍：左手正执扇向左侧横扫，右手收抱腰间，目视左方（图 3-183）。

7~8 拍：左手执扇经下向右侧抡臂挑扇，同时右手掌拍击左手小臂，目随扇走（图 3-184）。

| 图 3-182 | 图 3-183 | 图 3-184 |

3. 横裆步开扇

1~2 拍：左脚向左跨成横裆步，左手正执扇顺势回拉，架于头顶。右手向右侧推掌，目视右掌方向（图 3-185）。

3~4 拍：左手执扇经下向右侧上挑，右手接扇，腿随扇走（图 3-186）。

5~6 拍：右手平举开扇，左手亮掌于头上方，成左侧横档步，目视右手方向（图 3-187）。

| 图 3-185 | 图 3-186 | 图 3-187 |

7~8 拍：右手合扇平执，左手收抱腰间，收左脚双脚并立，目视右向（图 3-188）。

4. 弓步平开扇

1~2 拍：右手正执扇缠头，左手由腰间亮掌于右肩前，目视前方（图 3-189）。

3~4 拍：右手经体侧绕行，于前下方开扇（正执），扇面向上，左手头上撑掌于体侧斜上方，目视扇（图 3-190）。

5~6 拍：右手执扇回收在左侧，左手随之相合推拢扇面，左脚收回并立，眼随扇（图 3-191）。

7~8 拍：身向左转，左脚向左侧迈出，右手执扇架于头上方，左手抱拳于腰间，目视左前方（图 3-192）。

5. 叉步反开扇

1~2 拍：右手正执扇，与左掌心迎击体前，与胸齐高，目视扇（图 3-193）。

图 3-188　　　　　　　图 3-189　　　　　　　图 3-190

图 3-191　　　　　　　图 3-192　　　　　　　图 3-193

3~4 拍：双手回收于左腰间，同时右脚弹踢，目前视（图 3-194）。

5~6 拍：右脚顺势前落，身体左转成背向，右手竖执扇推向体右侧，左掌推掌于体左侧，目视推扇方向（图 3-195）。

7~8 拍：右手经头上、体左、腹前绕行半圈，于体右侧斜下方反开扇，同时左手亮掌于左侧斜上方，左脚后撤于右后，成叉步，目视右方（图 3-196）。

图 3-194　　　　　　　图 3-195　　　　　　　图 3-196

6. 马步下开扇

1~2 拍：右手合扇手于腰间，左手亮掌在左前。同时，左脚向前迈步，自然开立，眼视左手方向（图 3-197）。

3~4 拍：右手执扇前刺，左手亮掌在右臂内侧，右脚向前迈步，自然开立，眼视右手方向（图 3-198）。

5~6 拍：右手执扇经下，向右后绕行，身体向右拧转，左手附于右肩前，眼随扇走（图 3-199）。

7~8 拍：右手执扇经右，头上绕行，身体随转回，右手于右体侧水平处下开扇，左手架掌头上方，双腿呈马步，目视右方（图 3-200）。

图 3-197　　　　图 3-198　　　　图 3-199　　　　图 3-200

二、双人操

1. 马步侧刺，对立开扇

1~2 拍：两人右手合扇，托扇于体右侧，其它部位不动（图 3-201）。

3~4 拍：A（女生）收左脚并立，右手头上方开扇，立扇眼视 B（男生）。B 左脚上步，（身体右转 180 度），并立于右脚侧，右手执扇经下、右于头上方开扇，立扇目视 A（图 3-202）。

图 3-201　　　　　　　　　图 3-202

2. 你刺我架弹踢攻，上步穿针刺点防

5~6 拍：A 左脚前迈，随之右手开扇前穿，手背向上，左手立掌于右臂内侧，目视 B。B 右手随身形左转合扇，右脚后撤屈腿做支撑，右手执肩顺身体上拉做防守，目视 A（图 3-203）。

7~8 拍：A 重心后移至右，右手反执开扇下压，抵挡对方攻击，目视扇。B 左右手分别收抱腰间，向 A 作出弹腿攻击动作，目视出脚方向（图 3-204）。

3. 云扇横扫面，侧格反转急刺腕

1~2 拍：A 右手合扇，体前云扇，由体右侧横扫至 B 左前，目视右手。B 右手执扇格挡对方攻击，同时，右脚回撤至后，目视右手（图 3-205）。

3~4 拍：A 右手反画，经体前，击向前下方，同时，右脚上步成右弓步，左手撑于体后。B 身左转，左脚撤回，右腿提膝，右手执扇反挡于右下方，左手撑掌于后（图 3-206）。

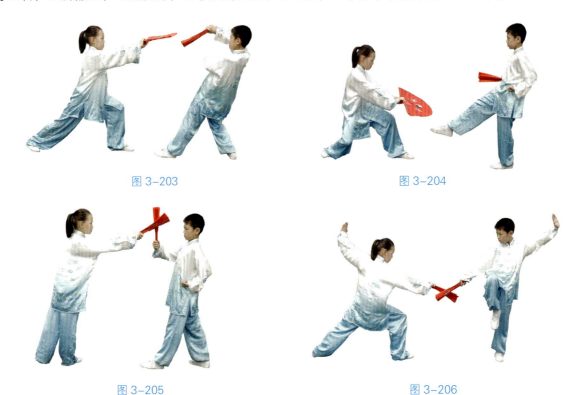

图 3-203　　　　　　　　　　　　　　　　图 3-204

图 3-205　　　　　　　　　　　　　　　　图 3-206

4. 撤转对立，单手同亮扇

5~6 拍：A 右手执扇拉于头右上方，左手撑掌右肩前。同时，右脚回撤身转正，目视 B。B 右脚直接下落回撤，体右转背向，带动右手执扇后拉于右上方，左手撑掌右肩前，目视 A（图 3-207）。

7~8 拍：A 右手执扇经体右下，左转身上步，右侧开扇。B 同 A（图 3-208）。

图 3-207

图 3-208

5. 转走面对再开扇

1~2 拍：A 右手执开扇，经体前下、左、上、右，体后下、右绕行，目视扇。B 同 A（图 3-209）。

3~4 拍：A 右手执开扇经头上方云扇一圈，身左转，左脚向左迈出半步，右脚随跟一步，身体左转 180 度，双脚开立，右手执开扇在体前，左手立于臂内，目视 B。B 同 A（图 3-210）。

6. 马步开扇对收势。

5~8 拍：A 双脚下蹲成马步，右手执开扇后拉，立于右肩前，左手掌心向上平举体左侧，目视 B。B 同 A（图 3-211）。

重复图 3-201~ 图 3-211 动作，A、B 角色对换。

图 3-209

图 3-210

图 3-211

三、四人组合

1. 抱扇敬礼同指天

1~2 拍：四人转向中心执扇抱拳敬礼。（图 3-212，下文以左前方学生为例进行动作阐述）

3~4 拍：右脚稍向右撤步，左脚随之并拢，身体稍右转 45 度，右手执扇上刺，左手按掌腰侧，目视左方（图 3-213）。

图 3-212

图 3-213

2．侧弓斜刺中心地，回身虚步高开扇

5~6 拍：左脚向左迈步，成左横挡步，右手执扇下压横执腹前，左手头上方亮掌，目视前方（图 3-214）。

7~8 拍：左脚回收，置于右脚正前，成左虚步，右手头右上方开扇，左手按掌于腰侧，目视前方（图 3-215）。

图 3-214   图 3-215

3．弓步合扇中心刺，立腰回势亮开扇

1~2 拍：左脚前上步，成左弓步，右手合扇，身体前俯低头，双手合抱头前，目视下方（图 3-216）。

3~4 拍：右手外旋体前开扇，头、身抬起，左手立掌在扇旁，目视前方（图 3-217）。

图 3-216   图 3-217

4．收步高虚来亮翅，开步单手压扇斩

5~6 拍：身体后带，左脚回收，点于正前，成高虚步，双手在头两侧展开，目视前方（图 3-218）。

7~8 拍：右脚前迈，身体右后旋转换位，双脚开立右手倒开扇，左手立掌在扇侧（图 3-219）。

图 3-218   图 3-219

5. 二郎担山合扇推，弓步顺势中心刺

1~2拍：右手合扇平举，目视前（图3-220）。

3~4拍：左脚向正前上步，右手执扇由上至后下回收腰间，左手配合在侧，右脚再上步成右弓步，随之，右手执扇前刺，左手体后上方亮掌，目视扇（图3-221）。

图3-220　　　　　　　　　　　图3-221

6. 回坐虚步把扇亮，歇步怀中抱扇势

5~6拍：身体重心回移，右脚回收半步成右虚步，右手执扇在体右侧向上、后、下环绕半圈，体前开扇，左手立掌在侧，目视扇（图3-222）。

7~8拍：右手合扇，左脚上步，右脚随上置于左脚左后，下蹲成左歇步。同时，右手经下、右画圈下落，左手相对配合，双手合于左腹前立扇，目视扇（图3-223）。

图3-222　　　　　　　　　　　图3-223

7. 起身马步中心锥，立身斜上刺破天

1~2拍：身体右转，双脚旋开，右腿稍作调整成马步，右手执扇向下、右、上绕行至右平举，立扇。左手在后立掌，目视右手方向（图3-224）。

3~4拍：身体上升，右手执扇斜上刺，左手立掌右肩前，右腿直膝支撑，左脚在后脚尖点地，目视扇（图3-225）。

图3-224　　　　　　　　　　　图3-225

8. 转身急走扇遮月

5~6拍：右手合扇（图3-226）。

7~8拍：以扇为轴，向右移转旋身换位（图3-227）。

9. 撤步指天斜下刺刺，反身弓步亮开扇

1~4拍：右脚、左脚依次后撤，身体重心由左转至右腿，同时，右手执扇经右、上、左、下绕行1圈（图3-228）。

5~6拍：下蹲成右弓步，右腿上方开扇，左掌撑后，目视扇（图3-229）。

10. 转体并步收势

四人同时起立收右脚并立，双手正执扇在胸前（图3-230）。

图3-226

图3-227

图3-228

图3-229

图3-230

（注：中小学太极扇由北京市朝阳区第八十中学分校　张春玲编写）

中国功夫

（屠洪纲 演唱）

宋小明 词
伍嘉冀 曲

1= G 4/4

♩=66

```
6· i 5 6 i 7  | 6 - - - | 6· i 5 6 4 5 | ⁵⌒3 - - - | 3 3 2 5 5 6
```

1.卧 似 一 张　弓，　　站 似 一 棵　松，　　不 动 不 摇
2.南 拳 和 北　腿，　　少 林 武 当　功，　　太 极 八 卦
3.4.东 方 一 条　龙，　　儿 女 似 英　雄，　　天 高 地 远

```
3 4 3 2 1  - |1. 2· 3 5 6 i 7 | 6̣ - 0 0 :‖2. 2· 3 5 6 i 7 |
```

坐 如 钟，　走 路 一 阵 风。　　　中 华 有 神
连 环 掌，　中 华 有 神 功。
八 面 风，

```
6 - - - |: 6· i 5 3 6 0 | 6· i 5 4 3 0 | 3· 2 5 6 3 2 1 |
```

功。　　　卧 似 一 张 弓，　站 似 一 棵 松，　不 动 不 摇 坐 如 钟，
　　　　卧 似 一 张 弓，　站 似 一 棵 松，　不 动 不 摇 坐 如 钟，

♩=104

```
2· 3 5 6 i 7  6̣ 0 | 6· i 5 3 6 0 | 6· i 5 4 3 0 | 3· 2 5 6 3 2 1 |
```

走 路 一 阵　风；　南 拳 和 北 腿，　少 林 武 当 功，　太 极 八 卦 连 环 掌，
走 路 一 阵　风；　南 拳 和 北 腿，　少 林 武 当 功，　太 极 八 卦 连 环 掌，

```
2· 3 5 6 7  6 - | X X X X  X 0 | X X X X  X 0 | X X X X X X X  X |
```

中 华 有 神　功。　棍 扫 一 大 片，　枪 挑 一 条 线，　身 轻　好 似 云 中 燕，
中 华 有 神　功。　清 风 剑 在 手，　双 刀 就 看 走，　行 家 的 功 夫 一 出 手，

```
X X X X  X 0 | X X X X  X 0 | X X X X X  X 0 | X X X X X X  X X |
```

豪 气 冲 云　天。　外 练 筋 骨 皮，　内 练　一 口 气，　刚 柔 并 济 不 低 头，我 们
就 知 有 没　有。　手 是 两 扇 门，　脚 下 是 一 条 根，　四 方 水 土 养 育 了，我 们

```
X X X X  X 0 :‖1. 2· 3 5 6 i 7 | 6 - - - | 6 - - - | 6 0 0 0 ‖
```

rit.

D.C.
心 中 有 天 地。　　中 华 有 神　功。　　　　　　　　　　　　Fine
中 华 武 术 魂。

第七节　椅上健身操

椅上健身操是根据小学生每天持续几个小时坐姿学习，易产生腰酸腿疼、双脚肿胀和身体疲倦的现状而创编的。

椅上健身操的主要特点是：动作简单、安全、不受场地限制，适应各年龄段学生，健身功效明显。椅上健身操的动作简单易学，因取坐姿，较之其它体操更简易安全。练习时不受场地限制，可在教室内、家中或者其它场所，只需1把椅子即可练习；而且，此套操适合各年龄段的人群练习，不受年龄限制。经常做椅上操不仅能增强肢体肌肉力和关节的灵活性，同时俱备改善神经系统、心血管系统、呼吸系统及消化系统的作用，健身功能显著。做操过程中配以音乐伴奏，更有放松身心的功能，效果更佳。

前奏：上体正直，双手扶膝，目视前方，坐椅不动。

准备运动：上体按节拍做前后的晃动，然后上体按节拍做左右的晃动。

1. 头部运动（4×8）

预备姿势：在椅子上坐直，手臂自然下垂，双手扶膝，双腿并拢垂直于地面。

第1个八拍：1~2拍，向下低头。3~4拍，向后仰头。5~6拍，向左转头。7~8拍，向右转头。

第2个八拍：同第1个八拍。

第3个八拍：1~4拍，下颌由左向右转动1次。5~8拍，下颌由右向左转动1次。

第4个八拍：1~4拍，下颌经下至上转动1次。5~8拍，下颌经上至下转动1次。

2. 肩部运动（4×8）

预备姿势：在椅子上坐直，手臂自然下垂，双手扶膝，双腿并拢垂直于地面。

第1个八拍：1~2拍，左肩向前推1次并还原。3~4拍，右肩向前推1次并还原。5~8拍，重复1~4拍。

第2个八拍：1~2拍，左肩向前上方提肩1次并还原。3~4拍，右肩向前上方提肩1次并还原。5~8拍，重复1~4拍。

第3个八拍：1~4拍，十指交叉，掌心向外，直臂由下向上抬起与肩平后还原。5~8拍，同1~4拍。

第4个八拍：1~4拍，十指交叉，掌心向外，直臂由下向上抬起上举超越头部后还原。5~8拍，同1~4拍。

3. 手腕运动（4×8）

预备姿势：在椅子上坐直，手臂自然下垂，双手扶膝，双腿并拢垂直于地面。

第1个八拍：1~4拍，十指相会交叉，掌心紧贴，抬至胸前后向前翻转4次。5~8拍，保持第4拍姿势向后翻转4次。

第2个八拍：1~4拍，保持第1个八拍结束姿势，向左翻转4次。5~8拍，保持第4拍姿势向右翻转4次。

第 3 个八拍：1~4 拍，保持第 2 个八拍结束姿势，手腕向左旋转 1 次，保持第 4 拍姿势向右旋转 1 次。

第 4 个八拍：同第 3 个八拍，还原成预备姿势。

4. 双足运动（4×8）

预备姿势：在椅子上坐直，手臂自然下垂，双手扶膝，双腿并拢垂直于地面。

第 1 个八拍，1~2 拍，左脚脚尖向上勾 1 次并还原。3~4 拍，右脚脚尖向上勾 1 次并还原。5~8 拍，重复 1~4 拍动作。

第 2 个八拍，1~2 拍，左脚脚跟向上提踵 1 次并还原。3~4 拍，右脚脚跟向上提踵 1 次并还原。5~8 拍，重复 1~4 拍。

第 3 个八拍：1~4 拍，两腿向前伸直，脚踝向左绕环 1 次。5~8 拍，同 1~4 拍，方向相反。

第 4 个八拍：与第 3 个八拍动作相同，后还原成预备姿势。

5. 上肢运动（4×8）

预备姿势：在椅子上坐直，手臂自然下垂，双手扶膝，双腿并拢垂直于地面。

第 1 个八拍：1~2 拍，两臂上举，掌心向前。3~4 拍，两臂前平举，掌心向下。5~6 拍，屈肘胸前击掌 2 次。7~8 拍，还原预备姿势。

第 2 个八拍：同第 1 个八拍，还原成两手握拳于胸前。

第 3 个八拍：1~2 拍，左手向前冲直拳 1 次还原。3~4 拍，右手向前冲直拳 1 次还原。5~8 拍，同 1~4 拍，还原成胸前握拳姿势。

第 4 个八拍：1~2 拍，左手向前冲左勾拳 1 次还原。3~4 拍，右手向前冲左勾拳 1 次还原。5~8 拍，同 1~4 拍，还原成胸前握拳姿势。

6. 下肢运动（4×8）

预备姿势：在椅子上坐直，手臂自然下垂，双手扶膝，双腿并拢垂直于地面。

第 1 个八拍：1~2 拍，左腿抬起屈膝先前蹬直 1 次。3~4 拍，左腿屈膝后放下。5~8 拍，右腿重复 1~4 拍。

第 2 个八拍：重复第 1 个八拍。

第 3 个八拍：1~2 拍，抬双腿屈膝向前蹬直 1 次。3~4 拍，双腿屈膝还原预备姿势。5~8 拍同 1~4 拍。

第 4 个八拍：同第 3 个八拍。

7. 扩胸运动（4×8）

预备姿势：在椅子上坐直，手臂自然下垂，双手扶膝，双腿并拢垂直于地面。

第 1 个八拍：第 1 拍，两臂屈肘竖直于胸前，握拳，拳心向外，含胸。第 2 拍，两臂打开，大臂平举，小臂竖直，握拳，拳心向内，上体充分伸展。3~8 拍，重复第 1、2 拍动作 3 次。

第 2 个八拍：同第 1 个八拍，结束动作为第 2 拍动作。

第 3 个八拍：1~2 拍，两臂屈肘抬平于胸前，掌心向下，做扩胸两次。3~4 拍，两臂打开成侧平举，掌心向上，向后震两次。5~8 拍，重复 1~4 拍动作。

第 4 个八拍：同第 3 个八拍。

8. 体侧运动（4×8）

预备姿势：在椅子上坐直，手臂自然下垂，双手扶膝，双腿并拢垂直于地面。

第 1 个八拍：1~4 拍，十指交叉放在头后，两臂屈肘，大臂向两侧伸平，身体保持正直，向左震两次。3~4 拍，向右震 2 次。5~8 拍，重复 1~4 拍动作。

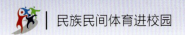

第 2 个八拍：同第 1 个八拍。

第 3 个八拍：1~2 拍，左手叉腰，右臂上举，向左侧震 2 次。3~4 拍，右手叉腰，左臂上举，向右震 2 次。5~8 拍，重复 1~4 拍动作。

第 4 个八拍：同第 1 个八拍。

9. 体转运动（4×8）

预备姿势：在椅子上坐直，手臂自然下垂，双手扶膝，双腿并拢垂直于地面。

第 1 个八拍：1~2 拍，十指交叉放在头后，两臂屈肘，大臂向两侧伸平，身体保持正直，向左体转两次。3~4 拍，向右体转 2 次。5~8 拍，重复 1~4 拍动作。

第 2 个八拍：同第 1 个八拍。

第 3 个八拍：1~2 拍，两手胸前击掌 2 次。3~4 拍，向左转体做斜上举。5~8 拍，同 1~4 拍，方向相反。

第 4 个八拍：同第 3 个八拍，还原成预备姿势。

10. 腹背运动（4×8）

预备姿势：在椅子上坐直，手臂自然下垂，双手扶膝，双腿并拢垂直于地面。

第 1 个八拍：1~2 拍，上体正直做体前屈，还原。3~4 拍，双腿屈膝抬起，大腿贴胸。5~8 拍，重复 1~4 拍。

第 2 个八拍：同第 1 个八拍。

第 3 个八拍：1~2 拍，两腿伸直，两手掌撑椅子，臂部前移并抬起。3~4 拍，两臂屈伸 1 次。5~6 拍，两臂屈伸 1 次。7~8 拍，臂部坐回椅子，双腿屈膝还原预备姿势。

第 4 个八拍：同第 3 个八拍。

11. 全身运动（4×8）

预备姿势：在椅子上坐直，手臂自然下垂，双手扶膝，双腿并拢垂直于地面。

第 1 个八拍：1~4 拍，模仿骑马姿势，双手握拳，左臂屈肘抬至胸前，前后晃动 4 次，右臂屈肘抬起过头顶，逆时针晃动 4 次，右脚脚尖点地踏 4 次。5~8 拍，重复 1~4 拍，方向相反。

第 2 个八拍：同第 1 个八拍。

第 3 个八拍：模仿骑马姿势，双手握拳，两臂伸直，碗关节处交叉，左手在上向后拉再向前推 2 次，左脚抬起点地 1 次，右脚 1 次，左脚再，2 次。1~4 拍，保持第 2 个八拍结束姿势，手腕向左旋转 1 次。5~8 拍，重复 1~4 拍，方向相反。

第 4 个八拍：同第 3 个八拍。

12. 呼吸运动（4×8）

预备姿势：在椅子上坐直，手臂自然下垂，双手扶膝，双腿并拢垂直于地面。

动作方法：身体慢慢放松，运动横隔膜均匀地做深呼吸。吸气时鼓起腹部，然后慢慢呼气，直至空气全部呼出为止。让身体进入完全放松的状态。重复做 10 次。

（注：椅上健身操由北京市东城区第二十四中学　马清原编写）

套 马 杆

1= D 2/4

刘新圈 词
郭永利 曲

(6̇ 6̇ 66 | 5 666 | 6̇· 56 | 6 56635 | 66 35 |
　　　　哎　　　哎　　　　　哎

6 566 66 | 60 | 1235) | 6̇· i | 6653 |
哎　　　噢　　　　　　哎

52565 | 3 − | 223 | 532 | 2 26 5 |
　　　　哎

3 − | 6̇· i | i 653 | 52565 | 3 − |
　　哎

1 23 | 205 7 | 6̇ − | 6̇ 0 ‖: 6 6 61 |
哎　　　　　　　　　　给我一片
　　　　　　　　　　给我一片

2353 | 2257 | 6̇ − | 1116 | 1235 |
蓝天一轮　初升的太阳　给我一片绿草
白云一朵　洁白的想象　给我一阵清风

6532 | 3 − | 3661 | i 65333 | 52565 |
绵延向远方　给我一只雄　鹰一个威武的汉
吹开百花香　给我一次邂　逅在青青的牧

5̇3· 66 | 1122 3 | 2 − 2255 | 6̇ − :‖ 23 5 6 |
　　　　　　　　　 1.　　　　　　　　 2.
子给我一个套马杆　攒在他手上热辣滚烫
场给我一个眼神

套马的 汉 子你 威武雄 壮
套马的 汉 子你 在我心 上

飞驰的 骏马 像疾风一 样 一望无际的
我愿融化 在你 宽阔的胸 膛 一望无际的

原 野 随你去流 浪你的 心海和大地 一样宽
原 野 随你去流 浪所 有的 日子像

广。
你 一样晴 朗。

啊！

啊！

第四章　民族民间体育艺术

龙舞／狮舞／鼓舞／剑舞／绸舞／扇舞／
绢舞／旗舞／灯舞／秧歌

中国民族民间体育艺术是指民族民间体育与音乐、舞蹈、杂技、艺术体操等技巧紧密结合的综合艺术形式。例如，彰显中华气概的舞蹈《中国功夫》《中国龙》，延续东方文明的龙舞，吼动神州的狮舞，腾飞华夏的中幡，历史悠久的杂技等，深受国内外观者喜爱。随着我国对体育艺术研究的发展，在2011年，中华人民共和国教育部制定的《体育与健康课程标准》中提出：我国蕴藏着丰富的民族民间体育资源，应大力继承和发扬。几年中，我们尝试着将舞龙、舞狮、舞扇、舞绸等项目引入中小学校园，引入重大节日庆典、运动会，如迎接新世纪、迎接新千年、国庆节、全国运动会、民族运动会、农民运动会等。实践证明，这项内容不仅能培养学生健美的体态，陶冶情操，更能激发学生热爱祖国、热爱民族的情怀。

第一节　龙　舞

象征华夏民族精神的龙舞，气势磅礴，雄浑豪壮，广泛流传在祖国辽阔疆域的东西南北。世界各地，只要有华人聚居的地方，必有龙舞在飞滚腾跃，成为凝聚龙的传人的一股巨大力量。龙舞的品目之多、分布之广、形式之美，是任何一种民间舞蹈无法与之相比的。由于各地的地

在天安门广场表演龙舞（领舞者　王玉玺）

理环境、气候条件、生产劳动、方言土语、文化生活、风俗习惯、民间传说的差异，龙舞也自然形成了不同的风格特点。

从总体上来分析，中国龙舞的艺术特征，除了个别的、特殊的情况以外，大体上可以划分为长江流域及其以南地区，黄河流域及其东北地区的南北两大龙舞体系。将南北两大体系的龙舞艺术相比较，总的说来呈现出"南柔北刚"的基本艺术风格。北方龙舞以古朴刚劲的古燕、赵之风见长；而南方龙舞多具荆楚之风，风格上精巧纤细。这一北一南，一刚一柔，前者体现出"壮美"，后者体现出"秀美"，两者客观地呈现出不同风格、不同形态的美。一般说来秀美多柔和、清丽、流畅；壮美多豪放、雄浑、粗犷。

在形象描绘上，北方的龙脸宽、眼大、角长嘴阔，显得异常凶猛；南方的龙额高、鼻隆、角短口圆，造型比较圆润。北方在龙具制作上相对较为高、大、粗、重，最能体现出一种磅礴的气势；造型重在雄伟、庄重、浑实，线条上显得硬直、刚劲；表演风格上突出气势和大起大落，动作刚猛有力，激烈奔放，粗犷豪放。而南方在龙具制作上，一般比较矮、小、细、轻，龙体比较轻巧，有利于施展技巧；造型上特别精致、秀丽、纤细；线条多用曲线，柔和，色彩很为鲜艳，图案清晰，装饰性很强；表演风格上讲究构图和套路多变、典雅轻捷、活泼潇洒、灵巧矫健，富有江南特色。

就表演特点来讲，则形成了南柔北刚的舞蹈风格和特征。当然这只是相对而言，是从全国总体布局上分出来的，一些比较特殊的地区也有自己的特色，如北方也有小巧的龙舞，南方也有高大而长的龙舞。

龙舞的领舞者是舞龙珠的人，舞龙珠人的舞蹈动作和线路，构成龙的种种动态和姿势：翻、滚、腾、转、游、盘、穿、缠、跳、跃、戏、摆、旋、涌、纵、平、直、曲、弓等多种多样。龙舞大多为双龙，二龙戏珠。一般是一红一绿，表示一火一水、一旱一涝、一刚一柔、一雄一雌、一祸一福。舞动时龙头紧迫龙珠，龙身龙尾跟随其后，在民间吹打乐的伴奏下，好似翻江倒海，犹如云中腾飞，气势宏伟，动人心魄。

在我国难以数计的风格各异的龙舞中，既有 1 个人舞 1 条龙的，也有 2 人、3 人、5 人、7 人、9 人舞 1 条龙的，还有几十人、数百人、上千人舞 1 条龙的，更有几十人舞数条龙的，还有 1 个人舞 1 条龙的，1 个人舞 2 条龙的，1 个人舞 3 条龙的。有的龙舞还舞进国际大舞台，舞出了国门，为祖国赢得了荣誉。

一、人龙舞

人龙舞是由人体组成龙形的一种龙舞，有 7 节、9 节、11 节、13 节不等。由 17~23 人组成，龙头需 3 人，一男孩骑在大人肩上，两手各持圆形灯笼一盏当做龙眼，两小腿上各绑铁铜一把当做龙牙。另一小孩两腿夹在大人腰间，上身向前悬空斜俯，腰系布带，大人用嘴咬住，形象龙头。龙身有两种：一种是偶数，由男孩担任，小孩双腿夹住前一大人的腰间，上身后仰，双手手指交叉在后一大人的颈上，其余以此类推。另一种全由大人扮演，第二人与扮龙头者背靠背，两人手臂相挽，第三人将第二人的双腿抬起置于腰前，上身悬空后仰自由地摆动做为龙尾。人龙舞属于武龙，每到一处舞一段之后，中间要穿插武术表演。这种龙舞因体力消耗较大，故动作少而简单，主要是变化队形，整个舞蹈粗犷有力，凸显勇猛的气势。主要表演套路，一是一起一伏，二是滚动，三是穿插。有大锣、大鼓及唢呐伴奏。

二、手龙舞

手龙长 2.4～2.6 米，有的用纸糊彩绘，有的用布缝制，绘成龙形。龙的首尾装有手柄。有单人舞、双人对舞、三人共舞。舞的花样也各不相同。可将龙尾勾挂在腰旁，引龙舞动，也可双手持龙杠于肩上，举过头顶，上下翻腾，还可双手握手柄，作一些翻滚跳跃的技巧。因龙身小而轻，舞起来上下左右，灵活自如，气氛热烈，节奏轻快。以打击乐伴奏，轻巧灵便，给人以美的感觉。

人龙舞

手龙舞

三、高龙舞

高龙是湖北武汉市汉阳区的江堤乡最具特色，远近闻名，流传了几十年，为人们所喜爱和骄傲的健身与娱乐活动。旧时正月灯节舞"高龙"必举行庄重肃穆的祭祀仪式，玩三年灯要歇三年灯。传统高龙舞在"叩""托""举""扫"的表演程式上坚持创新、苦练高难动作，取得了可喜成绩，江堤乡"高龙之舞"代表队曾在 1999 年迎澳门回归全国舞龙大赛中荣获金奖，同时获全国首届民间艺术最高奖——山花奖金奖。

四、草龙舞

因龙形道具用稻草、柳技、黄荆或青藤扎制，故名。一般用稻草或荆条、青藤、柳枝捆扎，节数不限，单数为佳。节与节之间以草绳相连，形制较为原始，是南方稻作文化的产物。夜间质朴无华的龙体上遍插香火，戏耍起来若星光连河，萤火飞流。故又称"香龙""香火龙""星子龙"。舞龙的龙珠，也扎成独轮车状，在地上推行，犹如火球翻滚，异常壮观。草龙制作简便，戏耍灵便，以竹竿头插上白菜，用绳子系之，便可舞之。

高龙舞

草龙舞

五、纸龙舞

纸龙由两层十厘米宽、十多米长的皮纸相粘成龙身，涂成红色，中间饰一条金纸为龙脊，纸条的一端系在一根 30 厘米长的木棒上，木棒顶端饰有龙头。表演者挥动木棒起舞，纸条随之飘飞盘旋，宛如游龙。由一人或两人表演，分"大套"和"小套"两种。大套纸条长达 20 米，动作舒展从容，又称"文套"，有"画眉跳涧""双龙出洞""黄龙缠腰""猛虎跳涧"等十几套动作。小套纸条长十多米，动作

纸龙舞

敏捷刚健，并伴有翻、跃、扑、滚等技巧，亦称"武套"，动作敏捷刚健，并运用翻、跃、扑、滚等技巧，有"黄龙出洞""枫树盘根""望日过垅""筒车翻堰"等动作。整个舞蹈健美潇洒，舒展灵活，缓慢时有如在流云中漫步，急促时宛若在风雨中飞腾，动作变幻莫测，引人遐想。舞龙时，用唢呐和打击乐伴奏，动作不受节奏的限制，音乐只起烘托作用。

六、板龙舞

板龙龙头用巨大圆木雕制，龙身以若干节长约 1 米的木板相连接，每节木板上装有 3~5 个灯笼，内燃蜡烛。表演时，先鸣炮，再请出龙头、龙尾。然后沿巷绕村，每经一户，该户的男子就将自制的龙身接上，最后接龙尾。龙尾一接上，龙身就不能再接了，板龙接得越长，越反映此村人丁兴旺。龙头由四人抬起，一百多节龙身相连，沿村漫行游舞，围观者随着锣鼓声呼喊跳跃。此项目多在春节、元宵节期间表演，并以锣鼓伴奏。

七、竞技舞龙

随着中国龙舞艺术的不断发展，竞技舞龙也随之出现。1993 年底和 1994 年初，当时的国家体委组织了我国著名龙狮舞专家陆大杰、王玉玺以及体育界专家金永兴、周可吉等一起研究中国舞龙运动，并在福建省福州市举办了"左海杯"全国舞龙邀请赛。1995 年 5 月 5 日在北京颐和园举办了第一届全国舞龙比赛。从此，中国竞技舞龙进入了鼎盛时期。

板龙舞

竞技舞龙

235

第二节　狮　舞

在天安门广场表演狮舞（领舞者　王玉玺）

　　狮舞是我国民间舞蹈宝库中一颗闪闪发光的明珠。一千多年来它广泛流行在全国各地，成为我国劳动人民最喜爱的舞蹈形式之一。在人民心中，狮子象征着勇敢和力量，人民用艺术夸张的手法，创作了具有浓郁民族色彩的狮舞，反映了中华民族强烈的自豪感。每逢春节、元宵节，人们跳起狮舞，到每家去转一遭，象征着驱魔、辟邪、保人畜四季平安，因而狮子又是吉祥的化身。

　　民间流传着许多有关狮舞的传说，较广泛的传说之一是：在周朝姜子牙封神时，有一些兵将因没有被册封而恼恨，于是便在人间作乱，散布瘟疫残害人民。玉皇得知便命狮子下凡收服瘟疫。狮子下凡收服瘟疫后，就留在了人间，从此民间就有了狮子舞，用以服瘟降魔。虽各地传说不同，但是这些神话传说反映了中国人民对黑暗势力的反抗和追求美好生活的愿望。

　　狮舞是拟兽舞蹈，一般由两人扮演，前者双手握道具戴在头上，扮演狮头；后者俯身，双手扶前者腰，身披着用布及麻等装饰成的狮皮，扮演狮身。二人合成一只大狮子，称"太狮"。由一人头戴狮头面具，身披狮皮，扮成小狮子的称"少狮"。逗引狮子的叫"狮子郎"（有的地区戴大头面具，扮成大头和尚），手拿一个五光十色能转动的绣球，有的地区拿拂尘、大蒲扇、大刀、大叉等。舞球的动作有摇球、转球、抛球、抖球等数十种。由于各地区人民的生活习惯和爱好不同，创作了各种不同风格和形式的狮舞。

　　北京的狮舞过去大都是棚匠玩的，狮头扎得很讲究，狮头越重就越显玩的人有本领。北京宣武区白纸坊演出的狮子舞，据说狮子头有60斤重，最重的可达90斤。要举这样重的狮头表演各种难度较大的动作，没有很深的功力是办不到的。

　　新中国成立后，狮子舞由广场搬上了舞台，又有了进一步的发展，如河北保定的狮子舞是一对"武狮"，技巧高，造型美。这对狮子由一位著紧身农民服装，手拿绣球的引狮者带领着舞蹈。通过"狮子出洞""翻山越涧""踏山眺岭""盘桥探海"'"二狮相嬉"以及走梅花桩、登高直立等动作，塑造了武狮勇猛雄壮的形象。同时又将文狮的嬉戏、理毛等细腻的表演动作揉合进去，使狮子的形象更加完美。"盘桥探海"是狮舞中的绝技，狮子的后脚盘坐在桥栏杆上，狮头及狮身要从桥上探至桥下，同时狮头还要得意地左右摆动，以示戏水。这种表演，难度大，扮演狮身的演员需要有过人的臂力。狮子舞在1953年世界青年联欢节上荣获集体舞一等奖。

一、手狮舞

用竹、布、麻等扎成一只狮子，由表演者两手持狮子，另一人拿绣球，狮子随着绣球做着各种姿态的抢球动作，比起用人扮演的狮子更加灵活。这种形式流行于安徽、浙江、上海一带。与手狮舞类同的还有江西的手摇狮，狮身是用许多竹(或藤)圈，连在一起，前、后用两根木棍、或竹竿支起狮子，由一人或两人耍均可。

二、醒狮舞

狮头用竹篾、藤条扎架，蒙糊纱纸、丝绢，再点金绘彩，成为拟人化装饰形态(重约7斤，可承受一人站立其上)；狮身和尾用宽四尺，长丈余的布料制成，上绘狮纹图案。狮头造型分3种：红面白须称"关公面"，黑面黑须称"张飞面"，黄面白须称"刘备面"，"黑面狮"历来最为勇猛。表演时，锣鼓擂响，舞狮人"开桩"(即先打一阵南拳)，后由两人扮演一头狮子耍舞，另一人头戴笑面大头佛，手执大葵扇引狮登场(也有手执金刚棒，头戴面具的"猴子引狮")。动作以南拳马步为主，基本动作有睁眼、洗须、抹嘴、撩鼻、舔身、抖毛等。主要套路有"采青""高台饮水""狮子吐球""踩梅花桩""走火路""咬椰子""拆蟹"等，其中以"采青"最为常见。

三、线狮舞

用绳子将两只用竹、纸扎成的狮子和绣球同悬于空中，由人拉绳操纵。有"双狮跳动""双狮打滚""双狮抢球"等动作，十分生动活泼。

手狮舞

醒狮舞

线狮舞

四、文狮舞

文狮表情细腻，柔和而稳重。动作有搔痒、舔毛、抖毛、打滚、抢球等，着重刻划狮子温驯可爱的性格。有的地区除了一个戴大头面具的外，还加上一个扮猴子的；前者是一幅滑稽可笑的样子，后者却灵活调皮。他们合伙戏弄一头温柔善良的狮子，追它、打它、骑它，直到把那只善良的狮子激怒了向他们扑去，他们吓得东藏西躲，狮子却紧追不放，二人只好跪下求饶。据民间艺人们说：狮子象征着善良的百姓，反动统治者以为它善良可欺，但是一旦激怒它，它就会起来反抗你，咬你，撕碎你。历史的事实就证实了这一寓意。

五、武狮舞

舞狮着重武功，技巧很高。主要表现狮子的威武雄壮，勇猛矫健。有跳跃、跌扑、腾翻、直立、盘桥探海、走梅花桩、登高（窜桌子、爬梯、走索、叠罗汉）等技巧。

六、沿索狮舞

将一根绳子吊在高架上，狮子能沿索攀登，并在绳索上表演各种惊险动作。

七、狮崽舞

出场时只见一只大狮子，几只小狮子藏在大狮子的腹下，观众看不见。大狮子打个滚，便蹦出来一只小狮子，一会儿又跳出来一只，最多的可带五只小狮子。小狮玩的花样很多。当小狮从母狮腹下蹦出来后，首先要拜四方，然后表现母狮对小狮的抚爱，并教小狮各种动作，当大狮教小狮登山时，小狮学不会，急得团团转，体现了大狮子与小狮子之间相依相偎的情感，富于生活情趣。

沿索狮舞

八、竞技舞狮

随着中国狮舞艺术的不断发展，竞技舞狮也随之出现。1995年底和1996年初，当时的国家体委组织了我国著名龙狮舞专家王玉玺、杨华等一起研究中国舞狮运动，并撰写了《中国舞狮竞赛规则》。1997年，在广东肇庆举办了"全国首届舞狮教练员裁判员培训班"，王玉玺等人担任了主讲，从此中国竞技舞狮进入了鼎盛时期。

北京狮舞

单人小狮子舞

1999 年 10 月 1 日，由王玉玺、杨华担任总体设计和总编导的北京武警十五支队表演的南狮北狮方阵和朝阳区 3700 名学生表演的毛泽东主席画像方阵参加了建国 50 周年天安门群众游行表演。

第三节　鼓　舞

　　鼓是精神的象征，舞是力量的表现，鼓舞结合，开舞蹈文化之先河，成为农耕舞蹈文化的开端，是弘扬民族精神的重要艺术形式。鼓的起源与社会发展、物质生产及人们的思想观念紧密相关，各种鼓的质地、造型、鼓与舞的配合及鼓舞的功能各异。随着时代的发展，"鼓舞"一词的含义已从一般的鼓与舞，演化成为激发人们奋进的精神力量，引伸发展为一些事物和词汇，如"鼓励""鼓动""击鼓鸣金""鼓之舞之"等。中国各民族中流传的鼓舞，多是唐宋以来盛行一时的舞蹈形式，有些已有上千年的历史。

　　各种鼓舞，是以鼓为道具或作为主要乐器，在锣、镲、钹等打击乐配合下进行，且具有浓郁的地域民族色彩。反映出北方农民的豪迈、江南田园生活的情趣，或带有原始文化遗存的古拙民风。若从功能上看，各种鼓舞无非是源于祈年、祭祀、耕作、战争以及悦神娱人活动。鼓舞伴随中华民族走过漫长的艰辛之路，不仅保存了古老的乐器、乐舞，还保存着纯朴的民风，如今又激励着人们迎接辉煌的明天。

鼓舞（领舞者 王玉玺）

长穗腰鼓舞

安塞腰鼓在天安门广场表演

黄河鼓舞

跑鼓舞

扁鼓舞

万荣花鼓舞

象脚鼓舞

锅鼓舞

吊鼓舞

细腰鼓舞

朝鲜长鼓舞

第四节 剑 舞

剑舞又称"剑器舞"，中国古代传统舞蹈之一，是手持短剑表演的舞蹈。短剑的剑柄与剑体之间有活动装置，表演者可自由甩动、旋转短剑，使其发出有规律的音响，与优美的舞姿相辅相成，制造出一种战斗气氛。剑舞原为男性舞蹈，经长期流传，逐渐演变成为一种缓慢、典雅的女性舞蹈。其种类较多，一般为 4 人舞。还有一种由流浪艺人流传下来的少年剑舞，其风格似武术，具有战斗性。剑舞的音乐基本上以"打铃"节奏的曲调贯串始终，并与剑声相谐。

剑舞历史悠久，早在春秋战国时代，孔子的学生子路，戎装见孔子，曾拔剑起舞。学生拜见老师舞剑，当然不是击刺，而是表演舞剑技艺。剑舞至汉唐时代最为流行。由于剑术动作英武、韵律优美，自古就有搏击、健身和抒情表演的功能，不仅有长剑之舞，还有短剑之戏（百戏中的跳剑弄丸）。

剑舞中的剑有单剑、双剑和刀型短剑之分。单剑一般都带有剑穗，剑穗又有长短之分，长的达 1 米。舞动起来，剑与穗刚柔相济，变化多端，使剑舞生色不少。剑舞舞姿潇洒英武，形式绚丽多彩，从动作变化上看，大体可分为"站剑"和"行剑"两大类。"站剑"动作迅速敏捷，静止时姿态沉稳利爽，富有雕塑感；"行剑"动作连绵不断，如长虹游龙，首尾相继，又如行云流水，均匀而有韧性。

民间的剑舞战斗性较强，熟练的剑术表演令人眼花缭乱。舞中有较多的武术技巧成分。

剑舞的基本动作有：点、刺、挑、劈、撩、格等。舞者表演时，其手、眼、身、法、步与剑器舞动相互配合，并注重眼神的运用，展现其刚柔相济、英姿豪爽的风采。

集体剑舞

单人剑舞　　　　　　　　　　剑舞　　　　　　　　　　古典剑舞

集体剑舞　　　　　　　　　　　　钢丝上剑舞

老年剑舞　　　　　　　　　　　　少儿剑舞

第五节 绸 舞

　　在丰富多彩的中国舞蹈中，"绸舞"是人们熟悉喜爱的舞蹈。此舞欢乐喜庆，舞姿强健有力，色彩斑斓的长绸舞出不同的绸花让人百看不厌。在民间，长绸与打鼓和秧歌等民间艺术结合，绸子的长短和绸子舞动的走向都非常讲究。

　　绸舞是难度相当高的舞蹈，绸子越长难度越大。一般水平的舞蹈演员舞动的绸子是一个人身高的四倍，一个圆圈正好可以把人包在里面。

　　绸舞有"长绸"及"短绸"两种，又有"双绸舞"与"单绸舞"之分。"短绸"长约2~4尺，舞者双手拿绸或束在腰间，以秧歌步为基本舞步，动作轻快，活泼自如。"长绸"约4~6米，有"软绸"和"硬绸"两种。"硬绸"为绸的一端扎在一尺长的绸棍上，单、双绸均可，用以舞出各种绸花；"软绸"即是不加绸棍，靠手力功夫舞动长绸。

　　绸舞的基本绸花有"大八字""小八字""波浪花""双对花""肩上圈""跳圈花""盘肠""大车轮"等。另外一种舞法是将双绸由颈后固定搭在双肩上，背后垂下数尺长，舞者双手执绸舞出各种绸花，一般用于中国古典舞"飞天"，戏曲舞蹈"天女散花"等剧目。有些民间艺人绸舞技艺高超，功力出神入化，能把折叠的长绸拿在手中放出后再收回，扔一头，收回另一头，其间加上翻身等舞姿，或"莲花盆""跳龙门"等图案。

　　对于绸舞来说，集体舞比独舞难度更大。要求舞蹈演员不仅对音乐、节奏和舞蹈的美感有深厚的理解力，而且要求舞蹈演员之间默契的配合，注意力高度集中，

红绸舞

长绸舞

双人双长绸舞

钢丝上长绸舞

单人双长绸舞

三人双绸舞

第六节　扇　舞

　　扇是摇动生风取凉的用具。扇舞是持花扇表演的一种道具舞蹈，源于古代巫女活动及民俗活动中的扇子表演，已有三千多年的历史，后发展成为一种舞蹈形式，分单扇舞、双扇舞两种，其扇舞动作细腻，节奏变化多。如今，扇舞已成为大众喜闻乐见的表演形式，民族舞蹈中亦有扇舞。

　　关于扇舞的来源说法不一。有说是从右手持扇、左手持铃的巫舞中发展而来；有的说，是从"花郎"（尚未参军的青年预备队）比赛射箭获胜时，众伎女单手持扇跳庆贺舞蹈中发展而来；也有说是从说唱剧中的即兴舞扇发展而来；还有说是从寺党舞（流浪艺人的舞蹈）中的扇舞中发展而来。

　　扇舞有持一把或两把扇具的不同形式，它具有特有的节奏、含而不露的内在情绪、曲线性的律动和自由自在的表演。集体舞时，随着队形的不断变化，舞者将手中的扇具组合成丰富多样的图案和造型。

集体扇舞

单人扇舞

儿童扇舞

双人扇舞

成人扇舞

作者编导的广场扇舞

第七节　绢　舞

　　绢舞也叫"手绢舞"，是流传于中国民间的舞蹈形式。绢舞正是因为其历史背景丰富，在汉族民间舞蹈中，具有强烈的北方地域色彩。

　　绢舞中的手绢花，掏、挽、片、缠，甚至抛、旋、转、叼等高超技巧可以转、顶、飞，来代替雨伞、秧苗等。还有立绢、双立绢、回旋绢、车轱绢、指顶绢、平甩绢、鸳鸯绢等手绢功。

　　绢舞强调"以情带动"。上肢随重心移动的"扭"波及到手腕的"花"，以及"出脚急、落脚稳、慢移重心"的步法要点，"点紧促，线延伸""稳中艮""稳中浪""稳中俏"的节奏处理，这种动静、收放、强弱对比鲜明、轻重缓急巧妙的动态特征，较鲜明地体现了人们热情、质朴的心理特征。

集体绢舞

绢舞技巧

第八节　旗　舞

　　旗舞源于旗队，多年来演变成一种类似于舞蹈的现代旗队舞蹈。随着时间的推移，旗队成为了军队的一部分，经常在阅兵和游行中随着军乐队展示。目前，旗队运动在世界各地开展，越来越多的人接触到这个新鲜的事物并参加其中。

　　舞旗是用不同的力度来挥舞一面一定规格的丝质旗子，有时将它扔到空中再接住。今天，已划分有 5 个组、50 多种不同力度的挥舞法：下部挥舞、全身挥舞、平坦挥舞、中高部挥舞和高处挥舞。

　　舞旗是一种非常宏伟的表演，加上伴奏的旋律，成为民间节庆最热闹的一幕，给人留下难以忘却的深刻印象。

集体旗舞

广场旗舞

第九节　灯　舞

　　灯舞源于灯节，是灯的制作工艺发展到一定水平，以彩灯作道具的舞蹈形式，因灯的造型不同而有各种名称，其表演以南方见长。

　　灯舞主要在夜晚表演，彩灯照耀中灯人相映，情趣盎然，或通过彩灯形成不同的队形、图案，或摆成"吉祥""天下太平"等字样，或在变化与穿插中表现各种意境。表演中见灯不见人，图案有动、有静，又有高低不同多种层次的变化，神秘奥妙，引人入胜。

　　舞灯以群舞居多，灯的造型有动物、花卉及象征吉祥的器物等。表演中舞者可一人舞一灯，乃至多人同舞一灯。可分为持灯、提灯、举灯等多种表演形式。

　　龙灯、鲤鱼灯是灯舞中比较精彩的形式，"鲤鱼跳龙门"表现鱼龙变化的民间传说。龙灯也称"火龙"，从龙头、龙身到龙尾可多至二十几节，每节燃点蜡烛，一人举珠戏龙。其表演有"戏珠""穿浪""金龙蟠玉柱"等动作，进行中群众多燃点烟火、花炮助兴，气氛热烈。

　　至清代，灯舞已发展到较高的水平，并有一定的表演程式和名目。乾隆年间灯节时，北京西厂为皇帝驾临观赏的灯舞表演者有千人之众，舞者各执彩灯口唱"太平歌"循环起舞，变换队形，依次排成太、平、万、岁各字。当时灯舞表演套路已有36套，其中关于宗教的如："太极混元""四象生八封""锦卡字"等。寓意吉祥的如："喜重重""五色祥云""满地金钱"等。以诗句为名的如："步步金莲""孔雀南飞""火龙戏海"等。与古战阵有关的如："鸳鸯阵""握奇营"等。

板龙灯舞

灯舞

少儿灯舞

荷花灯舞

第十节 秧 歌

　　古代农民在插秧、拔秧等农事劳动过程中，为了减轻面朝黄土，背朝天的劳作之苦，边劳作边唱歌，渐渐就形成了秧歌。民间的另一种传说是，秧歌起源于抗洪斗争。古代黄河岸边的百姓，为了生存，奋力抗洪，最后取得了胜利，大家高兴地拿起抗洪的工具当道具，唱起来，跳起来，抒发高兴的心情，随着参加人数的增多，有了舞蹈动作和舞蹈组合，逐渐就形成了秧歌。

　　秧歌是载歌载舞的综合艺术，是一种用锣鼓等伴奏，将舞蹈、歌唱等融为一体的民间艺术。民间主要流传着唱秧歌、扭秧歌、戏曲秧歌、戏剧秧歌四种形式。

　　在我国很多地区，每逢重大节日，城乡都组织秧歌队，拜年问好，互相祝福。另外，邻村之间还会扭起秧歌互相访拜，比歌赛舞。

　　秧歌在色彩的运用上，体现了鲜明的民族风格。扭秧歌时人们所穿的服装色彩对比强烈，主要有红、蓝、黄、绿等色。大家在锣鼓的伴奏声中，边歌边舞，以此抒发愉悦的心情，表达对美好生活的憧憬。

　　我国广泛流传且具有鲜明民族特色的秧歌主要有东北大秧歌、河北地秧歌、陕北秧歌、海阳秧歌、安徽花鼓灯等。

　　秧歌与农业劳动密切相关，以劳动的步法作为舞蹈步法的基础，在艺术上加工，并且使群众的队舞整齐化，形成了完整的秧歌舞，其后逐渐成为祝贺性、娱乐性的新年社火队舞，表演内容多为民间故事、神话传说。

山东鼓子秧歌

河北地秧歌

东北大秧歌

广场秧歌

徽花鼓灯

后 记

在整个编写过程中，我深深感到我的使命和责任，我要全身心地投入到学校体育教育的发展中，让我国蕴藏的丰富民族民间体育资源得到继承和发扬，促使它们走进校园，进入课堂，应用到教师们的教学当中去，为孩子们健康成长做出贡献。

回眸改革开放初期，刚刚打开民族界限之门，我在北京市民族事务委员会领导下，和赵书副主任共同开始编写民族体育教材，以民族游戏和满族体育项目为基础，进行加工、整理，为民族学校提供教学和活动内容。于是，在北京6个区县12所大、中、小学校和幼儿园中，抽出503人进行实验。在实验中，提炼出一批珍贵的民族体育项目。例如，满族体育项目"珍珠球"就是根据赵书同志提供的一张描写满族劳动者水中采珍珠的生活情景的图画和一段简单的文字叙述提炼出来的。通过不断发展，这项类似篮球的活动在中小学生中，乃至大学生中都受到很大的欢迎。该项目既好开展，又有较高的自身价值，对增强体质、陶冶情操、培养民族情怀都有教育作用。由于活动得到广泛的响应，北京市民委特别邀请了中央民族大学和北京体育大学的教授对相应的项目进行了加工并制定竞赛规则，促使其在北京各个普通学校中得到开展。例如，幼儿园小小运动会，最受欢迎的是"雪地走""顶罐走"。不久后，北京市民委推荐的"珍珠球""蹴鞠"先后被列入全国民族体育竞赛项目。为此，大家兴奋激动，为能够向全国民族体育的发展贡献自己的力量而感到自豪。

1984年，北京成立了民族体育协会，1985年，又成功地举办了首届民族运动会。在运动会中，我们开展实验的项目成为了亮点，受到大家的称赞，他们认为"项目新颖，既有民族风格，又紧密结合现代体育项目。其表现形式不仅有较高的技巧性，还有艺术性，既强体，又育心"。其效果超过我们的预想。国家领导人乌兰夫、习仲勋、杨静仁还为大会题词，给予鼓励。此后，民族体育项目得到了极大发展。

我很幸运，赶上了好时代、好领导、好同行。朋友们和学生家长热情的支持、鼓励不断地给我动力。我应邀赴全国四十余省市讲学、辅导、交流。我还参加过国内外大型活动设计、编导等工作，参与民族体育项目的挖掘、教学实验、活动实践等。我编写的民族体育教材最早在国家卫星电视频道中推出，成为实现九年义务教育远程教学的一项有效措施。接着，我参与的市民委组织整理的部分民族体育项目，被编入国家体委资料中，增添了体育教师对民族体育教材走进课堂的信心。

本次参与编纂的这本民族民间体育读本汇聚了"民族民间体育项目""民族民间体育游戏""民族民间体育健身操""民族民间体育艺术"等内容，有一定的民族性、传承性、教育性和发展性。

希望新书能为学校全面推进素质教育，为创新学校体育教育做出贡献，更希望给予广大少年儿童更多的快乐、阳光与健康。

致　谢

　　《民族民间体育进校园》一书向中小学师生介绍了大量各民族民间蕴含的悠久文化，富有浓郁民族风格和独具地方色彩的传统体育，可使读者从中得到知识，陶冶情操，扩大视野，受到鼓舞。本书的内容是笔者几十年实践的积累，能够比较全面地代表中华各个民族传统体育文化的精华。在学校开展这些项目的内容有利于弘扬民族文化，促进民族民间体育项目的普及和发展，可用作学校体育教学的参考教材。在这里，笔者要向所有为这些项目贡献过智慧的人们表示崇高的敬意；同时也向本书编写过程中给予指导的领导、专家、教授，各学校的校长、教师等付出了辛勤劳动的所有人表示诚挚的感谢！现将民族民间体育进校园相关活动及参与者列举如下。

（一）迎接第 29 届奥运会在中国召开，奥林匹克示范校在行动

　　活动内容：①向前来参赛、观赛的外国朋友赠送游戏书《中国娃娃怎么玩》；②改革创新展示儿童运动会

　　图书名誉主编：毛振明、陈雁飞

　　图书主编：关槐秀

　　组训指导学校领导：王岚、苏国华、刘飞

　　题词写序的各级领导：何鲁丽、王照华、杨贵仁、廖文科、卢巡、王龙龙、孙云晓、陶西平、张先翱、王宝珊

　　给予指导的专家教授：杨再春、尚大光、赖天德、徐永春、罗希尧、刘英杰、马凌、蔡福全、马龙、刘永祥

（二）中华人民共和国教育部 2007 年度农村中小学现代远程教育工程教育资源开发

　　内容：①"集体运动教育"；②"快乐体育园地"；③中小学"体育游戏"

　　总策划：沈云

　　总设计编导：关槐秀

　　实施学校领导：李兵（北京市朝阳区金盏中学），刘淑清（北京市第九十七中学），陈立华、李军（北京市朝阳区实验小学），张振国（北京市朝阳区南中街小学），杨波、赵彦梅（北京市朝阳区酒仙桥小学），王岚、商风西（北京市东城区灯市口小学）

　　指导专家：胡凌燕（北京市教育学院朝阳分院）

（三）儿童游戏天地——玩的艺术与启迪

活动内容：北京教育学院朝阳分院民族教育研究会主办，为全国妇联组建博物馆赠书（2009年）

捐赠内容：儿童游戏生活系列丛书、儿童游戏与玩具、儿童游戏书屋、儿童游戏互动、儿童游戏走向世界

总设计编导：关槐秀

实施学校领导：李燕茹（北京市朝阳区左家庄幼儿园）、王岚（北京市东城区灯市口小学）、甄艳玲（北京市大兴区第一小学）、陈立华（北京市朝阳区实验小学）

专家指导：张先翔

（四）开展"阳光体育运动"——落实中小学每天锻炼一小时

内容：由中国电视师范学院中央广播电视大学出版，"十二五"国家重点音像出版规划选题、2011年北京市出版工程《阳光体育促成长》系列光盘。专题1《球的运动》、专题2《包的运动》、专题3《棍棒杆的运动》、专题4《民族体育运动》、专题5《民族民间游戏》

总策划：陈雁飞

策划：徐长威、王素兰　关槐秀

总设计：关槐秀

实施学校领导：侯运、马晓薇（北京市民族学校），丛静、赵莉（北京市朝阳区瑞祥民族小学），杨玉芹（北京市朝阳区万子营民族小学），张振国（北京市朝阳区南中街小学）

指导专家：曲宗湖、尚大光、罗希尧、王少甫

（五）中小学生健身操（民族版）

"素质教育与学校体育整体改革"课题组编写，课题组组长为曲宗湖，由解放军音像出版社出版

内容：中小学生健力操、秧歌操、健舞操、武术操、搏击操

主编：关槐秀、王少甫

副主编：朱雪萍（丰台教育学院）、孙卫华（朝阳教研中心）、张洋（航空学院）、江辉（工业大学）、井玉林（课体组）

专家指导：曲宗湖、谢志奎、冯张昌、张学刚（首都体育学院）、尚大光、蒋微

（六）体育教学模式与方法的理论与实践

内容：中小学教师继续教育用书

主编：赵立、杨铁黎、关槐秀

实践教师：天津市段勇、郑全路等五位教师，北京市冯长林、孙卫华等十一位教师（实践教师的教案编入书中，由北京师范大学出版社出版）

（七）"体育与健康"课程资源开发（体育校本教程）

内容：现有运动项目的改造，新兴运动项目的开发与利用，民族民间体育项目的开发与利用等。主要由北京体育大学出版社出版

总设计编导：关槐秀

主编：各学校的校长，有王福江（原怀柔喇叭沟门小学），赵仕闻、陈建华（怀柔庙城学校），项红、马青华（原东城史家小学分校），张再生、徐晓良、吴新华（浙江海宁紫薇小学），李晓坡（房山黑古台民族小学），司常水（海淀香山小学），郝荣利（原朝阳沙板庄小学），赵彩霞、王春梅（昌平崔村中心小学），甄艳玲、许惠玲（北师大大兴一附小），吴纪安（上海宝钢三中），侯运、马晓微、张振国、李志刚、杨玉芹（民族学校），付晓洁、蔡徽亮、赵莉（第二外国语附中）

各级领导题词写序、指导：何鲁丽、周济、邹时炎、柳斌、杨贵仁、荣高棠、李志坚、贾庆林、宋尽贤、林文猗、曲宗湖、杨再春、牛颂、赵书、韩书进

专家指导：曲宗湖、毛振明、陈雁飞、杜晓红、顾渊彦、赖天德、徐永春、赵立、杨铁黎、李湘如、刘海元、李健、韩金明、许延风、王伯英、蔡福全、马龙、刘永祥、姚卫东、孙卫华、王晓东、郭玉学、彭清一、王玉玺、杨华、孟建华

还有媒体朋友的大力支持，多次报导，给予鼓励。他们是：李小伟（中国教育报），康丽（中国教师报），赖天德、徐永春、李兵、郝俊（中国学校体育），李晓菲、朱巾芳、史伟（中国体育报），章柳云、李海燕（体育教学），成静平（兴明日报），张力平（工人日报），刘昊（北京日报），于大公（北京青年报），何礼荪、李永广（北京晚报），梁友丽、叶子（中国档案报），孙帅、刘萍（朝阳报），许延风（学与玩），赵福明、马青、莫青（中国中央电视台），陈晓海、苏京平、方达（北京人民广播电台）。从1952年至2017年，有近300家媒体，近800次报导。笔者在此深表谢意！

《民族民间体育进校园》一书的编写，是从我1952年参加北京市教育局组织编写中小学体育教材开始的。1960年，我借调到教育部编写10年制体育教材（师范教材）。至今，这是我将要出版的第110本书。虽然觉得水平有限，又觉得豆蔻年华和风华正茂的岁月飞逝，耄耋之年来得太快，但我幸运地迎来了中华新的崛起，迎来了习近平总书记带领我们去实现中华民族伟大复兴的中国梦。我怀着诚挚的挚爱之情想用文字把我从事学校体育教育的体验、经历写成书，奉献给追梦人，为实现中国梦尽一份微薄之力。最后向为此书出版给予我热情关怀和鼓励、耐心指导、亲切教诲的各位领导：何鲁丽、王登峰、廖文科、牛颂、赵书、韩书进、王定东、王军、甘北林、肖汶、姜继为、赵勇、夏清风等同志深深地鞠躬致谢！